◀粤绣 ▶苏绣

◀云锦 ▶苗绣

◀壮锦 ▶乌泥泾手工

◀宋锦 ▶棉纺织技艺

◀贵州扎染 ▶蜀绣

◀湘绣作品 ▶蜀锦

◀蚕丝制造技艺

◀苏州缂丝制造技艺 ▶南通蓝印花布

"十三五"普通高等教育本科部委级规划教材

中国纺织类非物质文化遗产概论

赵　宏　曹明福◎主编

中国纺织出版社

内 容 提 要

　　本书是我国高校中关于纺织类非物质文化遗产知识普及的第一本教材，也是系统研究我国纺织类非物质文化遗产的拓荒之作。本书对我国纺织类非物质文化遗产进行了系统整理和分析研究，围绕着历史与现实、传承与创新问题，从总体状况、项目申报、文化符号、民族文化、保护机制、世界非物质文化遗产保护六个方面进行了阐述，并对部分有代表性的纺织类非物质文化遗产项目以附录的形式做了简要介绍。

　　本书全面客观，图文结合，雅俗共赏，信息丰富，有利于广大爱好者、工作者系统了解和深入学习，同时对民族文化的弘扬和纺织类非物质文化遗产的保护工作也有十分积极的作用。

图书在版编目（CIP）数据

　　中国纺织类非物质文化遗产概论 / 赵宏，曹明福主编. —北京：中国纺织出版社，2015.9 （2022.1重印）

　　ISBN 978-7-5180-1863-5

　　Ⅰ. ①中… Ⅱ. ①赵… ②曹… Ⅲ. ①纺织工业—文化遗产—中国—高等学校—教材 Ⅳ. ① F426.81

　　中国版本图书馆 CIP 数据核字（2015）第 178710 号

策划编辑：曹炳镝　　　责任印制：储志伟

中国纺织出版社出版发行

地址：北京市朝阳区百子湾东里 A407 号楼　邮政编码：100124

销售电话：010—67004422　传真：010—87155801

http://www.c-textilep.com

E-mail: faxing@c-textilep.com

中国纺织出版社天猫旗舰店

官方微博 http://weibo.com/2119887771

唐山玺诚印务有限公司印刷　各地新华书店经销

2015 年 9 月第 1 版　2022 年 1 月第 4 次印刷

开本：710×1000　1/16　印张：18

字数：231 千字　定价：78.00 元

序

非物质文化遗产，在我国还是个较新的概念，往往逢人还须费些唇舌解释。其实日本早在 1950 年就已制定了《文化遗产保护法》，并明确把文化遗产称为文化财。美国则在 1965 年开始推动"世界文化遗产信托基金"，致力于全球文化保护。这些都是后来联合国提倡保护世界文化遗产的滥觞，由来久矣。

个别国家致力于保护其文化财，与全球性的文化保存，性质并不同。因为很显然前者出于国族主义，后者着眼于全球化，思路及做法都会有很大差异。但很有趣的是：在 20 世纪末，这两种思路奇妙地结合了起来，遂形成这几十年波澜壮阔的世界文化运动。

先说全球化的发展。19 世纪以来，全球秩序的建构，乃是朝向一体化的进程；资本主义与社会主义，都努力想发展为全球体系，最后遂形成两大阵营的对抗。20 世纪末期，苏联解体，颇令人有资本主义体系终于达致全球化的感觉。因为金融、教育甚至政治体制，大家都越来越趋于一致了。欧洲整合、美国文化泛滥，世界各国的文化表现与价值观也已日渐同质化。

可是这种所谓的"全球化"事实上也与苏联解体一样，正在迅速解体中。刚统合起来的全球化体系，遭遇到一个新概念的冲击，叫做"全球在地化"。

全球在地化是在全球化的基础上说的，认为在一个全球愈来愈同质化的时代，当人与人、国与国、城市与城市，风貌越来越相似以后，人反而希望能看到一些差异，因为只有差异，才能产生认同。大家都长得一样，谁也不认识谁，怎么认同某甲，某乙？你自己又怎么认同你自己？所以，在全球化越甚之处，在地化的特征就越重要，否则面目模糊，就谁也不晓得你是谁，更没人会记得你。20 世纪后期迄今，联合国大力推动自然及文化遗产保护、世界文化多样性保护，就体现了这种世界文化的新动向。

在地化的地，一是指地本身，自然的地质、地形、地貌；二是指地上之物，人文创造之语言、文字、习俗、技艺、生活样态。前者称为自然遗产，是老天赋予我们的；后者称为文化遗产，是祖先遗赠给我们的。前者是有形，物质性的；后者属于文化状态或技艺、生活方式、思想信仰，故又称为非物质文化遗产。

当然，这些术语都是不准确的，会带来认识的歧义。因为人死了以后的东西才叫遗产，可是那些民族技艺、生活样式等，其实目前往往还鲜活地存续于各民族中，不好说它们只是遗产。而且那些信仰、习俗、技艺等，事实上也仍不断创造出各种具物质性地东西来，怎么说它就一定是非物质？例如纺织，苏绣、湘绣、蜀绣、缂丝、云锦等，其技艺即表现于具体地织品中，"道"与"器"向来是合一地；"使其形者"与"形"也是合一地。名之为非物质文化遗产，显有未当。

但语言毕竟只是个描述工具，不必太过执着，只要明白它在说什么就够了。它说的，乃是20世纪新的世界史大叙事、大趋向，教我们在20世纪热切追求现代化、参与世界体系之后，转过来关心我们自己在地的文化。

这样的动向或趋势，恰好又是符合我们国家民族之需要的。国家或民族的历史、文化、地理，过去曾经被视为现代化、全球化之障碍，是耻辱与落后的标识，如今却因此重新获得认同、重新吸引全世界之目光，当然是重建民族自信的重要方法。我国自1987年开始，积极参与世界自然文化之申报，原因即在于此。

现今，我国已是全世界自然与文化遗产最多的国家。因此今后要做的，不再是让人家知道我们有那么多珍贵的遗产，而是如何保护、传承、发扬下去这些珍贵的遗产。而这些工作才是艰巨庞大的，需要我们动员全社会的人一起来做。

天津工业大学现代纺织产业创新研究中心，就是致力于非遗研究与知识普及工作的一支劲旅。在我国之非遗项目中，纺织乃一大类，至为重要。但专注于这方面研究及推广的团队其实还不多，因此他们的表现格外引人注目。现在他们承担了"中国纺织非物质文化遗产概论"的课题项目，编撰了这么好的教材，实在令人欣喜，特此申贺，并以为序。

龚鹏程

前　言

　　非物质文化遗产，作为民族文化的精华、民族智慧的结晶、民族精神的象征、民族历史的见证和民族身份的标志，正越来越受到世界各国政府、学术界以及相关民间组织的重视。与一些发达国家相比，我国对于非物质文化遗产的保护工作起步较晚，保护理念和保护手段稍显落后，但整体进展较快。随着相关法律法规的颁布施行，国家级代表名录的公布，我国已经逐步走上了全面的整体性保护阶段。纺织类非物质文化遗产作为我国非物质文化遗产的重要组成部分，目前已经形成了国家、省市、区县等多级保护层级，生产性保护、整体性保护等多类保护方式和企业、传承人、行业、学校等多方主体参与的协同保护体系。

　　纺织类非物质文化遗产保护实践的深入发展，迫切需要相关基础理论研究的深化。天津工业大学现代纺织产业创新研究中心以纺织类非物质文化遗产的研究以及知识普及为使命，承担了相关的研究课题，举办了以纺织类非物质文化遗产保护为主题的全国学术研讨会，发表了系列研究论文，积累了大量的文字、图片、视频等资料。为了更好地弘扬纺织类非物质文化遗产这一民族奇葩，让来自全国各地的学子更好地了解、学习、宣扬这一优秀文化，天津工业大学现代纺织产业创新研究中心在全校范围内开设了公共选修课"中国纺织类非物质文化遗产概论"。在多年的教学实践和学术研讨中，我们深感有必要对现有的纺织类非物质文化遗产资料进行系统整理和分析研究，有责任对不断推进的保护实践进行理论总结。鉴于此，天津工业大学现代纺织产业创新研究中心成立了以赵宏教授为组长的课题组，着手制定纺织类非物质文化遗产教材的写作方案。经过实地考察、学术交流及中心人员等的共同努力，形成了本书的初稿。经过有关专家学者的充分论证，写作人员认真修改，数易其稿，最终形成了本书的终稿。

承担本书写作的有：

赵宏、王巍（第一章）

马晓虹（第二章）

马大力（第三章）

姜弘（第四章）

尹艳冰、马涛、马艳华、马晓虹、王巍（第五章）

曹明福、陈昌（第六章）

曹明福、冯娅娟（纺织类非物质文化遗产大事记）

其中，王巍参与了第四章第一节第一部分的写作，承担了第五章第三节第五部分的写作；尹艳冰、马涛承担了第五章第一节、第二节的写作；马艳华承担了第五章第三节的写作；马晓虹承担了第五章第四节的写作；曹明福承担了第六章第一节、第二节、第三节的写作；陈昌承担了第六章第四节的写作；曹明福、冯娅娟搜集了我国纺织类非物质文化遗产大事记的有关资料。

全书由赵宏、曹明福统稿并定稿。

在本书的写作过程中，我们阅读、参考了国内外学者、传承人等撰写的有关资料，文中有些数据图片及资料来自于中国非物质文化遗产网、百度百科、百度图片、互动百科等网络资源，在此，我们对所阅读、参考的有关资料的作者表示诚挚的感谢。

值此本书出版之际，谨对给予本书的写作和出版以帮助和支持的专家学者、传承人、编辑等表示衷心的感谢。

本书是我国高校中关于纺织类非物质文化遗产知识普及的第一本教材，也是系统研究我国纺织类非物质文化遗产的拓荒之作。由于我国纺织类非物质文化遗产保护的领域正在不断拓展，保护层面正在不断深入，有些内容没有完全囊括在书中，加上我们水平所限，书中肯定存在不少不尽完善之处，恳请广大读者批评指正，以便今后修正和补充。

《中国纺织类非物质文化遗产概论》课题组

2015 年 2 月

目 录

第一章 中国纺织类非物质文化遗产现状

第一节 纺织类非物质文化遗产概述 / 003

一、非物质文化遗产概述 / 003

二、中国纺织类非物质文化遗产概述 / 010

三、中国纺织类非物质文化遗产的基本特点 / 019

第二节 中国纺织类非物质文化遗产保护的意义 / 023

一、中国纺织类非物质文化遗产保护的历史意义 / 024

二、中国纺织类非物质文化遗产保护的政治意义 / 024

三、中国纺织类非物质文化遗产保护的经济意义 / 025

四、中国纺织类非物质文化遗产保护的文化意义 / 025

五、中国纺织类非物质文化遗产保护的传承意义 / 025

第二章 中国纺织类非物质文化遗产项目申报

第一节 纺织类非物质文化遗产申报工作的意义和重要性 / 031

一、申报的意义 / 031

二、代表作名录和急需保护名录的列入标准 / 032

三、申报主体和保护单位 / 033

第二节 人类口头和非物质遗产代表作申报书编写指南 / 034

一、引言 / 034

二、目的 / 034

三、定义 / 035

四、提交申报书与评估程序 / 035

五、援助和后续行动 / 043

第三节 国家级非物质文化遗产代表作申报评定暂行办法 / 045

第三章 中国纺织类非物质文化遗产文化符号分析

第一节 中国纺织类非物质文化遗产文化符号的内涵 / 065

一、文化符号的概念 / 066

二、中国纺织类非物质文化遗产的"非物质性"特点 / 068

三、中国纺织类非物质文化遗产文化符号的类型 / 071

第二节 中国纺织类非物质文化遗产文化符号解析 / 076

一、代表性文化符号的选择 / 076

二、织锦 / 078

三、刺绣 / 089

四、缬 / 096

五、服饰 / 100

六、基于开发创新的文化符号分类 / 103

第三节 中国纺织类非物质文化遗产文化符号的创新与应用 / 104

一、中国纺织类非物质文化遗产创新方向 / 105

二、基于文化符号的创新途径 / 106

第四章 中国纺织类非物质文化遗产与民族文化

第一节 中国纺织类非物质文化遗产与民族文化的关系 / 121

一、中国纺织类非物质文化遗产是中华民族文化的精华 / 122

二、中国纺织类非物质文化遗产是中华民族历史的见证 / 128

三、中国纺织类非物质文化遗产是中华各民族身份的标志 / 131

第二节 中国纺织类非物质文化遗产对民族精神的传承 / 133

　　一、吃苦耐劳精神 / 134

　　二、创新精神 / 135

　　三、开放精神 / 137

第三节 中国纺织类非物质民族文化的弘扬 / 140

　　一、政府对纺织类非物质民族文化的弘扬 / 140

　　二、各类纺织博物馆对纺织类非物质民族文化的弘扬 / 141

第五章　中国纺织类非物质文化遗产的保护

第一节 中国纺织类非物质文化遗产保护的现状及面临的主要问题 / 157

　　一、中国纺织类非物质文化遗产保护的现状 / 157

　　二、中国纺织类非物质文化遗产保护面临的主要问题 / 158

第二节 中国纺织类非物质文化遗产保护的原则与机制 / 161

　　一、中国纺织类非物质文化遗产保护的基本原则 / 161

　　二、中国纺织类非物质文化遗产保护的多方参与机制 / 164

　　三、中国纺织类非物质文化遗产保护的途径 / 167

第三节 中国纺织类非物质文化遗产的产业化 / 170

　　一、非物质文化遗产产业化的含义 / 171

　　二、中国纺织类非物质文化遗产产业化的条件 / 171

　　三、产业化对中国纺织类非物质文化遗产保护与传承的作用 / 173

　　四、中国纺织类非物质文化遗产产业化路径选择 / 177

　　五、中国纺织类非物质文化遗产保护的金融支持 / 181

第四节 中国纺织类非物质文化遗产的生产性保护 / 197

　　一、纺织类非物质文化遗产生产性保护的含义 / 197

　　二、中国纺织类非物质文化遗产生产性保护的意义和重要性 / 197

　　三、中国纺织类非物质文化遗产生产性保护中的政府作用 / 198

　　四、中国纺织类非物质文化遗产生产性保护的路径 / 199

第六章 世界纺织类非物质文化遗产的保护及启发

第一节 世界纺织类非物质文化遗产概述 / 209

一、世界纺织类非物质文化遗产名录 / 209

二、其他涉及纺织类非物质文化遗产的世界名录 / 214

三、各大洲其他代表性的纺织类非物质文化遗产项目 / 216

第二节 中外纺织类非物质文化遗产的共同特征 / 224

一、适应自然环境 / 224

二、体现程度不同的宗教色彩 / 225

三、含有外民族的文化因子 / 226

第三节 国外纺织类非物质文化遗产的保护 / 227

一、保护理念 / 227

二、投入机制 / 228

三、保护体系 / 229

四、法律保障 / 230

五、传承教育 / 230

第四节 发达国家纺织类非物质文化遗产保护对中国的启示 / 232

一、不断完善我国纺织类非物质文化遗产的相关立法 / 233

二、加强我国纺织类非物质文化遗产传承人建设机制 / 234

三、建立我国专门的纺织类非物质文化遗产保护机构 / 234

四、促进我国纺织类非物质文化遗产保护公众参与方式的多样化 / 235

五、普及我国纺织类非物质文化遗产保护的教育工作 / 236

六、体现服装设计中的本民族元素 / 237

参考文献 / 241

附录一 中国纺织类非物质文化遗产大事记 / 246

附录二 非物质文化遗产保护法律条约《保护非物质文化遗产公约》/ 253

附录三 国务院办公厅关于加强我国非物质文化遗产保护工作的意见 / 266

附录四 中华人民共和国非物质文化遗产法 / 270

第一章

中国纺织类非物质文化遗产现状

※ **本章主要内容** ※

本章主要介绍了非物质文化遗产的发展历程、定义及特点，并从批次、种类、特点、开发保护、研究现状等方面对中国纺织类非物质文化遗产进行了概述，在此基础上进一步分析了保护纺织类非物质文化遗产的意义。

第一节　纺织类非物质文化遗产概述

一、非物质文化遗产概述

世界遗产（World Heritage），指被联合国教科文组织和世界遗产委员会确认的人类罕见的、目前无法替代的财富，是全人类公认的具有突出意义和普遍价值的文物古迹及自然景观。广义的世界遗产包括：自然遗产、文化遗产、文化和自然双重遗产、文化景观遗产以及记忆遗产。狭义的世界遗产包括：世界自然遗产、世界文化遗产、世界文化与自然遗产以及文化景观。

文化遗产可分为物质类和非物质类文化遗产。物质类非物质文化遗产指不可移动文物，如，古遗址、古建筑、古墓葬、石刻、石窟寺、壁画等；可移动文物，如，艺术品、文献、历史上重要实物、手稿等；以及历史文化名城、名村镇、名街区。

非物质文化遗产（Intangible Cultural Heritage）是指口头传统、民俗活动和礼仪节庆、传统手工艺等以及与此相关的文化空间。它体现了人类的思想、才智和情感，具有丰富的内涵，是人类得以延续的文化命脉，是世界文明的宝贵财富，具有不可估量的多重价值。

（一）非物质文化遗产概念的提出

1. 国际非物质文化遗产概念的提出

国际非物质文化遗产概念的提出经历了一个渐进的过程，联合国教科文组织在保护自然和文化遗产的过程中，逐渐认识到非物质文化遗产在整个遗产保护中的重要性和特殊性，进而在世界范围内大力开展非物质文化遗产的保护活动。我们有必要回顾联合国在保护文化遗产过程中的几个重要事件，如表1-1所示，正是这些事件推动了世界各国对非物质文化遗产保护的进程。

2003 年 10 月 17 日《保护非物质文化遗产公约》第一次明确提出了"非物质文化遗产"这个称谓，详细界定了非物质文化遗产的概念及范围，同时，在《申报书编写指南》中又进一步阐释了其意义："口头和非物质遗产作为确定文化特性，激发创造力，以及保护文化多样性的根本因素，已为国际所公认。这一遗产在不同文化间互相容忍、相互协调方面也起着至关重要的作用。在世界全球化的今天，此种文化遗产的诸多形式受到文化单一化、武装冲突、旅游业、工业化、农业人口外流、移民和环境恶化的威胁，正面临消失的危险。"至此，非物质文化遗产保护的相关法律法规已比较规范，各个国家也有了可以依据的申报细则，这意味着世界非物质文化遗产保护工作已经进入了新的阶段。

表 1-1　非物质文化遗产概念的提出

时间（年）	主体	事件
1965	美国	提出了"世界遗产信托基金"建议案
1972	联合国教科文组织	在巴黎通过了《保护世界文化和自然遗产公约》；颁布了《关于国家一级保护文化和自然遗产建议案》；在世界范围内展开了"人类口头和非物质文化遗产代表作"的申报工作，并提出了"文化遗产"等概念
1982	联合国教科文组织	正式设立了一个部门，称为 Nonphysical Heritage（非物质遗产）部门
1987	联合国教科文组织	明确将非物质遗产作为保护对象
1997	联合国教科文组织	通过了《人类口头及非物质遗产代表作宣言》，界定了"人类口头与非物质遗产"的含义
2001	联合国教科文组织	都灵会议正式界定了"非物质文化遗产"概念
2001	联合国教科文组织	进行了第一次世界范围内的人类口头和非物质文化遗产代表作的申报工作，包括中国昆曲在内的 19 个代表作获得了联合国教科文组织的认定
2003	联合国教科文组织	第 32 届大会通过了《保护非物质文化遗产公约》，不但详细地界定了非物质文化遗产的概念、范围，还通过了《申报书编写指南》

2.国内非物质文化遗产概念的提出

非物质文化遗产被引入中文语境、频繁使用始于 2001 年。2001 年我国参与了申报联合国教科文组织的第一批"人类口头和非物质遗产代表作项目"，政府部门、学术机构和社会团体举行了一系列活动，"非物质文化遗产"这一概念因此被国内熟知。

此后，我国积极参加联合国教科文组织举办的各项文化遗产保护活动，昆曲、古琴等分别被列入 2001 年度和 2003 年度的世界非物质文化遗产代表作。与此同时，我国相继出台和完善了一系列非物质文化遗产保护的相关法律法规，如表 1-2 所示，表明了中国政府对非物质文化遗产保护的高度重视。

表 1-2　中国保护非物质文化遗产的相关制度

时间	机构	制度
2004 年 8 月	第十届全国人民代表大会常务委员会	中国政府加入联合国教科文组织《保护非物质文化遗产公约》
2005 年 3 月	国务院办公厅	《关于加强我国非物质文化遗产保护工作的意见》
2005 年 3 月	国务院办公厅	《非物质文化遗产保护工作部际联席会议制度》
2005 年 3 月	国务院办公厅	《国家级非物质文化遗产代表作申报评定暂行办法》
2005 年 12 月	国务院办公厅	《国务院关于加强文化遗产保护的通知》
2006 年 11 月	文化部	《国家级非物质文化遗产保护与管理暂行办法》
2011 年 2 月	第十一届全国人民代表大会常务委员会	《中华人民共和国非物质文化遗产法》

（二）非物质文化遗产的定义

联合国教科文组织颁布的《保护非物质文化遗产公约》和《中华人民共和国非物质文化遗产法》等相关法律法规对非物质文化遗产作了如下定义：所谓非物质文化遗产，是指"各族人民世代传承、与群众生活密切相关"、"被各群体、团体，有时被个人视为其文化遗产的各种实践、表演、表现形式、知识和技能及其有关工具、实物、工业品和文化空间"。它可以分成两类：一类是传统文化表现形式，如民俗活动、表现艺术、传统知识和技能以及与之相关的器具、实物、手工制品等；另一类是文化空间，即定期举行传统文化活动或集中展现传统文化表现形式的场所。具体包括以下六部分，如图 1-1 所示。

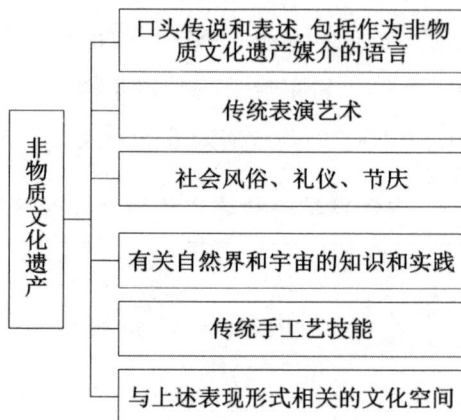

图 1-1　非物质文化遗产的具体内容

此外，我国还规定每年 6 月的第二个星期六为"文化遗产日"，并在 2006 年 6 月 10 日第一个"文化遗产日"诞生了非物质文化遗产标志，如图 1-2 所示。标志外部形状为圆形，表达着"循环，永不消失"；标志内部图形为方形，与外圆对应，天圆地方，象征"非物质文化遗产存在广阔空间"；标志内部造型为鱼纹，此为古陶最早出现的纹样之一，隐含"文"字。"文"指非物质文化遗产，而鱼生于水则寓意着"中国非物质文化遗产源远流长，世代相传"；标志中心造型为上下共护于"文"字的一双抽象的手，寓意"团结、和谐、细心呵护和保护非物质文化遗产，守护精神家园"。非物质文化遗产标识既反映了我国非物质文化遗产的生存现状，又充分展示了中国政府和社会公众保护非物质文化遗产的责任心和使命感，凸显出中华民族团结、奋进、向前的时代精神。

图 1-2 中国非物质文化遗产标志

（三）非物质文化遗产的特点

与物质文化遗产不同，非物质文化遗产是人类的一种特殊遗产，外部形态和内在规定都极具特殊性，具体而言即传承性、社会性、无形性、多元性、活态性。如图 1-3 所示。

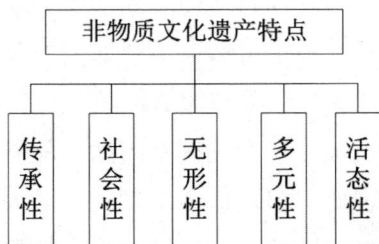

图 1-3 非物质文化遗产的特点

1. 传承性

（1）传承方式的无形性

全部人类文化遗产的发展与传承，均依赖于有形的"物质"，其中物质文化遗产以具体的"人化自然物"、"人工创造物"的物质形态传承；非物质文化遗产则通过"人"来传承和发展。但两者的传承方式仍然是有区别的，物质文化遗产的传承载体即所谓的"物"，是具体且有形的，既是其存在和传承的载体，又是传承的终极方式；而非物质文化遗产的传承载体"人"是一种特殊的"物"，是通过口述语言、心理积淀等进行传承的，与物质文化遗产相比，具有极强的抽象性和无形性。

（2）传承方法的多元性

物质文化遗产记载了人类某个特定历史时期的文化和习俗，呈现静态性，人类要记住和传承这些文化记忆的最可靠和最有效方式就是保护它的载体不被破坏。而人类对非物质文化遗产的传承往往只能被动地采取博物馆陈列等方式。

非物质文化遗产除了同物质文化遗产一样，记载了人类某个特定历史时期的文化习俗，随着传承者的代代相传，又不断叠加新的历史印记，呈现活态性。因此，非物质文化遗产的传承要求人们既要关注过去记忆，还要关注不断更新的新文化印记，博物馆陈列展示只是其最保守的一种方法，非物质文化遗产传承的活态性本质需要其多元传承方法。

（3）传承过程的专门性

物质文化遗产是有形的具体的"物"，因此传承物质文化遗产只要求能够有效、完整地保护这些有形的"物"，以保证不断发展的人类社会能够保留享用权。尽管我们需要一些经过专门培训而掌握专门方法技能的人来管理和保护这些物质文化遗产，但专门的方法技能主要是如何管理和保护，而与保护对象物质文化遗产并没有直接的联系。

相比较而言，非物质文化遗产具有专门性，随着传承者的代代相传来实现对其的传承和发展。因此，担任这项工作的传承人必须掌握与传承对象即某种非物质文化相关的知识和技能，这种知识、技能甚至传承人本身就是非物质文化遗产的组成部分，与该种非物质文化遗产联系紧密。

（4）传承结果的变异性

物质文化遗产是某个特定历史时期人类集体或个人形成或创造，而被后人认可进而传承的宝贵财富。一般而言，其传承以物质文化遗产原态进行，保护与管理者不能对遗产本身进行随意改变。而随着时代的发展，人们对物质文化遗产的内涵、价值的理解可能出现新的变化，但物质文化遗产本身却仍应保持相对稳定的状态。因此，物质文化遗产保护在于创造良好的外部储藏条件，使其能够以最初的物理状态保存和流传。

从本质上看，非物质文化遗产是人类社会集体智慧的结晶，更具有精神层面的价值，尽管其也要依附于一定物质形态存在与传播，但这类遗产的传承却与物质文化遗产不同，既具有稳定性，又具有变化性，在稳定基础上变化，在变化中保持稳定。

总之，非物质文化遗产与物质文化遗产一样，都具有传承性，而且在可传性、载体性、稳定性等方面有一定的共性，但非物质文化遗产在传承的方式、方法、过程和结果等方面则具有变异性特点，这恰是非物质文化遗产本质的具体体现。

2. 社会性

社会性是指作为人类社会发展特定历史时期的特定产物，非物质文化遗产的产生、传播都与人息息相关，充分体现了人类社会的创造力、认知力和社会群体的认同力，具有极强的社会属性。非物质文化遗产的社会性主要体现在以下几方面。

（1）过程性

文化遗产体现了人类不同的社会实践活动。物质文化遗产往往是人类实践活动事后的结果，如长城就是修建结束后得以存在和传承的；而非物质文化遗产则直接产生于人类具体实践的整个过程中，如表演艺术是在不断表演的过程中得以存在和传承的。因此，非物质文化遗产是人类实践过程的体现，具有较强的过程性。

（2）综合性

从组成部分来看，非物质文化遗产的内容大多体现出人类社会的综合性。每一种非物质文化遗产都是多个社会因素的综合体。如民族史诗往往表现为说唱、歌舞等，而戏剧则是文学、音乐、舞蹈、美术等社会因素的充分结合，节日、民俗庆典等更是如此。因此，非物质文化遗产体现为多种社会因素的综合体，具体可分为形式综合、功能综合、参与者的综合三种形态。

（3）集体性

非物质文化遗产本质上也是一种人类实践，因此与其他人类实践一样，是一种充分展现出人类社会集体观念的活动。一方面，其产生与传播多是由一人以上共同完成的，是集体智慧的结晶；另一方面，某个人的个性化创造，只有纳入到集体传承互动中，才能成为非物质文化遗产的一部分。

3. 无形性

非物质文化遗产是一种不断变化发展的、抽象的、依赖于人的观念的精神存在。首先，物质文化遗产的价值体现为其物质存在，非物质文化遗产的价值体现为其文化性，而文化则是一种典型的精神存在；其次，非物质文化遗产是抽象的文化思维，它存在于无形，并伴随人类社会观念变化而不断发展，如技能、习俗等，既是有形可感的物质，也不具有物质形态的稳定性；再次，非物质文化遗产本质的无形性并不排斥其存在和传承的有形性。

4. 多元性

非物质文化遗产通过人类的社会不断实践产生和传承，而人类的社会实践具有多元化特点，有物质及精神生产等各种各样的实践活动，每一种人类社会的实践活动都可能产生相对应的非物质文化遗产。所以，人类实践的多元性决定了非物质文化遗产的多元性，这是其重要特征。不同的非物质文化遗产形态各异，即使是同一种非物质文化遗产，在不同时期和不同地域，其形态也不尽相同。联合国教科文组织之所以制定《保护非物质文化遗产公约》，目的就是为了保护不同国家、民族、地区文化遗产的多元性，使人类文明能够繁荣发展。

5. 活态性

传统工艺技能等非物质文化遗产是通过人的实践活动存在与传播的，并且在传播过程中不断变异和创新，这些人的实践活动具有活态性，因此，非物质文化遗产也必然具有这一特性。可见，活态性是非物质文化遗产的重要特征，也是其深远价值的主要体现。

二、中国纺织类非物质文化遗产概述

（一）中国纺织类非物质文化遗产概述

中国纺织类非物质文化遗产体现了中华民族的悠久历史和灿烂文明，是世界文化遗产的重要组成部分。以汉唐织锦为代表的纺织类产品已有3000多年的历史，传承和保护好纺织类非物质文化遗产，意味着传承和保护历史，具有极其重要的价值。

截至 2012 年在国务院公布的三批国家级非物质文化遗产名录中，属于纺织类非物质文化遗产的，按照行业口径统计有 74 项 ❶。但如果从纺织服装的功能上分类，赫哲鱼衣、老美华制鞋技艺、盛锡福皮帽制作技艺、滩羊皮鞣制技艺、桦皮制作工艺等，都包括在内的话有 80 多种。这些纺织类非物质文化遗产可以划分为民间美术类国家级纺织类非物质文化遗产、传统手工技艺类国家级纺织类非物质文化遗产和民族服饰的民俗类国家级非物质文化遗产三类，覆盖 28 个省市自治区（表 1-3 和表 1-4），其中以苏绣、湘绣、粤绣等为代表的刺绣技艺，以蚕丝织造、鲁锦织造等为代表的织造技艺，以蒙古族、朝鲜族等少数民族服饰为代表的服饰，还有苗族蜡染、白族扎染等传统染整技艺，成为纺织类非物质文化遗产的主要表现体系。

在我国纺织类非物质文化遗产中，少数民族的服装服饰等产品占有较大比例，如蒙古族、苗族、赫哲族、刻尔克孜族、维吾尔族、锡伯族、土家族、羌族、彝族、水族、土族、侗族、瑶族等均有纺织类非物质文化遗产。

此外，由于许多纺织类非物质文化遗产技艺是农耕时代的工艺、技术，流传时间长，且技术工艺大多依赖于人工手纺、手织、手染而成，文化生态环境相对脆弱，保护难度较大。

在已公布的第一批、第二批、第三批国家级非物质文化遗产名录推荐项目中，纺织类非物质文化遗产项目所占的比例还不到 6%，尤其是在第三批国家级非物质文化遗产名录中，只有旗袍、中山装和传统棉纺织技艺等项目。已公布的国家级纺织类非物质文化遗产并未涵盖全部中国传统纺织技艺。如少数民族地区流传下来的一些传统毛毡编织工艺，就没有得到有效保

表 1-3　中国纺织类非物质文化遗产种类及数目

民间美术类	传统手工技艺类	民俗类
31 种	27 种	16 种

---

❶ 根据国家统计局国民经济分类（GB/T4754-2002），纺织行业属于 C 门类（制造业）下属的 17 大类（纺织业），其中包括棉化纤纺织和印染精加工，毛纺织和染整精加工，麻纺织，丝绢纺织及精加工，纺织制成品制造和针织品，编织品及其制品制造。

表1-4　中国纺织类非物质文化遗产地域分布①

地区	纺织类非物质文化遗产数目
山 东	1
湖 南	4
海 南	2
上 海	4
浙 江	5
河 北	1
江 苏	6
江 西	1
湖 北	3
西 藏	4
山 西	2
广 西	2
重 庆	1
四 川	6
云 南	4
青 海	5
新 疆	12
北 京	1
内蒙古	2
辽 宁	1
吉 林	2
福 建	2
河 南	1
广 东	3
贵 州	6
陕 西	1
甘 肃	3
宁 夏	1

① 由于有些非物质文化遗产项目跨行政区域分布，所以，在地域分布上，如果按照简单加总会大于74项。

护。此外，不少省、市、自治区以及市、县等各级政府也都建立了本地区要保护的非物质文化遗产名录，有些省份如浙江省、贵州省的省、市、县级非物质文化保护名录中，就有相当数量的纺织类非物质文化遗产。

（二）中国纺织类非物质文化遗产批次及种类

自从我国开展非物质文化遗产登记与保护工作以来，共公布了三批国家级非物质文化遗产名录，如表1-5所示。

表1-5　中国纺织类非物质文化遗产批次及时间

时间	批次	纺织类非物质文化遗产数量
2006年	第一批	30种
2008年	第二批	36种
2011年	第三批	8种

1.中国第一批纺织类非物质文化遗产

2006年国务院公布了第一批国家级非物质文化遗产名录，涉及纺织类的有30种。其中，民间美术类国家级纺织类非物质文化遗产11种，传统手工技艺类14种，民俗类5种，如表1-6所示。

表1-6　中国第一批纺织类非物质文化遗产

类别	编号	名称	所属地区
民间美术类	313 Ⅶ—14	藏族唐卡	西藏
	316 Ⅶ—17	顾绣	上海
	317 Ⅶ—18	苏绣	江苏
	318 Ⅶ—19	湘绣	湖南
	319 Ⅶ—20	粤绣	广东
	320 Ⅶ—21	蜀绣	四川
	321 Ⅶ—22	苗绣	贵州
	322 Ⅶ—23	水族马尾绣	贵州
	323 Ⅶ—24	土族盘绣	青海
	324 Ⅶ—25	挑花	湖北
	325 Ⅶ—26	庆阳香包绣制	甘肃

类别	编号	名称	所属地区
传统手工技艺类	363 Ⅷ—13	南京云锦木机妆花手工织造技艺	江苏
	364 Ⅷ—14	宋锦织造技艺	江苏
	365 Ⅷ—15	苏州缂丝织造技艺	江苏
	366 Ⅷ—16	蜀锦织造技艺	四川
	367 Ⅷ—17	乌泥泾手工棉纺织技艺	上海
	368 Ⅷ—18	土家族织锦技艺	湖南
	369 Ⅷ—19	黎族传统棉纺织染绣技艺	海南
	370 Ⅷ—20	壮族织锦技艺	广西
	371 Ⅷ—21	藏族邦典、卡垫织造技艺	西藏
	372 Ⅷ—22	加牙藏族织毯技艺	青海
	373 Ⅷ—23	维吾尔族花毡、印花布织染技艺	新疆
	374 Ⅷ—24	南通蓝印花布印染技艺	江苏
	375 Ⅷ—25	苗族蜡染技艺	贵州
	376 Ⅷ—26	白族扎染技艺	云南
民俗类	511 Ⅸ—63	苏州甪直水乡妇女服饰	江苏
	512 Ⅸ—64	惠安女服饰	福建
	513 Ⅸ—65	苗族服饰	云南
	514 Ⅸ—66	回族服饰	宁夏
	515 Ⅸ—67	瑶族服饰	广西

（1）第一批民间美术类国家级纺织类非物质文化遗产

第一批民间美术类国家级纺织类非物质文化遗产包括藏族唐卡、顾绣、苏绣、湘绣、粤绣、蜀绣、苗绣、水族马尾绣、土族盘绣、挑花和庆阳香包绣制11种。其中较具有代表性的是苏绣、湘绣、粤绣、苗绣和蜀绣等。

（2）第一批传统手工技艺类国家级纺织类非物质文化遗产

第一批传统手工技艺类国家级纺织类非物质文化遗产包括南京云锦、宋锦、缂丝、乌泥泾手工棉纺织技艺、土家族织锦技艺、黎族传统棉纺织染绣技艺、壮族织锦技艺、藏族邦典、卡垫织造技艺、加牙藏族织毯技艺、维吾尔族花毡、印花布织染技艺、南通蓝印花布传统印染技艺、苗族蜡染技艺、白族扎染技艺14种，其中较为著名的有云锦、宋锦、乌泥泾手工棉纺织技艺、壮锦、蓝印花布等。

（3）第一批民俗类国家级纺织类非物质文化遗产

第一批名录中涉及民族服饰的民俗类国家级纺织类非物质文化遗产包括苏州角直水乡妇女服饰、惠安女服饰、苗族服饰、回族服饰和瑶族服饰5种，较为有代表性的是苗族服饰、回族服饰和瑶族服饰。

2.中国第二批纺织类非物质文化遗产

2008年国务院公布了第二批国家非物质文化遗产名录，涉及纺织类的有36种。其中，纺织类中的民间美术类13种，传统手工技艺类12种，民俗类11种，如表1-7所示。

表1-7　中国第二批纺织类非物质文化遗产

类别	编号	名称	所属地区
民间美术类	847 Ⅶ-71	党堆锦	山西
	848 Ⅶ-72	湟中堆绣	青海
	849 Ⅶ-73	瓯绣	浙江
	850 Ⅶ-74	汴绣	河南
	851 Ⅶ-75	汉绣	湖北
	852 Ⅶ-76	羌族刺绣	四川
	853 Ⅶ-77	民间绣活	山西、四川、陕西、湖北
	854 Ⅶ-78	彝族（撒尼）刺绣	云南
	855 Ⅶ-79	维吾尔族刺绣	新疆
	856 Ⅶ-80	满族刺绣	辽宁、吉林
	857 Ⅶ-81	蒙古族刺绣	新疆
	858 Ⅶ-82	柯尔克孜族刺绣	新疆
	859 Ⅶ-83	哈萨克毡绣和布绣	新疆
传统手工技艺类	882 Ⅷ-99	桑蚕丝织造技艺	浙江
	883 Ⅷ-100	传统棉纺织技艺	河北、新疆
	884 Ⅷ-101	毛纺织机擀制技艺	四川
	885 Ⅷ-102	夏布织造技艺	江西、重庆
	886 Ⅷ-103	鲁锦织造技艺	山东
	887 Ⅷ-104	侗锦织造技艺	湖南
	888 Ⅷ-105	苗族织锦技艺	贵州
	889 Ⅷ-106	傣族织锦技艺	云南
	890 Ⅷ-107	香云纱染整技艺	广东
	891 Ⅷ-108	枫香印染技艺	贵州
	892 Ⅷ-109	新疆维吾尔族艾德莱斯绸织染技艺	新疆
	893 Ⅷ-110	地毯织造技艺	北京、内蒙古、新疆

类别	编号	名称	所属地区
民俗类	1015 X –108	蒙古族服饰	内蒙古、甘肃、新疆
	1016 X –109	朝鲜族服饰	吉林
	1017 X –110	畲族服饰	福建
	1018 X –111	黎族服饰	海南
	1019 X –112	珞巴族服饰	西藏
	1020 X –113	藏族服饰	西藏、青海
	1021 X –114	裕固族服饰	甘肃
	1022 X –115	土族服饰	湖南
	1023 X –116	撒拉族服饰	青海
	1024 X –117	维吾尔族服饰	新疆
	1025 X –118	哈萨克族服饰	新疆

（1）第二批民间美术类国家级纺织类非物质文化遗产

第二批民间美术类国家级纺织类非物质文化遗产包括党堆锦、湟中堆绣、瓯绣、汴绣、汉绣、羌族刺绣、民间绣活、彝族（撒尼）刺绣、维吾尔族刺绣、满族刺绣、蒙古族刺绣、柯尔克孜族刺绣、哈萨克毡绣和布绣13种。其中较具有代表性的是堆绣、汉绣、蒙古族刺绣、哈萨克毡绣和布绣等。

（2）第二批传统手工技艺类国家级纺织类非物质文化遗产

第二批传统手工技艺类国家级纺织类非物质文化遗产包括桑蚕丝织造技艺、传统棉纺织技艺、毛纺织机擀制技艺、夏布制造技艺、鲁锦制造技艺、侗锦制造技艺、苗族织锦技艺、傣族织锦技艺、香云纱染整技艺、枫香印染技艺、新疆维吾尔族艾德莱斯绸织染技艺、地毯织造技艺12种，其中较为著名的有桑蚕丝织造技艺、侗锦制造技艺等。

（3）第二批民俗类国家级纺织类非物质文化遗产

第二批名录中涉及民族服饰的民俗类国家级纺织类非物质文化遗产包括蒙古族服饰、朝鲜族服饰、畲族服饰、黎族服饰、珞巴族服饰、藏族服饰、裕固族服饰、土族服饰、撒拉族服饰、维吾尔族服饰、哈萨克族服饰11种，较为有代表性的是蒙古族服饰、朝鲜族服饰和维吾尔族服饰等。

3. 中国第三批纺织类非物质文化遗产

2011年国务院公布了第三批国家非物质文化遗产名录，涉及纺织类的有8种，其中民间美术类7种，传统手工技艺类1种，如表1-8所示。

（1）第三批民间美术类国家级纺织类非物质文化遗产

第三批民间美术类国家级纺织类非物质文化遗产包括上海绒绣、宁波金银彩绣、瑶族刺绣、藏族编织挑花刺绣工艺、侗族刺绣、锡伯族刺绣、蓝夹缬技艺7种。其中较具有代表性的是瑶族刺绣、侗族刺绣、锡伯族刺绣等。

（2）第三批传统手工技艺类国家级纺织类非物质文化遗产

第三批传统手工技艺类国家级纺织类非物质文化遗产包括中式服装制作技艺1种。

表1-8 中国第三批纺织类非物质文化遗产

类别	编号	名称	所属地区
民间美术类	Ⅶ-103	上海绒绣	上海
	Ⅶ-104	宁波金银彩绣	浙江
	Ⅶ-105	瑶族刺绣	广东
	Ⅶ-106	藏族编织、挑花刺绣工艺	四川
	Ⅶ-107	侗族刺绣	贵州
	Ⅶ-108	锡伯族刺绣	新疆
	Ⅷ-192	蓝夹缬技艺	浙江
传统手工技艺类	Ⅷ-193	中式服装制作技艺	上海、浙江

（三）中国纺织类非物质文化遗产主要研究机构及研究方向

随着中国纺织类非物质文化遗产的产业化、现代化和国际化，越来越多的专家学者和研究机构开始进行相关研究，并取得了许多宝贵的成果。当前中国纺织类非物质文化遗产主要研究机构及研究方向如表1-9和表1-10所示。

表 1-9　中国纺织类非物质文化遗产主要研究机构

主要研究机构	行业协会	中国纺织工业联合会等
	高校	天津工业大学、武汉纺织大学、成都纺织高等专科学校、湖南工艺美术职业学院等
	科研院所	中国艺术研究院中国非物质文化遗产保护中心、中国非物质文化遗产推广中心等
	以传承人为核心的企业、博物馆、研究所	上海亨生西服有限公司、蓝印花布传承人吴元新：南通蓝印花布博物馆、苏绣传承人姚建萍：姚建萍艺术馆等

表 1-10　中国纺织类非物质文化遗产主要研究方向

主要研究方向	某区域纺织类非物质文化遗产保护	中国长江三角洲地区染织类非遗研究《东华大学博士论文》、民族地区手工技艺类非遗开发式保护研究——以广西壮锦为例《青海民族研究》、关于南京云锦商业推广模式的思考《产业与科技论坛》等
	某种具体纺织类非物质文化遗产工艺、艺术价值等	苏绣与湘绣之比较《大家》、湘西蓝印花布图案与艺术形式研究《湖南工业大学》等
	纺织类非物质文化遗产传承、开发和保护等	纺织类非遗传承现状《中国纺织报》、浅谈手工技艺类非遗经济价值开发模式《中国外资》等

　　我国纺织类非物质文化遗产地域分布较为分散，有些位于偏远地区或少数民族地区，部分纺织类非物质文化遗产的保护发展仍处于散落民间艺人脑中和手中的状态，容易消失，造成无法弥补的遗憾。此外，随着经济社会的快速发展和变革，人们的生活习惯和生产生活条件有了很大的改变，很多延续了几千年的纺织技术、纺织机械甚至纺织材料已经被现代纺织工业所取代，市场上也难以找到用天然染料印染的纺织品，许多纺织类非物质文化遗产已经或正在衰退或消亡。然而，这些传统工艺文化具有丰富的历史、文化、社会价值和潜在的经济价值，对其进行有效的保护和传承十分必要。现在我国虽然出台了一系列法律法规文件，对纺织类非物质文化遗产项目采取了生产性保护、整体性保护等多种保护方式，及时抢救和保护了一批濒危的

纺织类非物质文化遗产项目，但社会各界的保护和传承力度还不够，仍有一些珍贵的纺织类非物质文化遗产项目面临萎缩与消亡的危险。因此，抢救、保护、传承和创新纺织类非物质文化遗产的任务迫切且艰巨。

三、中国纺织类非物质文化遗产的基本特点

如前文所述，以苏绣、湘绣、粤绣等为代表的刺绣，以蚕丝织造、鲁锦织造等为代表的织造技艺，以蒙古族、朝鲜族等少数民族服饰为代表的服饰，还有苗族蜡染、白族扎染等传统染整技术，成为纺织类非物质文化遗产的主要表现体系。我国纺织类非物质文化遗产呈现出如图 1-4 所示的基本特点。

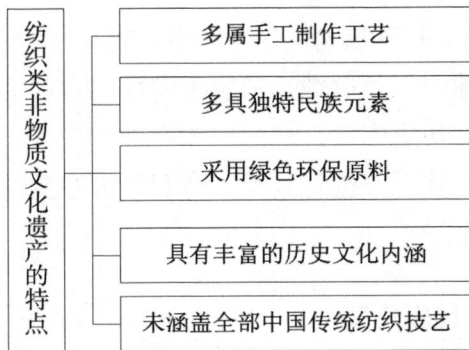

图 1-4　纺织类非物质文化遗产的基本特点

（一）多属手工制作工艺

在纺织类非物质文化遗产产品中，大多是需要手工完成的，手工制品比机器制品更加精致、传神。例如刺绣，虽然现在已经可以利用机器生产，但是机器制品缺乏了其独有的韵味，而且利润不高。比如在刺绣肖像画的时候，要想得到一幅高端上档次的画像，是需要拥有高超技艺的绣娘一针一线绣出来，而普通的绣娘只能望尘莫及，更不用说机器生产了。再如南京云锦，是我国传统文化的杰出代表，因其丰富的文化和科技内涵，被专家称作

是中国古代织锦工艺史上的最后一座里程碑。南京云锦与成都的蜀锦、苏州的宋锦、广西的壮锦并称"中国四大名锦"。由于其制作的特殊性，真正的云锦无法用现代机器织出，只能通过手工织出，两个绣娘同时绣一天也织出不过寸许。又如夏布，这种用天然苎麻以纯手工纺织而成的平纹布，在生活水平不断提高、人们的审美观开始崇尚绿色自然的今天，制成的服饰逐渐被更多的人所青睐。

赫哲族鱼皮制作技艺是以中国北方冷水鱼的鱼皮为原材料，不同的衣物采用不同种类的冷水鱼皮制作。这主要是由于冷水鱼皮质较厚且具有较好的韧性，耐磨保暖，适合北方地区人们的生产生活环境。传统的赫哲族鱼皮技艺包括剥皮、干燥、熟软、拼剪缝合、艺术修饰等一系列复杂的加工过程。首先将捕来的胖头、干条、草根、鲤子等冷水鱼的鱼皮剥下，将剥掉的鱼皮略微晾干，用熟鱼皮的木棰在槌床上反复捶打，直到将鱼皮捶至柔软。做鱼皮线时，将鱼皮剥下撑开放燥，切去鱼皮四角不整齐的部分，在整理好的鱼皮上抹一层鱼肝油，使鱼皮潮湿后卷起来，用小木板紧紧捺住，然后用快刀将其切成细线，线的一头要细一些，以便穿针，再将其用野花染成各种颜色，就可以进行裁剪、缝制成各种鱼皮衣服了，整个加工过程全部由手工完成。

（二）多具独特民族元素

我国纺织类非物质文化遗产品种丰富、工艺精湛，是一个集聚艺术、工艺和民族传统文化的大宝藏。除上述提到的几种之外，还有具有鲜明的民族特点、浓郁的宗教色彩的唐卡，制作精良、艳中带秀的缂丝制造技艺；构型简单质朴的庆阳香包，以及通过剪样、拼贴、缝制辅以刺绣制作而成的阳新布贴等。

我国古代不同时期、不同民族都有各自不同、具有独特风格的服饰。其中塔吉克服饰、惠安女服饰、苗族服饰、苏州角直水乡妇女服饰等都已经被认定为纺织类非物质文化遗产。其他的纺织类非物质文化遗产也多将中国独有的元素融入纺织产品中，如龙凤、祥云等这些极具中国特色的图案，在属于自己工艺的基础上选定一个或几个具有代表性的中国元素为中心，制作衣服、鞋帽、包和家纺等纺织品。如维吾尔族地毯织造技艺，维吾尔族地毯以原料上乘、质地细密、绒头密集、毯面薄平、工艺考究、图案别致、织工精良、配色美观、经久耐用和图案繁谨而著称。维吾尔族地毯的图案和色彩兼具东西方文化与宗教艺术的精华，具有极其浓厚的民族特色和特别的地域风情，维吾尔族地毯的艺术特色为：多层边框，几何图形内填入品类繁多的纹饰，结构严整同时富于韵律，着意将同类色彩或对比色彩并置排列，在强烈对比中凸显各种色彩，具有强烈的装饰性。

（三）采用绿色环保原料

纺织类非物质文化遗产中三大传统印染主要是扎染、蜡染和蓝印。扎染是一种古老的纺染工艺，至今约有 1500 年的历史。扎染中各种捆扎技法的使用与多种染色技术的结合，染成的图案纹样多变。如：颇具白族风情的大理白族扎染；以采用天然植物染料为主的彝族扎染等。蜡染工艺在我国西南少数民族地区世代相传，尤其是贵州少数民族地区，用蜡染制作的服饰和生活用品，显得朴实大方、清新悦目、富有民族特色。像苗族蜡染技艺采用靛蓝染色的蜡染花布，青底白花，具有浓郁的民族风情和乡土气息。纺织类非物质文化遗产还大多采用全棉织造而成的土布和以麻为原料编织的夏布这些传统面料为材料，制作各种纺织类手工艺品。在低碳环保理念盛行的当代，这种绿色天然的产品尤为珍贵。

如蓝印花布的染料是以蓝草为主要原料。蓝草依其科属的特性与生长环境，主要分为四种，即蓼蓝、山蓝、木蓝、菘蓝。人们应用蓝草加工蓝靛，主要用于染青布（纯蓝布），还用于绞缬、夹缬的染色。以江苏为例，江苏盛产蓼蓝，每年大暑季节收割蓝草后，将其捆成捆，头向下放到装满水的大坑里，等出蓝后把茎叶捞出，再加适量石灰使蓝靛下沉，将蓝靛上多余的水引流到大坑外，待蓝靛成泥状土靛后装于陶坛中，天然环保的蓝印花布染料便做成。就地取材的天然染料，自纺自织的便利工艺，使得蓝印花布成为江苏等沿海地区的重要特产。

除此之外，还有用从枫香树中提取枫香树脂同水牛油按比例混合作为染料的枫香印染，质地柔软、轻盈飘逸的艾德莱斯绸织染等，但这些天然绿色环保原料还需要大力宣传，让更多的社会公众了解。

（四）具有丰富的历史文化内涵

许多纺织类非物质文化遗产产品的技艺起源都有其自己的传说，这些传说大大丰富了纺织类非物质文化遗产产品的文化内涵，提升了产品的自身价值。比如纺织类非物质文化遗产中最著名的中国"四大名绣"之一的苏绣，传说古代苏州有一位聪颖漂亮的姑娘，在结婚前正在赶制一件新嫁妆，在制作过程中不小心在衣襟上戳了一个洞。她急中生智用彩绒绣了一朵小花，不仅将破洞掩盖住，而且还显得格外漂亮，产生了锦上添花的效果，从此女孩子都喜欢穿绣花的衣服了。

再如龙凤旗袍制作技艺。旗袍源起满族女性的宽幅大裙，后来慢慢演化，开省、收腰、勾勒曲线，终成新式的旗袍。而这新式旗袍是从上海的海派旗袍发展而来。20 世纪 30 年代，海派旗袍成为上海各阶层女性的时尚服装，并从全国时装中心的上海扩散到各地，在中国女装史上留下了光辉的一页。在陕西北路的老字号一条街上，创始于 1936 年的龙凤旗袍店是制作海派旗袍的名店。龙凤旗袍制作工艺的第一代传人朱林清，出身苏广成衣铺，他将传统中式服装制作技艺运用到海派旗袍上，所做旗袍不像当年的满族旗袍宽大平直、不显现形体，而是吸收西式裁剪方法，开省、收腰，表现女性特有的曲线体态。1936 年，朱林清创办了朱顺兴中式服装店，解放后，"朱顺兴"与其他四家中式服装店强强联合，成立了上海龙凤中式服装店，成为沪上最著名的手工旗袍制作商店，至今，仍保留前店后厂的传统经营模式。可见，龙凤旗袍制作技艺记载了中国历史的变迁。

此外，纺织类非物质文化遗产中最古老的刺绣艺术——闻名遐迩的水族马尾绣，被誉为中国刺绣的活化石，独树一帜，堪称世界一绝，是研究水族民俗、民风、图腾崇拜及民族文化的珍贵艺术资料。

第二节　中国纺织类非物质文化遗产保护的意义

中国历史悠久、幅员辽阔、民族众多，五千年的中华文明留给我们丰富的文化遗产，既有有形的物质形态文化遗产，如文物等；又有主要通过"口传心授"的方式传承下来、以非物质形态存在的文化遗产，如传统表演艺术、民俗活动、礼仪、节庆、传统手工技能等。中国是一个统一的多民族国家，众多少数民族创造了极为丰富的非物质文化遗产，其种类之繁多、形式之多样、内容之丰富世界少有，因此，这些文化遗产是联系民族间情感的重要桥梁和维系国家统一的重要基础。

纺织类非物质文化遗产源自我国各族人民的长期社会生产生活实践，是中华民族智慧与文明的结晶，是民族团结的见证和维系国家统一的基础，具有极强的历史、文化与经济价值。传承与保护好我国纺织类非物质文化遗产，对弘扬中华民族文化、建设和谐社会、落实科学发展观具有重要的现实意义。

中国纺织类非物质文化遗产保护的意义如图1-5所示。

```
                    ┌─── 历史意义 ──── 纺织类非遗的工艺、花样、针法、原料等无一不
                    │                   体现出其产生的特定历史条件，是无字的史料
                    │
                    ├─── 政治意义 ──── 纺织类非遗的保护有助于维持我国民族文化的多
          纺织        │                   样性，从而促进各民族间的交流融合
          类非        │
          物质        ├─── 经济意义 ──── 纺织类非遗生产企业自身将得到发展，同时也可
          文化        │                   带动周边区域经济发展
          遗产        │
          保护        ├─── 文化意义 ──── 纺织类非遗体现着我国传统文化，具有很强的民
          意义        │                   族特色，保护纺织类非遗有利于促进我国的文化
                    │                   传承与创新
                    │
                    └─── 传承意义 ──── 运用、传播与发扬是保护纺织类非物质文化遗产的
                                        根本意义
```

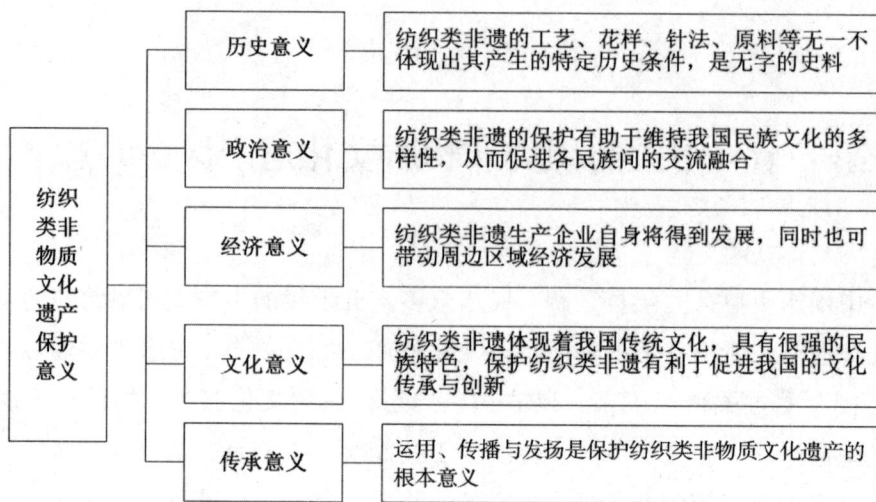

图 1-5　纺织类非物质文化遗产保护的意义

一、中国纺织类非物质文化遗产保护的历史意义

古人云："以古为镜，可以知兴替。"意思是说，历史就像一面镜子，可以了解一个国家的兴衰。历史记录了人类生产生活的全部内容，既用于记录，更可借古喻今，指导未来发展。而各个时期的纺织类非物质文化遗产就像一部活体史书，记载着千年历史的点点滴滴，是人类社会文化遗产的有机组成部分，彰显了我国五千年的文明。因此，保护纺织类非物质文化遗产就意味着不忘历史、了解历史、指导未来。

二、中国纺织类非物质文化遗产保护的政治意义

中国是一个多民族国家，各民族风俗习惯与文化传统截然不同，相互交流需要有效的媒体与介质，纺织类非物质文化遗产就是最好的媒介之一。通过传承与保护纺织类非物质文化遗产，有助于保护各民族的独特传统，有助于各民族之间的相互交流与融合，有助于国家统一与社会稳定，为创建和谐社会奠定良好的基础。

三、中国纺织类非物质文化遗产保护的经济意义

我国古代传统的纺织艺术对于人们来说，比现代的纺织艺术多了一种特有的气息，我们在保护传统纺织类非物质文化遗产的同时，也是为现代经济发展提供了新的商机。各地区依托当地的传统纺织艺术，使传统手工艺品走下"神坛"，做到艺术享受与日用生活的完美结合。纺织类非物质文化遗产自身在得到前所未有的发展的同时，也可带动周边地区经济的发展，从而推动区域经济的发展。

四、中国纺织类非物质文化遗产保护的文化意义

纺织类非物质文化遗产本身就是一种独特的文化，体现了中华民族传统文化与价值观，同时兼具各民族的民族特色与文化底蕴。传承与保护纺织类非物质文化遗产，一方面能够发扬各民族的民族特色与文化，另一方面能够在此基础上分享共同的价值观，增强中华民族的凝聚力。在当前全球化进程加速的时代中，保护纺织类非物质文化遗产能够极大地提高我国文化的软实力，有利于促进我国的文化创新。

五、中国纺织类非物质文化遗产保护的传承意义

保护纺织类非物质文化遗产的最终意义不仅在于保护，而且在于传承，如何在保护的过程中剖析、辨别其内在价值，进而将其与现代文明结合，运用到当今社会生产生活中去，并在新时代与新形势下发扬光大，才是保护纺织类非物质文化遗产的最终意义。纺织类非物质文化遗产传承人在传承的过程中不仅传授技能，更要传承纺织类非物质文化遗产的精神文化内涵，并在此基础上不断创新，这才是保护纺织类非物质文化遗产的终极目标。

知识链接：代表性纺织类非物质文化遗产一

代表性纺织类非物质文化遗产——刺绣类

刺绣是针线在织物上绣制的各种装饰图案的总称。刺绣是我国民间传统手工艺之一，在我国至少有两三千年的历史。纺织类非物质文化遗产最著名的苏绣、粤绣、蜀绣、湘绣合称为中国"四大名绣"。我国自古以来的丝绸之路就是通往地中海沿岸，从那时起，西方各国就开始对我国的刺绣有了极大的兴趣。目前，我国刺绣主要出口地区是欧洲各国，其中，出口最多的当属苏绣，苏绣日用品有 10 多个大类，2000 多个品种，产品远销100 多个国家和地区，受到各国人民的喜爱。

纺织类非物质文化遗产中最古老的刺绣艺术，则是闻名遐迩的水族马尾绣，被誉为中国刺绣的活化石，独树一帜，堪称世界一绝，是研究水族民俗、民风、图腾崇拜及民族文化的珍贵艺术资料。还有以人物风景擅长、色彩搭配明快，奔放的汴绣；粗犷中显细腻、点滴中见绝妙、技艺精湛的湟中堆绣；针法繁多、做工精细的瓯绣等。此外还有满族刺绣、上海绒绣、蒙古族刺绣、维吾尔族刺绣、锡伯族刺绣等，都各具特色。但这些都不像"四大名绣"那样有名气，出口也较少。

代表性纺织类非物质文化遗产——印染工艺类

我国民间传统印染蕴含着巨大的艺术魅力。纺织类非物质文化遗产中三大传统印染主要是扎染、蜡染和蓝印。扎染是一种古老的纺染工艺，至今约有 1500 年的历史，扎染中各种捆扎技法的使用与多种染色技术的结合，染成的图案纹样多变。如：颇具白族风情的大理白族扎染，以采用天然植物染料为主的彝族扎染等。蜡染工艺在我国西南少数民族地区世代相传，尤其是贵州少数民族地区，用蜡染制作的服饰和生活用品，显得朴实大方、清新悦目、富有民族特色。像苗族蜡染技艺采用靛蓝染色的蜡染花布，青底白花，具有浓郁的民族风情和乡土气息，是我国独具一格的民族艺术之花。随着时间的沉淀，用我国印染技术制作的纺织品、日用品，如今已经集实用性和艺术性于一身，从仅限于少数民族地区走向了国际市场，远销美国、东南亚等国家和地区。除此之外还有用从枫香树中提取的枫香树脂同水牛油按比例混合作为染料的枫香印染、质地柔软，轻盈飘逸的艾德莱斯绸织染等，但这些技艺还有待我们从非物质文化遗产的宣传和传承角度入手，让更多的群体了解。

代表性纺织类非物质文化遗产——传统织料类

我国传统织料有很多种类，如豪华典雅、雍容华贵的南京云锦，形象生动、变化多端、花纹绚丽多彩的侗族织锦，结实耐用、花纹精美的壮族织锦，轻柔胜丝、避暑爽身的夏布和有"软黄金"之称的香云纱等，它们都有悠久的历史。

南京云锦是我国传统文化杰出的代表，是我国织锦技艺最高水平的代表，因其丰富的文化和科技内涵，被专家称作是中国古代织锦工艺史上的最后一座里程碑。南京云锦与成都的蜀锦、苏州的宋锦、广西的壮锦并称"中国四大名锦"。真正的云锦，只能通过手工完成，无法用现代机器织出，每天织出不过寸许。又如夏布，这种用天然苎麻以纯手工纺织而成的平纹布，在生活水平不断提高，人们审美观的转变，开始崇尚绿色天然的今天，夏布制成的服饰逐渐被更多的人所青睐。如今夏布已远销欧美、东南亚、中国香港、日本、韩国等国家或地区。

除此之外，纺织类非物质文化遗产中还有闻名遐迩的桑蚕丝织技艺，具有独特技艺的缂丝，颇具民族风格的土家族织锦技艺等。

代表性纺织类非物质文化遗产——传统服饰类

传统服饰是我国传统文化的一个重要组成部分，是中华民族乃至人类社会的宝贵财富。我国古代不同时期、不同民族都有其各自不同的具有其独特风格的服饰。其中塔吉克服饰、惠安女服饰、苗族服饰、苏州角直水乡妇女服饰等都已经被认定为纺织类非物质文化遗产。还有那些印有中国元素代表中国风的振兴祥中式服装、龙凤旗袍，这些也是国际设计师设计新品参考的对象。

我国纺织类非物质文化遗产品种丰富、工艺精湛，是一个集聚艺术、工艺和民族传统文化的大宝藏，除上述提到的几种之外，还有具有鲜明的民族特点、浓郁的宗教色彩的唐卡；制作精良、艳中带秀的缂丝制造技艺；构型简单质朴的庆阳香包；通过剪样、拼贴、缝制辅以刺绣制作而成的阳新布贴等，每一项都有其独特之处，而且很多产品逐渐走向国际，备受好评。

思考题

1. 简述非物质文化遗产的定义和特点。

2. 以某种纺织类非物质文化遗产为例，说明中国纺织类非物质文化遗产的基本特点。

3. 简述保护纺织类非物质文化遗产的意义。

第二章

中国纺织类非物质文化遗产项目申报

※ 本章主要内容 ※

本章主要论述了纺织类非物质文化遗产申报工作的意义和重要性，介绍了纺织类非物质文化遗产项目名录的申报程序和代表作申报书编写指南，章后提供了回族民间刺绣申报国家级纺织类非物质文化遗产名录的范本。

第一节　纺织类非物质文化遗产申报工作的
意义和重要性

联合国教科文组织缔约国大会于 2003 年 10 月 17 日通过了《保护非物质文化遗产公约》（下称《公约》），使非物质文化遗产的保护工作纳入国际准则，以便更好地保护这些遗产。2008 年 6 月 16 日至 19 日，《保护非物质文化遗产公约》缔约国大会第二届会议在联合国教科文组织总部法国巴黎召开，大会通过了保护非物质文化遗产政府间委员会制定的《公约》实施细则，其中最重要的两项工作是申报列入"人类非物质文化遗产代表作名录"（简称代表作名录）和"急需保护的非物质文化遗产名录"（简称急需保护名录）。前者可以理解为更多地侧重于一种荣誉性的称号，彰显非物质文化遗产的地位，把某一个国家或地区的遗产上升为全人类的遗产；后者则更多地强调了抢救、保护申报列入名录的项目。

根据规定，一项遗产不得同时申报列入代表作名录和急需保护名录，但缔约国可以根据相关规定和条件，要求将一项遗产从一个名录转入另一个名录。

一、申报的意义

将某一文化表现形式或文化空间申报列入"代表作名录"或"急需保护名录"的目的是为了抢救、保存、保护和振兴该项遗产。申报只是一个手段，保护才是真正的目的。在做申报工作的同时就是保护计划的开始。没有保护计划，就谈不上申报，申报也不可能成功。关键是要通过申报，弘扬这些非物质文化遗产，鼓励相关群体开展鉴别、保护和利用非物质文化遗产的活动，起到示范并带动其他遗产项目的保护工作，提高对其传统文化的认同感和历史感，进而促进文化多样性和人类的创造力。非物质文化遗产是以人为本的活遗产，它更注重的是技能、技术、知识的承传。它是人类历史发展过程中各国各民族生活方式、智慧与情感的载体。脱离了人，非物质文化遗产就没有存在的价值，也不可能存在。申报工作要注重人，强调人，尤其是重视传承人，为他们提供和创造非物质文化遗产赖以生存的条件，下大力气保证做好可操作性的保护计划，并给予特别的关注。

做好申报工作，有利于推动我国非物质文化遗产的保护事业，对宣传弘扬我国悠久璀璨的非物质文化遗产有利，对确认中华民族文化特性，保护文化资源，扩大影响，保护和促进世界文化多样性具有重要意义。

二、代表作名录和急需保护名录的列入标准

"人类非物质文化遗产代表作名录"列入标准共有 5 条，要求申报国在申报文件中证明，推荐列入的项目符合以下所有标准：

第一，该项目属于《保护非物质文化遗产公约》第二条定义的非物质文化遗产。

第二，将该项目列入名录，将有助于确保该非物质文化遗产的存续，提升对其重要性的认识，促进对话，从而反映世界文化的多样性，见证人类的创造力。

第三，已制订了一些保护措施，可保护并宣传该遗产。

第四，该遗产的申报，是有关社区、群体或个人尽可能广泛参与下提名的，是他们在知情的情况下事先自主认可的。

第五，该项目已列入申报缔约国领土现存的非物质文化遗产清单之中。

"急需保护的非物质文化遗产名录"列入标准共有 6 条，要求申报国，或者在特别紧急情况下要求申报人在申报文件中说明，推荐列入急需保护名录的项目符合以下所有标准：

第一，该项目属于《保护非物质文化遗产公约》第二条定义的非物质文化遗产。

第二，尽管有关社区、群体或个人和缔约国均做出了努力，该项目的存续仍然危在旦夕，因此该遗产急需保护；该遗产正受到严重威胁，特别急需保护，若不立即加以保护，将难以为继。

第三，已制订了一些保护措施，使有关社区、群体或个人能够继续实践和传承该遗产。

第四，该遗产的申报，是有关社区、群体或个人尽可能广泛参与下提名的，是他们在知情的情况下事先自主认可的。

第五，该项目已列入申报缔约国领土现存的非物质文化遗产清单之中。

第六，在特别紧急情况下，根据《公约》第十七条第三款，已就该遗产列入名录事宜与有关缔约国进行过协商。

比较以上两个名录的列入标准，我们会发现两个名录的列入标准没有本质上的区别。它们均要求制订保护措施，均强调申报主体和保护单位的参与及其重要作用。后者申报列入的项目必须是濒危遗产，需要马上进行抢救。前者则通过列入名录彰显遗产，以期达到宣传、认同、保护之目的。

在申报工作中，不能同时申报两个名录，要根据实际情况选定申报急需保护名录或者代表作名录。根据规定，申报的项目如未获批准列入名录，在4年内不得再次申报，因此有关申报单位在填写申报材料时一定要慎重，要进行认真研究论证后，决定是否申报和何时申报。

三、申报主体和保护单位

文化部是我国负责向联合国教科文组织申报列入急需保护名录和代表作名录工作的机构。在做申报工作时，确定申报主体和保护单位至关重要，申报主体有责任保护申报列入名录的遗产项目。保护单位或者相关社区、群体或个人应自愿、自觉地参与申报工作，以确保申报的成功以及申报后能够履行诺言，做好保护工作。

第二节 人类口头和非物质遗产代表作申报书 编写指南

一、引言

第一条 1972 年《保护世界文化和自然遗产公约》将具有特殊价值的遗迹、遗址及景观列入世界遗产名录，以此确认其为全人类遗产。然而，此公约不适用于非物质文化遗产。

第二条 口头和非物质遗产，作为确定文化特性，激发创造力，以及保护文化多样性的根本因素，已为国际所公认。这一遗产在国家和国际各文化间相互容忍、相互协调方面起着至关重要的作用。在世界全球化的今天，此种文化遗产的诸多形式受到文化单一化、武装冲突、旅游业、工业化、农业人口外流、移民和环境恶化的威胁，正面临消失的危险。

第三条 非物质文化遗产行将消亡，保护已是迫在眉睫。为此，联合国 1997 年 11 月召开的第 29 届成员国大会正式通过了 23 号决议，创立了"代表作"这一称号。而宣布代表作的条例，则在 1998 年第 155 届执行局会议上正式通过。

二、目的

第四条 宣布代表作的主要目的：

a. 调动舆论，提高人们对口头和非物质遗产价值，以及拯救和振兴此种遗产的必要性的认识；

b. 在全球范围内摸清口头和非物质遗产的分布并予以评估；

c. 鼓励各国建立国家口头和非物质遗产清册，并采取司法和行政措施对其加以保护；

d. 推动传统艺术家和地方创作人员参与非物质遗产的认定和复兴工作。

宣布代表作将鼓励各国政府、非政府组织，及各地方团体认定、拯救、振兴并推广其口头和非物质遗产。它还激励个人、团体、机构及组织就管理、保存、保护和推广该遗产做出贡献。

第五条　宣布人类口头和非物质遗产代表作是联合国教科文组织在非物质遗产领域开展的两个并举的支柱项目之一。另一项目则需要更为长期的准备，即起草一个国际公约（其原则已于 2001 年 11 月第 31 届全体成员国大会上正式通过）。

三、定义

第六条　2001 年 3 月，专家小组于都灵就口头和非物质遗产提出了一个新的定义。经过第 161 届执行局会议和第 31 届成员国大会（2001 年 10—11 月，31C/43）审议，该定义是这样表述的："各民族阶段性成果以及他们继承和发展的知识、能力和创造力，他们所创造的产品以及他们赖以繁衍生息的资源、空间和其他社会及自然层面；这种历时亮点使现存的群体感受到一种承继先辈的意识，并对确认文化身份以及保护人类文化多样性和创造力具有重要的意义。"

四、提交申报书与评估程序

（一）口头和非物质遗产的种类

第七条　宣布人类口头和非物质遗产代表作针对的是非物质文化遗产的两种表现形式。具体而言，一种表现于有轨可循的文化表现形式，如音乐或戏剧表演，传统习俗或各类节庆仪式；另一种表现于一种文化空间，这种空间可确定为民间和传统文化活动的集中地域，但也可确定为具有周期性或事件性的特定时间。这种具有时间和实体的空间之所以能存在，是因为它是文化现象的传统表现场所。

第八条 因此，我们要求各成员国提交候选项目，推荐存在着一个特定群体的非物质文化遗产的文化表现形式或文化空间。例如，这些项目可以是与语言、口传传统、表演艺术密切相关的文化现象，也可以是与物质文化形式联系的技能。摄录的文献或音像档案不能成为候选项目，这类文档应提交联合国教科文组织的"世界记忆"项目。

（二）一国申报

第九条 成员国每两年只能提交一个候选国家项目。

第十条 联合国教科文组织所接受的申报书，必须由成员国国家级权力机构提交，并征得相关群体代表同意。申报书由下述机构提出：

·成员国政府及准成员国政府；

·征得相关成员国教科文组织全国委员会同意的政府间组织；

·征得本国教科文组织全国委员会同意，与联合国教科文组织有正式关系的非政府组织。

第十一条 申报书应尽可能由相关群体的人员，或保证有相关群体的人员参加的小组编写。

（三）多国申报

第十二条 如果一个表现形式或文化空间超越政治边界，就要求相关成员国联手，共同提交一个多国申报书。教科文组织鼓励多国联合申报，此类项目可不占本国的申报名额。如有此类项目，就要求各有关国应积极参与申报书的编写工作（见《指南》第十四条和 f 款多国申报书标准范本），还要求申报书中应明确说明提交申报书的诸成员国之间的协调管理程度。申报书应通过负责协调的组织所在国的政府代为转交。

（四）申报书的编纂

第十三条 编纂申报书，需要设立一个国家级的保护口头和非物质遗产的机构（见 CL/3603 通函，"组建保护非物质文化遗产国家机构"）。这一机构负责挑选将由该成员国申报的文化表现形式。选好后，该机构将负责编纂标准范本中的文字部分，以及本《指南》第十四条 b 款至 e 款中列出的 4 个构件；特别要参照 1989 年《保护民间创造建议案》中提出的措施，准备一个至少为期 5 年的拯救、保护和振兴文化表现形式或文化空间的行动计划。提出的措施应围绕下列几个方面：

a. 口头和非物质遗产的认定

i. 列出口头和非物质遗产负责单位的名册；

ii. 建立认定及录制体系（收集、编目、登记）；

iii. 推动建立口头和非物质遗产标准类型模式。

b. 口头和非物质遗产的保管

i. 设立国家档案服务机构；

ii. 设立一个以服务为目的的国家中央档案机构（对信息进行编目和传播）；

iii. 创立非物质遗产博物馆或在现有博物馆内设立非物质遗产部门；

iv. 利用现有的展现口头和非物质遗产的形式，以及此类文化现存的或过去的各种证据；

v. 协调搜集资料和立档方法；

vi. 培训保管专家；

vii. 提供复制档案的方法，以利所收资料向相关文化群体开放。

c. 口头和非物质遗产的保存

i. 以适当的方式将口头和非物质遗产列入学校的正式课程；

ii. 保证各不同群体能够接触自己的文化；

iii. 为在口头和非物质遗产领域工作的个人和机构提供精神和经济上的支持；

iv. 促进口头和非物质遗产保护的科学研究工作。

d. 口头和非物质遗产的传播

i. 鼓励组织举办口头和非物质遗产活动（节日、电影、展览、研讨会、座谈会、研习班、培训班、专业代表会），支持此类活动成果的出版工作；

ii. 鼓励媒体加强口头和非物质遗产报道；

iii. 鼓励地方行政单位和地方组织设立口头和非物质遗产专家职位；

iv. 支持制作教材的机构，并鼓励其推广；

v. 通过文献中心提供有关口头和非物质遗产的适当信息；

vi. 为从事口头和非物质遗产保护的工作人员和机构的集会和人员交流提供方便；

vii. 鼓励国际科学界以必要的道德标准自律，正确对待和尊重口头和非物质遗产。

e. 口头和非物质遗产的保护

i. 保护掌握民俗传统的人员（对所收集的资料保密）；

ii. 保护收集人的利益；

iii. 保护所收集的资料不被滥用；

iv. 授权档案服务机构负责监督所收集资料的使用情况。

（五）申报材料的各种构件

第十四条　每份申报材料必须由以下 5 个构件组成：

a. 项目申报书标准范本的各部分为书面材料，包括拯救和振兴行动计划；

b. 用以评估该项目所需的文件，特别是地图、带有底片的照片或幻灯片、录音带或音像带，其他有助于阐述候选项目的材料。该文件应伴有一份授权书，同意以推广为目的而对所有这些资料进行传播；以及一份围绕主题的参考著作介绍和一份按学术界惯例列出的完整图书索引。

c. 专业质量的录像带（数码 Betacam 带，Betacam SP 带或 DDV），长度不超过 10 分钟，反映申报项目最有意义的方面。在评委审议项目时，为之放映（参见《指南》第十九条）；

d. 一份书面文件，一盘录像或录音带或其他任何无可辩驳的证据，证明该群体或拥有人同意申报书所述内容；

e. 一份预备清单，列出其他 5 个文化表现形式或文化空间的名字，该成员国在未来 10 年中可能就其做出申报，以期列入"人类口头和非物质遗产代表作"。

f. 如为多国联合申报项目，还应有以下文件证明：

i. 证明参与项目申报的各成员国同意申报书所述内容；

ii. 证明参与项目申报的诸成员国承诺并实施申报书标准范本第五部分中所述行动计划。

第十五条　各成员国必须确保项目申报书的内容符合联合国教科文组织组织法序言的理念，特别是要符合联合国于1948年通过的《世界人权宣言》，以及1989年通过的《保护民间创作建议案》。

（六）评审委员会

第十六条　根据宣布代表作条例，总干事在征询各成员国、有资格的非政府组织和秘书处的意见后，指定一个由18位成员组成的评审委员会，任期4年。评审委员会（以下简称评委会）的运作程序由《联合国教科文组织宣布人类口头和非物质遗产代表作国际评审委员会议事规则》确定。

（七）申报项目评估程序

第十七条　先由秘书处做行政检查，确保提交的申报书资料完备（见《指南》第十四条规定的5个构件），确保申报的表现形式或文化空间符合联合国教科文组织的理念（即本《指南》第十五条）；另外，在多国联合申报的情况下，确保所有相关国家都积极参与了文件的编纂工作。

第十八条　项目一旦登记备案，而且可能需要补充的信息齐备以后，秘书处把申报书转给胜任的非政府组织或其他由联合国教科文组织指定的专家，进行科学评估。该评估按执行局第155届会议通过的评选标准进行，就此项目提出推荐或反对入选建议的评估报告。这份提交给评委会的报告还要评估行动计划的质量，尤其是以下几点：

a. 公共权力机构或非政府组织保证振兴文化表现形式或文化空间的授权；

b. 群体和传承人参与保护和振兴行动计划的程度；

c. 已经采取措施的收效，计划采取的拯救（收集和建档）、承传和振兴措施。

（八）国际评审委员会会议

第十九条　各成员国备好的录像资料将提交给评委。此刻评委也收到了非政府组织的评估报告。收到这些文件和资料，评委们向联合国教科文组织总干事提交一份推荐入选项目清单，一份落选项目清单和一份推迟至两年后有可能再行审议的项目清单。被推迟至下届评审的项目申报书，届时将以新申报项目资格一起重新评估。在国际评委讨论得出结果的次日，总干事在该评委会推荐的基础上，举办一个特别仪式，宣布"人类口头和非物质遗产代表作"的入选名单。

第二十条 成员国代表不参加评审会议；参加评审委员会会议的非政府组织代表不得介入，对申报项目表态支持，只能就向他们提出的问题提供补充信息。

（九）评委会的评审标准

第二十一条 在评审过程中，评委会首先考虑下述准则：宣布为人类口头和非物质遗产代表作的文化空间或文化表现形式，须就下述2点证明其具有特殊价值：

a. 具有特殊价值的高度集中的非物质文化遗产；

b. 从历史、艺术、人种学、社会学、人类学、语言学或文学角度看，具有特殊价值的民间传统文化的表现形式。

第二十二条 文化空间或文化表现形式还必须符合联合国教科文组织就宣布人类口头和非物质文化遗产代表作在《条例》中列举的6条评审标准。因此，申报的文化空间或文化表现形式，必须证实该项目：

a. 具有作为人类创作天才代表作的特殊价值；

b. 根植于相应群体的文化传统或文化历史之中；

c. 在该民族及文化群体中起着确认文化身份的作用；作为灵感及文化间交流的源泉和凝聚各民族或各群体的手段所表现的重要性；目前在该群体中所起的文化及社会作用；

d. 超凡的实践技能和技术水平；

e. 具有唯一见证某个现存传统文化的价值；

f. 或因缺乏拯救和保护措施，或因变革过速，或城市化，或外来文化切入而面临消亡的危险。

第二十三条　根据第一批宣布代表作的经验，按照《宣布代表作条例》第四条 b 款，评审委员会制定了下述详细评选标准：

a. 适于宣布为人类口头和非物质遗产代表作的所有文化空间或文化表现形式，必须符合联合国教科文组织的理念，特别要符合联合国于 1948 年通过的《世界人权宣言》(《宣布代表作条例》第一条 b 款已重点强调)；

b. 该项目具有作为人类创作天才代表作的特殊价值（基本标准 1)：

i. 为证明该项目具有人类创作天才代表作的特殊价值，每个文化空间或文化表现形式的项目申报书必须提供坚实而明确的论据，以证明：

·该项目就同一文化或同一文化群体的其他表现形式及与相近文化的表现形式和普遍意义而言，对相关群体和对保持文化多样性具有特殊价值；

·该项目是拥有其技能的某一民族或群体的一种古老的实践，并深深根植于其中；

·该项目是与特定文化空间或特定文化表现形式相联系的一种特定创作，而不仅是一种大范围内的创作领域。如：与某一流行乐器相联系而创作的乐曲总汇；不带地域差别标志而在一个或多个国家流传的民歌或民间舞蹈总汇；与某一语言相联系的文化现象，而某一广大群体使用此语言并已有保持此语言存在的手段。

ii. 为便于宣布，把"代表作"一词定义为："鉴于任何文化都可能有代表作，又考虑到要超然于某一特定的历史和文化，人类口头和非物质遗产领域中的代表作，可理解为一种具有特殊价值，无常规可循，无法以任何外在尺度衡量的文化表现形式，它体现出一个民族的表达自由和创造天才。"

iii. 按照《指南》第六条的定义，口头和非物质遗产所涵盖的领域十分广阔，而下列领域应包括其中，即：与语言紧密相连的文化表现形式、口头传统、表演艺术及与物质文化形式紧密联系的工艺技术，但不应局限于这些领域。

iv. 语言就其本身形态而言，不宜作为申报主体。而与语言密切相联的文化表现形式，其申报书必须满足下述 4 个条件：

·申报项目涉及一种口头创作（在有文字记录之前，最初为口头形式）；

·该文化现象至今保留着口传特性，而且该特性仍是其主导方面；

·申报项目在该口传遗产中构成一个显著部位；

·行动计划中提出的措施应以保护其口头性（口头和非物质层面）为目标。

v. 提交的申报书如介绍一个口头文献（口头文学），则应附有一盘录像带，以介绍该文献的朗诵、朗诵人和朗诵环境。这样就可清楚地看到其舞台演出的艺术特征。这些特征包括表达方式、声音技巧、手势、动作和音乐伴奏等，届时均成为该口头文献的基本组成部分，故应明确表现出来。

c. 该项目根植于相关群体的文化传统或文化历史之中（基本标准2）；

d. 该项目在民族及文化群体中起着确认文化身份的作用；作为灵感及文化间交流的源泉和凝聚各民族或各群体的手段所表现的重要性，目前在该群体中所起的文化及社会作用（基本标准3）：必须考虑到文化通常处于不断变化的这样一个事实，申报的文化空间或文化表现形式能够反映相关民族当代的文化和社会生活；

e. 该项目具有超凡的实践技能和技术水平（基本标准4）；

f. 该项目具有唯一见证某个现存传统文化的价值（基本标准5）：与本国或其他地区的同类文化现象相比，该项目是一个特殊的创造；

g. 该项目因缺乏拯救和保护措施，或因迅速变革的进程，或城市化，或外来文化切入而面临消亡的危险（基本标准6）：应注意的是：对文化表现形式或文化空间的曲解过程，也是使其消亡的过程。

第二十四条　评委会还强调，他们特别重视拥有该遗产的群体参与项目申报书的编纂，并参与行动计划的实施。

a. 关于申报书的编纂

i. 必须提供相关群体或个人同意的证明（书面文件、录像带、录音带或其他任何无可辩驳的证据）；

ii. 申报书中必须含有"相关群体和或政府中的机构名称，这些机构负责确保申报书中所描述的口头和非物质遗产的状况今后保持不变"（见《条例》第六条b款iv项及本条b款iii项）；

iii. 这些机构必须是授权机构，并拥有足够的人力和财力资源以保证行动计划正常实施；

iv. 如果这些机构不直接代表相关群体、文化空间或文化表现形式的创演人员和或拥有者，那么这些机构就必须出具证据，证明相关群体、文化空间或文化表现形式的创演人员和或拥有者支持并协助申报工作。

b. 行动计划的实施

i. 行动计划应尽可能地包括这些方面的内容：即相关群体、文化空间或文化表现形式的创演人员和或拥有者积极参与其中并起重要作用，以制定和实施拯救和保护所申报文化表现形式或文化空间的战略和机制，以及支持申报项目的开发利用；

ii. 如与该申报文化空间或文化表现形式有关，行动计划必须加以反映拥有该申报文化空间或文化表现形式的群体和或有关创演人员的要求、关注和价值。

iii. "今后保持不变"（见《条例》第六条 b 款 iv 项）是指该代表作必须与 6 个基本标准保持一致。实现这一点，需保持该文化空间或文化表现形式赖以发展的环境和状况，充分发挥其潜力。此项要求又不得阻碍该文化空间或文化表现形式的自然和自发性演变。

五、援助和后续行动

（一）国际援助

第二十五条　成员国的主管部门可向秘书处提交国际援助申请，用来：

a. 支付编纂项目申报书的费用（筹备资助）；

b. 鼓励实施已宣布为人类口头和非物质遗产代表作的文化空间或文化表现形式的振兴行动（行动计划实施援助）。

（二）筹备援助

第二十六条　要获得筹备援助，国家主管部门应该提交一份申请。该申请中应有：一份所申报文化空间或文化表现形式的简短说明，一份编纂申报书工作经费估算和一份详细的工作计划。

（三）行动计划实施援助

第二十七条　在宣布人类口头和非物质遗产代表作后，秘书处将与负责实施行动计划的机构以及主管部门合作，制定最恰当的后续步骤，以保证振兴和拯救行动计划的实施。

第二十八条　为获得行动计划实施援助，项目申报书中指定的负责实施拯救、保护和振兴该代表作的行动计划的个人或机构应与国家主管部门共同提交一份申请。该申请应包括一份按照行动计划起草的拯救和司法保护或项目开发的简明计划，以及一份财务估算表。秘书处在与相关各方协调以后，就有可能就估算表提供部分或全部财务援助。

（四）奖励

第二十九条　2001 年 10 月，建立了 4 个奖项：Sheikh Zayed Bin Sultan Al Nahyan（阿拉伯联合酋长国）、阿里郎（韩国）、Pacha（波利维亚）和 Samarkand Taronasi（乌兹别克斯坦），以鼓励对这些已宣布的代表作的保护和振兴行动。第一批已公布的代表作中，获奖国家有：摩洛哥、厄瓜多尔 / 秘鲁、几内亚、菲律宾、格鲁吉亚和俄罗斯联邦。为此而设立的国际评委会授奖评定准则为：

a. 一般原则是，本奖应授给最需要资金的项目；

b. 本奖的奖金应尽可能地给地方公认的负责实施行动计划的组织，而不是政府机构；

c. 出于道义考虑，最好避免把本奖授予评奖委员会成员国提出的申报项目。但为避免因此而给这些评委会成员国造成损失，也考虑到这些国家为此做出的无私奉献，联合国教科文组织应努力提供一笔财政资助，用以帮助实施这些申报项目的行动计划，如果这些项目值得资助的话。

第三十条　邀请提供援助国家或私人资助者与上述四国一起，参加保护和振兴已宣布的非物质文化遗产代表作设立奖项。

（五）后续行动

第三十一条　申报书中指明的负责实施保护和振兴行动计划的机构应向联合国教科文组织秘书处报送行动计划实施报告。

第三节 国家级非物质文化遗产代表作申报评定暂行办法

国办发 [2005]18 号文件，规定了国家级非物质文化遗产代表作申报评定的暂行办法。包括纺织类非物质文化遗产在内的所有非物质文化遗产项目，均按照本办法申报。

第一条 为加强非物质文化遗产保护工作，规范国家级非物质文化遗产代表作的评定工作，根据《中华人民共和国宪法》第二十二条"国家保护名胜古迹、珍贵文物和其他历史文化遗产"及相关法律、法规，制定本办法。

第二条 非物质文化遗产指各族人民世代相承的、与群众生活密切相关的各种传统文化表现形式（如民俗活动、表演艺术、传统知识和技能，以及与之相关的器具、实物、手工制品等）和文化空间。

第三条 非物质文化遗产可分为两类：（1）传统的文化表现形式，如民俗活动、表演艺术、传统知识和技能等；（2）文化空间，即定期举行传统文化活动或集中展现传统文化表现形式的场所，兼具空间性和时间性。

非物质文化遗产的范围包括：

（一）口头传统，包括作为文化载体的语言；

（二）传统表演艺术；

（三）民俗活动、礼仪、节庆；

（四）有关自然界和宇宙的民间传统知识和实践；

（五）传统手工艺技能；

（六）与上述表现形式相关的文化空间。

第四条 建立国家级非物质文化遗产代表作名录的目的是：

（一）推动我国非物质文化遗产的抢救、保护与传承；

（二）加强中华民族的文化自觉和文化认同，提高对中华文化整体性和历史连续性的认识；

（三）尊重和彰显有关社区、群体及个人对中华文化的贡献，展示中国人文传统的丰富性；

（四）鼓励公民、企事业单位、文化教育科研机构、其他社会组织积极参与非物质文化遗产的保护工作；

（五）履行《保护非物质文化遗产公约》，增进国际社会对中国非物质文化遗产的认识，促进国际间的文化交流与合作，为人类文化的多样性及其可持续发展作出中华民族应有的贡献。

第五条　国家级非物质文化遗产代表作的申报评定工作由非物质文化遗产保护工作部际联席会议（以下简称部际联席会议）办公室具体实施。部际联席会议办公室要与各有关部门、单位和社会组织相互配合、协调工作。

第六条　国家级非物质文化遗产代表作的申报项目，应是具有杰出价值的民间传统文化表现形式或文化空间；或在非物质文化遗产中具有典型意义；或在历史、艺术、民族学、民俗学、社会学、人类学、语言学及文学等方面具有重要价值。

具体评审标准如下：

（一）具有展现中华民族文化创造力的杰出价值；

（二）扎根于相关社区的文化传统，世代相传，具有鲜明的地方特色；

（三）具有促进中华民族文化认同、增强社会凝聚力、增进民族团结和社会稳定的作用，是文化交流的重要纽带；

（四）出色地运用传统工艺和技能，体现出高超的水平；

（五）具有见证中华民族活的文化传统的独特价值；

（六）对维系中华民族的文化传承具有重要意义，同时因社会变革或缺乏保护措施而面临消失的危险。

第七条　申报项目须提出切实可行的十年保护计划，并承诺采取相应的具体措施，进行切实保护。这些措施主要包括：

（一）建档：通过搜集、记录、分类、编目等方式，为申报项目建立完整的档案；

（二）保存：用文字、录音、录像、数字化多媒体等手段，对保护对象进行真实、全面、系统的记录，并积极搜集有关实物资料，选定有关机构妥善保存并合理利用；

（三）传承：通过社会教育和学校教育等途径，使该项物质文化遗产的传承后继有人，能够继续作为活的文化传统在相关社区尤其是青少年当中得到继承和发扬；

（四）传播：利用节日活动、展览、观摩、培训、专业性研讨等形式，通过大众传媒和互联网的宣传，加深公众对该项遗产的了解和认识，促进社会共享；

（五）保护：采取切实可行的具体措施，以保证该项非物质文化遗产及其智力成果得到保存、传承和发展，保护该项遗产的传承人（团体）对其世代相传的文化表现形式和文化空间所享有的权益，尤其要防止对非物质文化遗产的误解、歪曲或滥用。

第八条　公民、企事业单位、社会组织等，可向所在行政区域文化行政部门提出非物质文化遗产代表作项目的申请，由受理的文化行政部门逐级上报。申报主体为非申报项目传承人（团体）的，申报主体应获得申报项目传承人（团体）的授权。

第九条　省级文化行政部门对本行政区域内的非物质文化遗产代表作申报项目进行汇总、筛选，经同级人民政府核定后，向部际联席会议办公室提出申报。中央直属单位可直接向部际联席会议办公室提出申报。

第十条　申报者须提交以下资料：

（一）申请报告：对申报项目名称、申报者、申报目的和意义进行简要说明；

（二）项目申报书：对申报项目的历史、现状、价值和濒危状况等进行说明；

（三）保护计划：对未来十年的保护目标、措施、步骤和管理机制等进行说明；

（四）其他有助于说明申报项目的必要材料。

第十一条　传承于不同地区并为不同社区、群体所共享的同类项目，可联合申报；联合申报的各方须提交同意联合申报的协议书。

第十二条　部际联席会议办公室根据本办法第十条的规定，对申报材料进行审核，并将合格的申报材料提交评审委员会。

第十三条　评审委员会由国家文化行政部门有关负责同志和相关领域的专家组成，承担国家级非物质文化遗产代表作的评审和专业咨询。评审委员会每届任期四年。评审委员会设主任一名、副主任若干名，主任由国家文化行政部门有关负责同志担任。

第十四条　评审工作应坚持科学、民主、公正的原则。

第十五条　评审委员会根据本办法第六条、第七条的规定进行评审，提出国家级非物质文化遗产代表作推荐项目，提交部际联席会议办公室。

第十六条　部际联席会议办公室通过媒体对国家级非物质文化遗产代表作推荐项目进行社会公示，公示期30天。

第十七条　部际联席会议办公室根据评审委员会的评议意见和公示结果，拟订入选国家级非物质文化遗产代表作名录名单，经部际联席会议审核同意后，上报国务院批准、公布。

第十八条　国务院每两年批准并公布一次国家级非物质文化遗产代表作名录。

第十九条　对列入国家级非物质文化遗产代表作名录的项目，各级政府要给予相应支持。同时，申报主体必须履行其保护计划中的各项承诺，按年度向部际联席会议办公室提交实施情况报告。

第二十条　部际联席会议办公室组织专家对列入国家级非物质文化遗产代表作名录的项目进行评估、检查和监督，对未履行保护承诺、出现问题的，视不同程度给予警告、严重警告直至除名处理。

第二十一条　本《暂行办法》由部际联席会议办公室负责解释。

第二十二条　本《暂行办法》自发布之日起施行。

知识链接 1：国家级纺织类非物质文化遗产名录申报范本 ❶

项目代码：传统美术Ⅶ

国家级非物质文化遗产名录项目申报书

项目类别：传统美术

申报项目名称：回族民间刺绣

保护单位：焉耆回族自治县非物质文化遗产保护办公室

主管部门：新疆维吾尔自治区文化厅

中华人民共和国文化部印制

二〇〇九年八月十一日

---

❶ 转引自百度文库。申报书中隐去了有关人员的个人信息。

注意事项及填表说明

一、注意事项

（一）封面及表格中"申报项目代码"按以下标准填写。

数字代码：

民间文学（口头文学02），民间美术（03），民间音乐（04），民间舞蹈（05），戏曲（06），曲艺（07），民间杂技（08），民间手工技艺（09），生产商贸习俗（10），消费习俗（11），人生礼俗（12），岁时节令（13），民间信仰（14），民间知识（15），传统体育竞技（16），与上述文化表现形式相关的文化空间（17）。

（二）此申报书可在全国文化资源共享工程网站（www.ndcnc.gov.cn）"社文处长专栏"下载，表格各项栏目可根据内容自由扩展版面。

（三）凡在各项栏目中没有纳入的其他重要内容，可在"备注"一栏中说明。

（四）表格一律用电脑填写，准确无误，不得弄虚作假。凡填写内容不实、有虚假成分者，一经发现，取消其申报资格。

二、填表说明

（一）第二项"项目说明"的"基本内容"栏目中，包括：

（1）项目基本情况；

（2）具体表现形态；

（3）子项目说明。

（二）第四项"项目管理"的"已采取的保护措施"栏目中，应包括：为防止滥用而采取的法律或其他措施，为保护传承人而采取的法律或其他措施，为保护技艺传承人而采取的法律或其他措施等。

（三）在第五项"保护计划"的"保护内容"栏目中，保护计划应包括确认、建档、保存、保护、传承、传播、研究等内容。具体可参见《国家级非物质文化遗产代表作申报评定暂行办法》。

一、项目简介

焉耆的民间刺绣主要是指回族的刺绣，回族的刺绣题材广泛，形式多样，多见于日常生活用品，有衣裙、腰带、汗巾、手帕、枕头、茶包、钱袋、针线包、花鞋、裹肚、鞋垫等，回族生活中的香包也是刺绣品的普遍题材。针法有平绣、结绣、盘绣、扎绒绣、补花、拼贴、掏花等多种。无论哪种针法，都以细密精致、纹样清晰活泼为特点。色彩冷暖相照，对比鲜明，在色彩的运用上，其换色、变色，追求大平面色彩对比效果的丰富手段，堪称一绝。浓，则达致饱和；艳，则艳到极致；亮，则亮中见喜；雅，则雅致富丽。回族妇女喜欢以黑、白、藏青、深紫色作为底色，将红、黄、蓝、绿等作为花色，用色之大胆、新奇，使作品具有饱含大自然光与影的印象派绘画之意境，从而形成了独特的风格。刺绣阿拉伯文时，则以素雅为妙，但也强调色彩对比，如绿与白、蓝与白等，因而具有较强的质感，显得比较厚重。在纹样选材上，植物花卉以牡丹、茶花、夹竹桃、鸡冠花、梅花为多，动物以蝴蝶、蜜蜂、喜鹊、孔雀、凤凰为多。许多图案吸收了传统刺绣内容，如象征吉祥的"凤凰来仪"、"孔雀开屏"、"百鸟朝凤"、"狮子滚绣球"等，象征爱情的"蝴蝶双飞"、"蜜蜂采花"等。从中可见回族妇女心灵手巧之一斑。

回族的刺绣富有想象力和艺术魅力。虽然伊斯兰教义禁止崇拜偶像，禁止在造型艺术中表现有生命的物体（人和动物），但她们创作日常生活用品和鸟类动物时，往往绣成一种错综复杂的图形，使鸟类等形体交织在花草图案中，以求最大限度的形似。

目前本县乡镇的回族刺绣传承人都是农村妇女，大多生活在农村，以务农为主，只在农闲时从事刺绣活动。这些传承人大多是农民，主要以家传或师传为主，从事这门活动所得收入只能补贴家用，完全依靠这门手艺难以维持生计。

二、基本信息

项目名称	刺绣（回族）	属 地	新疆巴州
保护单位	焉耆回族自治县非物质文化遗产保护办公室	法人代表	
通讯地址		邮 编	
电 话		传 真	
电子信箱			
所在区域及其地理环境	焉耆回族自治县位于新疆维吾尔自治区天山南麓，焉耆盆地的腹心，地理坐标东经85°13′19′′、北纬41°45′31′′～42°20′45′′之间，总面积2570.88平方公里，人口12.7万人。县城距巴州州府库尔勒市公路里程48公里，距新疆维吾尔自治区首府乌鲁木齐公路里程423公里。 县境内有山脉、河流、戈壁和平原绿洲，四周被天山环绕，形成特殊的山间盆地。全县地貌大致可划分为山区、山前洪积冲积扇、平原三个类型。属中温带干旱荒漠气候，光照充足、热量丰富，多晴少雨，降水稀少，蒸发量大，日照时间长，适于各种农作物生长，县境有小麦、玉米、水稻、大豆等，芦苇资源丰富。有盘羊、旱獭、熊、天鹅、雪鸡等野生动物，矿藏有石油、煤、石英、水晶、云母、铜、红绿柱石等。 焉耆回族自治县地处南北疆咽喉地带，是古代西域三十六国之一的焉耆国故地，也是古丝绸之路上的重镇之地，自古为兵家必争之地。焉耆是以回族为主的多民族聚居区，境内主要有回、维吾尔、蒙古、汉等世居民族，回族占22.9%，民国2年，建立焉耆县，属阿克苏道管辖。民国9年，设置焉耆道，焉耆县属焉耆道管辖。民国19年，焉耆道改为焉耆行政长公署，焉耆县属焉耆行政区。1954年成立焉耆回族自治区，1955年改为焉耆回族自治县。

三、项目说明

分布 区域	焉耆县民间刺绣主要分布在焉耆回族自治县北大渠乡、永宁镇、焉耆镇、五号渠乡等地。
历 史 渊 源	从西汉开始到新中国成立初期，焉耆一直是新疆政治、经济和文化重镇之一，各民族团结奋斗，共同创造了焉耆的历史，境内主要有回族、维吾尔族、蒙古族、汉族等世居民族，还有藏族、满族、壮族、撒拉族、东乡族等民族。据焉耆县志记载，早在康、乾时期，清王朝派兵屯驻扎巴里坤、哈密、吐鲁番，多次出兵讨伐准噶尔。当时除随军来的有部分陕甘回族兵丁外，还有随军差役及赶车吆驴运输器械、粮秣的陕甘回族，以及随军做生意的回民小商贩。乾隆二十三年（1758 年），清廷平定准噶尔叛乱后，清政府在"屯兵戍边"的同时实行"移民实边"方略，自嘉庆至咸丰的 60 余年中，从陕、甘一带迁至北疆不少农户，这些人中有些以后流落到焉耆。大批回民迁居焉耆，是和清朝统治者实行民族分治政策，残杀镇压西北回民起义分不开的。清光绪二十年（1894 年），河湟起义领袖马永琳、韩文秀、马骥、刘同春（刘四）、冶诸麻、马有秀等率领数万群众，反对清政府的民族压迫和苛捐杂税，在清军追剿堵击下，转战于循化、河州、狄道、西宁，后出水峡，取道青海柴达木，后辗转来到罗布泊，在和尔昂（地名）刘四等战将被俘，义军失败。光绪二十九年（1903 年），焉耆知府刘嘉德将他们迁到开都河南岸水草肥美的马场台（焉耆城南）。民国 17 年（1928 年），甘肃固原地区回族新老教派掀起争战，不少人流离失所，有些人流入焉耆定居。民国 22 年（1933 年），随马仲英入疆的回族兵部分居住在焉耆。民国 28 年（1939 年），甘肃固原发生大地震，有不少固原回民来焉耆寻亲落户。国民党军队入疆后，有不少开小差和被裁减的回民官兵也在焉耆落户。新中国成立后，更有不少甘肃、青海和宁夏的回民寻亲访友，来此落户。 　　以上是焉耆回族简要的历史，据《焉耆回族自治县志》（新疆人民出版社，1997 年）记载，焉耆回族妇女精于针线活，特别善于绣花，绣工精细，有枕头、马甲、鞋、婴儿裤、帽、肚兜、夹祆、坎肩、男袜等上都绣有各式图案及花边，姑娘出嫁后，能称得上"上炕的裁缝、下炕的厨师"，才算是个好媳妇。据民俗专家及民间传说，回民刺绣也伴随着回民的历史。焉耆回民的到来不仅给焉耆的经济带来了繁荣，焉耆回民妇女心灵手巧，她们最擅绣花工艺，所绣的各种花草、花鸟、图案栩栩如生，生动活泼，所绣的服饰内容新颖，形式多样，也颇受欢迎。此外，回民刺绣中还有一种表现阿拉伯经文书法的，这种刺绣均是挂在墙上的。为绣好花，不少回民妇女工于剪纸花样，这也是回民文化艺术中的一部分。

基本情况	焉耆的民间刺绣主要是指回族的刺绣，回族的刺绣题材广泛，形式多样，多见于日常生活用品，有衣裙、腰带、汗巾、手帕、枕头、茶包、钱袋、针线包、花鞋、裹肚、鞋垫等，回族生活中的香包也是刺绣品的普遍题材。针法有平绣、结绣、盘绣、扎绒绣、补花、拼贴、掏花等多种。无论哪种针法，都以细密精致、纹样清晰活泼为特点。色彩冷暖相照，对比鲜明，在色彩的运用上，其换色、变色，追求大平面色彩对比效果的丰富手段，堪称一绝。浓，则达致饱和；艳，则艳到极致；亮，则亮中见喜；雅，则雅致富丽。回族妇女喜欢以黑、白、藏青、深紫色作为底色，将红、黄、蓝、绿等作为花色，用色之大胆、新奇，使作品具有饱含大自然光与影的印象派绘画之意境，从而形成了独特的风格。刺绣阿拉伯文时，则以素雅为妙，但也强调色彩对比，如绿与白、蓝与白等，因而具有较强的质感，显得比较厚重。在纹样选材上，植物花卉以牡丹、茶花、夹竹桃、鸡冠花、梅花为多，动物以蝴蝶、蜜蜂、喜鹊、孔雀、凤凰为多。许多图案吸收了传统刺绣内容，如象征吉祥的"凤凰来仪"、"孔雀开屏"、"百鸟朝凤"、"狮子滚绣球"等，象征爱情的"蝴蝶双飞"、"蜜蜂采花"等。从中可见回族妇女心灵手巧之一斑。 回族的刺绣富有想象力和艺术魅力。虽然伊斯兰教义禁止崇拜偶像，禁止在造型艺术中表现有生命的物体（人和动物），但她们创作日常生活用品和鸟类动物时，往往绣成一种错综复杂的图形，使鸟类等形体交织在花草图案中，以求最大限度的形似。

相关制品及其作品	1. 刺绣工具：剪刀、木尺、皮尺、针、锥子、木炭条、粉笔、线、布。 2. 刺绣物品：虎头裤、虎头鞋、猫头鞋、各种花纹的鞋垫、枕巾、手绢、门帘、窗帘、桌布等。	
传承谱系	本县代表性传承人有：（略）	

传承谱系	序号	姓名	性别	族别	出生年月	文化程度	从事职业	从艺起始时间	住址
	1								
	2								
	3								
	4								
	5								
	6								
	7								
	8								

四、项目论证

主要特征	焉耆回族刺绣是在农耕社会基础上产生的一种农民艺术，是农民思维与物质观念的产物，它的题材、内容、艺术形式都是为适应农民和农村居住特点而产生的，具有浓厚的乡土气息和地方特色，具有形式多样、题材广泛、构图饱满、造型夸张、线条简练、色彩鲜明等艺术特点。针法有平绣、结绣、盘绣、扎绒绣、补花、拼贴、掏花等多种。无论哪种针法，都以细密精致、纹样清晰活泼为特点。
重要价值	1.研究焉耆回族服饰文化、历史文化的重要依据。 　　2.回民刺绣是回族文化传承的重要载体。刺绣作品广泛应用在鞋饰、佩饰、婚礼与丧葬服饰、舞台表演服饰等，从而丰富了回族服饰文化的研究内容，是回族宗教信仰、生存环境、文化活动的生动写照。 　　3.焉耆回族人民审美心理最重要的依据。焉耆回民刺绣的作品反映焉耆人民的精神风貌，体现了回族人民对大自然的热爱、对幸福生活的执着追求，是弘扬民族文化的重要手段。
濒危状况	1.现代技术对民间刺绣手工艺品的冲击。近年来，随着科技的不断进步和市场经济的发展，人们的文化生活日益丰富，人们尤其是年轻人追求时尚、现代，对传统手工艺品失去兴趣。 　　2.艺人生活困难，活动范围狭窄。民间艺人难以单纯依靠传统手工艺品来维持生计。此外，民间艺人大多生活在农村，负担比较重，生活水准仍然很低，这种状况严重影响着这一艺术在民间的传承。 　　3.传播空间越来越小。刺绣费时费力，经济效益却很低，在广大农村展示的平台日益缩小，从事刺绣的人日益减少，传承人几乎断代。 　　4.使用范围狭窄。回族群众居住比较分散，随着社会的发展，除特定场合外，大多数回族群众不着回族服饰，因此发展民间刺绣的市场太小。 　　5.手工刺绣时间长，效率低、成本高。

五、项目管理

已采取的保护措施	1.成立非物质文化遗产保护领导小组及办公室，将保护民族民间刺绣工作列入政府和部门的日常工作。 　　2.授予民族民间刺绣传承人荣誉称号，给传承人发生活补助费，鼓励他们传授民族民间刺绣工艺技术，逐步培养一批热爱民族民间刺绣手工艺的专业和业余队伍。 　　3.奖励在保护、传承民族民间刺绣技艺工作中做出突出贡献的传承人。 　　4.出版民族民间刺绣技艺的有关影视资料。

资金投入 情况	该项目从普查到申报州级、自治区级项目至今，已投入费用达 10 万余元。

六、保护计划

保护 内容	为保护焉耆民族民间刺绣，制定了以下保护计划。此计划由焉耆县文体局组织实施，焉耆县非物质文化遗产保护领导小组负责管理、督导。其保护重点如下。 （一）静态保护 1. 进一步全面深入细致地开展普查工作，彻底摸清本县的民族民间刺绣的发生、发展的历史沿革、规模行销范围，著名作坊的兴衰，艺人的基本情况，各种刺绣的具体做法及制作技巧，同时做好相关物品的收集工作。 2. 建立比较科学、完整、规范的民族民间刺绣保护的档案体系。 3. 不断丰富馆藏，开展不同形式的专题展览、展示，传承这一古老的民间艺术。 （二）动态保护 1. 做好对未成年人的宣传教育，加大工作力度，由原来学生走进博物馆，逐渐转变为主动走进学校展出，结合展览举办各种美术及手工竞赛活动，以使活动多样化。 2. 与县职业中学美术班做好联合教学工作，由文体局联系专业技术人员讲授，使学习焉耆民族民间刺绣成为学生必修课，实现焉耆民族民间刺绣艺术及传统工艺的传承与发扬。 3. 将民族民间刺绣技艺编入学校的校本课程。 4. 编辑出版焉耆民族民间刺绣技法书，便于在各民族中广为流传，扬长避短，吐故纳新，使民族民间刺绣传承下去，发扬光大。 5. 在博物馆内设展柜，向观众免费开放。 （三）对传承人的保护 1. 加大对传承人的培训力度，不断提高传承人的工艺水平和传承能力。 2. 建立传承人人才数据库。 3. 定期举办回族刺绣展示及比赛。 4. 对传承人给予一定的生活补助及奖励。

	时间	保护措施	预期目标
五年计划	2010 年	1. 逐步完善对焉耆县民间回族刺绣的保护制度,建立长效机制。 2. 有专人负责组织传承人开展传承活动。	1. 完成焉耆县民族民间刺绣的普查工作。 2. 召开焉耆县回族刺绣研讨会。 3. 建立刺绣技艺人才数据库。
	2011 年	1. 有专人负责组织传承人开展传承活动。 2. 对刺绣传承人从物质生活上给予扶持和奖励,调动其积极性。	1. 组织成立焉耆民族民间刺绣协会。 2. 编辑出版焉耆民族民间刺绣画册集。
	2012 年	1. 有专人负责组织传承人开展传承活动。 2. 筹集资金把焉耆民族民间刺绣画册集中的精选图案编辑到学校校本课程中。	1. 召开焉耆民族民间刺绣作品创作研讨会。 2. 将较好的刺绣作品编印到学校课程中。
	2013 年	1. 有专人负责组织传承人开展传承活动。 2. 举办焉耆回族刺绣技能比赛。	鼓励本土的刺绣爱好者创作顺应时代的具有浓厚民族特色的刺绣新作品。
	2014 年	1. 有专人负责组织传承人开展传承活动。 2. 筹集资金出版焉耆民族民间刺绣画册集。 3. 举办焉耆回族刺绣研讨交流会及讲座。	1. 培养本土的刺绣技术人才。 2. 对于有新意带有鲜明民族特色的刺绣作品,给予资金补助,编辑出版民族民间刺绣画册集。

保障措施	依据《国务院办公厅关于加强我国非物质文化遗产保护工作的意见》《新疆维吾尔自治区非物质文化遗产保护条例》《焉耆县非物质文化遗产传承人保护制度》,制定以下保障措施。 1. 建立有专家指导的、以县长为组长的"焉耆民族民间刺绣抢救领导小组"。(已建立并已工作) 2. 建立以文化馆馆长为直接负责人的普查工作队。(普查工作已基本完成) 3. 焉耆县委、县政府已将焉耆民族民间刺绣的保护与传承工作列入了每年的政府工作计划。 4. 焉耆县政府加大资金投入力度,将保护资金列入地方财政预算,建立了有效的资金保障机制。

	经费预算 （万元）	依据说明	地方配套资 金（万元）
经费 预算 及其 依据 说明	2010 年至 2014 年共 计 50 万 元	2010 年： 1. 逐步完善对焉耆县民间回族刺绣的保护制度，建立长效机制。（2 万元） 2. 有专人负责组织传承人开展传承活动。（8 万元）	1 万元
		2011 年： 3. 有专人负责开展回族刺绣讲座。（2 万元） 4. 举办回族刺绣培训班。（3 万元） 5. 对刺绣传承人从物质生活上给予扶持和奖励，调动其积极性。（5 万元）	2 万元
		2012 年： 6. 有专人负责组织传承人开展传承活动。（4 万元） 7. 筹集资金把焉耆民族民间刺绣画册集中的精选图案编辑到学校校本课程中。（6 万元）	3 万元
		2013 年： 8. 有专人负责组织传承人开展传承活动。（3 万元） 9. 举办焉耆回族刺绣技能比赛。（7 万元）	2 万元
		2014 年： 10. 有专人负责组织传承人开展传承活动。（2 万元） 11. 筹集资金出版焉耆民族民间刺绣画册集。（3 万元） 12. 举办焉耆回族刺绣研讨交流会及讲座。（5 万元）	3 万元
备注	本遗产已列入新疆维吾尔自治区第二批非物质文化遗产名录。 申报本遗产已经得到当地代表传承人×××、×××、×××、××等人的授权。		

七、省级专家委员会论证意见

省级专家委员会论证组组长（签字）： 年　　月　　日

参与项目论证专家名单

姓　名	性别	年龄	单　　位	专业	职称	签字

注　参与项目论证的专家人数不少于 5 人。

八、省级文化行政部门（中央直属单位主管部门）审核意见

   签章： 年　　月　　日

知识链接2：代表性纺织类非物质文化遗产二

代表性纺织类非物质文化遗产——汉绣

汉绣，以楚绣为基础，融汇南北诸家绣法之长，糅合出了富有鲜明地方特色的新绣法。汉绣主要流行于湖北的荆州、荆门，武汉、洪湖、仙桃，潜江一带。汉绣的用针有别于"四大名绣"，以铺、压、织、锁、扣、盘、套这七种针法的变化运用而著称。汉绣下针果断，图案边缘齐整，名之曰"齐针"。绣品多从外围启绣，然后层层向内走针，进而铺满绣面。除"齐针"的基本针法外，汉绣还根据绣品不同的质地和花纹，灵活运用诸如垫针绣、铺针绣、纹针绣、游针绣、关针绣、润针绣、凸针绣、堆金绣、双面绣等针法，有很强的立体感，在绣业中独树一帜。

春秋中期，楚国的刺绣品已远销到西伯利亚地区。江陵马山一号墓发掘出的战国中期绣品，绣线颜色以红、黄、绿、蓝等亮色为主，绣品以密集的满绣填充块面，或虚出绣纹轮廓内的局部块面，绣出的珍禽异兽、奇花佳卉富于立体感和虚实感，色彩鲜艳、花纹瑰丽，典雅而富丽，对汉绣艺人"花无正果，热闹为先"的美学观念的形成产生了深刻影响。

汉绣的鼎盛期是清末民初。咸丰年间，汉口设有织绣局，集中各地绣工绣制官服和各种饰品。当时的汉绣产品主要分三类：一是生活用品，有绣衣、绣枕、门帘、帐沿、绣鞋、头巾、围裙、荷包等，多用于闺阁陪嫁。其中，汉口的绣花戏衣颇具名气。二是装饰品，有壁挂、中堂、屏风、彩帐、堂彩、龙衣、狮皮、戏装、道具等。三是敬神赛会的礼仪用品，包括神袍、袈裟、彩幡等。

代表性纺织类非物质文化遗产——上党堆锦

上党堆锦俗称长治堆花，是山西省长治市（旧称上党）特有的以丝绸为面料的工艺画及其制作工艺，也是工艺美术行业中唯一保留的一个地域性民间手工艺品种。这种工艺不仅可以堆制花卉，还擅长堆制人物、动物、景物……

堆锦起源于唐朝，李隆基登基前以临淄王的身份兼任潞州的地方长官期间，把宫廷里精美的堆绢工艺——用丝织品包以棉花堆制出来的有浮雕效果的工艺品带入民间，经唐、宋、元、明、清、民国至今已有1300多年的历史。

上党堆锦以丝绸织物为主要面料，草板纸、棉花为骨架，经剪裁、贴飞边、压纸捻、絮棉花、拨硬折、捏软褶、渲染描绘等10余道工序制成。其单体造型小巧精致，以人物为例，一般身高在15～25厘米之间。因制作中各部分棉花的厚薄不均，边缘粘贴的纸捻粗细各异，再加上拨折叠压时的顺序变化，使画面产生立体感。上党堆锦对人物的头、手、佩饰、道具的制作要求十分精细，手指必须内填棉花，外包绸缎，头饰、道具要用金银箔料刻成十分精美的图案，一些地方还要彩绘。

上党堆锦用丝绸锦缎特殊布料重新诠释传统意义上的绘画，色彩艳丽、形象生动，因其精湛的工艺和浮雕般的效果而被人们称为"立体国画"。

代表性纺织类非物质文化遗产——鲁锦

鲁锦是鲁西南民间织锦的简称，是以山东西南地区为中心，带有鲜明的齐鲁文化特色的山东民间纯棉手纺织物，民间通称为老粗布、家织布、手织布。

鲁锦具有悠久的织造历史，元明之际，随着棉花在黄河流域的大面积种植，鲁西南人民将传统的葛、麻、丝、织绣工艺糅于棉纺，形成了鲁西南棉锦。

鲁锦的织造工艺极为复杂，从采棉纺线到上机织布，大大小小要经过72道工序，每道工序里还有很多子工序，可以想象，织锦中蕴藏着多少繁杂的劳动和丰富的智慧。鲁锦以22种基本色线可以变幻出1990多种绚丽多彩的图案，堪称千变万化，巧夺天工。鲁锦将彩色棉线的经纬线织成几何图案的布，因其图案绚丽似锦，经纬结构能反复循环变化，再加上着色经纬线的错综交叉，即产生了变化无穷的几何纹样，形成长短、宽窄、横竖、倾斜、交叉不同的点线面，各色相间，丰富多变，结构细密，织纹紧凑，形成对比鲜明、实用美观的富有浓厚乡土色彩的花布。

代表性纺织类非物质文化遗产——南通蓝印花布传统印染技艺

南通蓝印花布印染技艺是江苏省的汉族传统手工技艺之一，影响较大的作坊在如皋的石庄、通州的二甲和石港、海门的三阳、启东的汇龙及南通市区。民间利用蓝草色素染色可以追溯到春秋战国时代，后来蓝靛发展成为蓝染技艺，至今已逾千年。元、明以后，南通地区家家都户户都有织女，是著名的纺织之乡、蓝印花布之乡。

蓝印花布最典型的就是蓝底白花和白底蓝花的图案。蓝底白花，只需一块花版，构成的花纹互不连接。白底蓝花一般采用两块花版套印，印第一块花版称"头版"；待稍干后，再印第二块花版，称"盖版"。盖版是把第一块花版的连线部分遮盖起来，使纹样连接自然。白底蓝花的手法刻制难度较大，一般出自民间艺人高手。这种蓝白底相交的传统工艺有着繁杂的制作工艺流程。

在纹样造型上，以蓝底白花中的点、线为主，有时用纯点构成纹样。在白底蓝花中，一般点、线、面交错组合，纹样大都是粗犷有力，其造型富有幻想，很多还保留了原始艺术的痕迹。它的纹样组合，粗而不呆板，多而不繁琐，给人以蓝白美的享受。蓝印花布纹样的点，密集起来能当作虚线、虚面，线条笔断意连，富有方向感，对变化、动静的表现较为强烈。

南通蓝印花布印染技艺，以手纺、手织、手染的方法制作被面、包袱、头巾等生活用品，印染图案以植物花卉和动物纹样为主，也有简洁的几何图形。它以耐脏耐磨、结实经用、图案吉祥等特点深受广大群众喜爱，长久以来流传不衰，成为最具代表性的传统手工艺品之一。

思考题

1. "代表作名录"和"急需保护名录"的列入标准有何异同？
2. 简述非物质文化遗产项目申报的意义。
3. 请试为某一纺织类非物质文化遗产项目写一份简单的申报书。

第三章

中国纺织类非物质文化遗产文化符号分析

※ **本章主要内容** ※

本章从文化符号的视角入手，说明纺织类非物质文化遗产的符号特点及其共性特征，进而通过分析纺织类非物质文化遗产的符号元素，探讨纺织类非物质文化遗产这一生动鲜活的文化符号体系，并对其中的内在规律和典型性进行归纳总结，从而提出解决当前问题的思路与途径，并落实到挖掘、开发纺织类非物质文化遗产文化价值的方法和创意上。

中国纺织类非物质文化遗产是在特定的历史文化条件下形成的，具有鲜明的艺术风格、审美价值、技艺特点和民间、民族风情的文化符号。这些风格各异、意蕴深远的传统民间艺术珍品极其深刻地体现了中华民族从古至今一脉相承的以人为核心的生活经验和人文精神，是中华民族传统文化的重要组成部分，也无愧于人类文明与文化瑰宝的评价和赞誉。

正是由于蕴含着深厚的文化底蕴，纺织类非物质文化遗产才能够历经千百年而生生不息、代代相传，表现出极其强大的生命力，也因此被广大人民群众所喜闻乐见，被专业人士和研究者奉为民族技艺和传统文化的宝贵遗产。但是，在当今的市场经济背景下，商业竞争手段和市场规律发挥着关键的作用，时尚和品牌消费已经成为纺织服装类商品消费的主要模式。在这种环境下，除了小部分纺织类非物质文化遗产能够与当前的市场经济接轨，创造出不俗的业绩之外，更多的传统技艺都在现代生产、生活方式和消费理念的排斥下举步维艰，后继乏人，甚至面临着快速萎缩和消亡的危险。因此，调动各方面的资源和力量，对纺织类非物质文化遗产实施系统化、多层次的保护措施，是一项迫在眉睫、势在必行、任重道远的文化工程。本章选取纺织类非物质文化遗产的文化符号研究视角，旨在帮助更多的人了解我国纺织文化精华的历史与传承，更好地认识蕴含于其中的文化宝藏，真正理解纺织类非物质文化遗产能够世代相传的内在必然性，认识中华民族传统纺织文化对人类的重要贡献。只有基于深刻的认识和理解，我们才有希望找到挖掘、整理、保护、开发纺织类非物质文化遗产的方法和思路。

第一节　中国纺织类非物质文化遗产文化符号的内涵

本节将通过讲解文化符号的概念，对纺织类非物质文化遗产的文化属性和文化价值进行挖掘和提炼。以文化符号的角度来定义纺织类非物质文化遗产，是立足于透过各种各样的传统技艺、产品形式和坚持的传统，感受和理解它们所承载的千百年来中华民族对生活的理解与追求，对美的体验和创造，能够欣赏和体会它们所传达的情感和理想，从而把这种蕴含在历史中的价值挖掘出来，使之发扬光大。

一、文化符号的概念

举一个实际当中的例子来说明文化符号的概念。如果进行一款女装设计时采用了苗族蜡染面料，而且是为了运用面料独特的图案特点和面料材质来表现一种民族风情，从而实现设计的风格化，那么，蜡染面料就是被当作设计符号而应用的，它此时只是一个民族的标记，或是运用了一种审美象征；如果把苗族蜡染作为一种传统织物来研究，人们的观察视角和目的就会改变：不仅仅要注意它的外观特征和材质风格，而且要识别它的原材料类别与特征、织造及印染工艺特点、图案的审美要素、纹样的寓意和文化归属、生产于何时何地以及用于何种目的等，如果人们对上述这些能够有所认知和理解的话，就可以从本质上认识它的文化属性，理解并把握它所代表的是哪一方面和类型文化，从而将其视为一个文化符号。简而言之，作为设计符号的蜡染面料，主要是在直观感受和区别于其他风格类型的面料上发挥了它的作用；而作为文化符号，它就是一个综合了各方面属性的文化载体，体现出表象与内在的关系，并反映着许多直观之外的东西。结合上面的例子再做一个比较：理解文化符号要求人们按照某个文化背景来把握它的形式及其内容之间的关系，而运用设计符号并没有这样的要求，它只要能给人一种直观感受和基本的认知就算达到目的了。

综上所述，一个事物能否被当作文化符号来看待，并不仅仅在于它是否具有文化属性，而在于它被用于何种目的，或者说，在于人们基于什么背景和出于什么目的来看待它、分析它、认识它。如果说我们认为苗族蜡染是一个文化符号，就意味着它不再是生活中的一种用品，或是服装设计师手中的民族元素，也不仅是一种质朴的色彩美、纹样美和材质美的体现，而是将贵州苗族同胞几千年的生活和历史都凝聚在尺幅之间的民族文明史、艺术史和发展史，是一个民族将他们的梦想和希望付诸生产技艺和服饰装扮的审美历程。也正是由于它所经历的这一切，它才能够通过特有的外在形式来表现内在深沉厚重的历史和文化寓意。

　　由此可见，一个文化符号需要具备以下要素：首先是要有独特鲜明易于识别的形式特征；其次是要有与外在形式密切相关的文化内涵；此外，还要有一个旨在找到其形式与内容的内在关系从而能够解读其文化本质的观察者或应用者。

　　下面再利用蜡染的例子对文化符号及其要素做进一步的说明。蜡染古称"蜡缬"，意思是一种以蜡为加工材料的防染工艺，自从2000多年前的西汉时代起就流传于贵州民间，是以一种以家庭为中心的手工技艺。在蜡染流传的地区具有民族多样性的特点，因此，蜡染在历史上成为在苗族、水族、布依族等少数民族中应用的一种具有标志性的民族艺术或者称为染整技艺。由于它特有的标志性，所以在漫长的发展过程中较少发生变化，而是保留了原始的工艺形态；并且，在不同的民族以及在一个民族的不同的分支之间，蜡染的技艺及产品的特点是有明显区别的，这使得当地的民众甚至外界的往来游客，可以清楚地辨识不同的工艺之间的差异。总体上讲，蜡染的工艺特点主要在于布料着色和图案形成的方法。蜡染还有一个别称叫"蜡防"，这个称谓最能反映其工艺特点。如果用技术性语言加以描述，蜡染就是"用蜡于布面绘制纹样后浸染使之着色，将蜡去除，则花纹显现如同所绘"，这便清楚地说明了蜡染的加工方法。正是由于这种独特的工艺，作为加工材料的蜡在冷却后会产生龟裂，在染布时染料便会渗入缝隙，从而得到随机变化且丰富多样的色纹，这一特征俗称"冰纹"。因此，每一件蜡染产品都是独一无二的：即便是采用相同的图案设计，但由于"冰纹"的随机变化而使得产品有所差异。蜡染的另一个重要工艺特点是：蜡形成的花纹是靠手绘完成的，其实，这才是蜡染最重要的风格特征。手绘不仅使产品不可能有完全相同的图案，而且，它对描绘图案的技艺也有很高的要求，必须经过长期的练习和实践才能应用自如，达到审美的要求。因此，这便形成了蜡染的艺术特色。试想，自从2000多年前的秦、汉时期，一种手把手代代相传的技艺，在耳濡目染的传承过程中，经历了多少代人的巧手和匠心才得以流传到今天，它一定不是刻板的模仿，更不是机械的照搬，而是在每一幅作品的一笔一划中都饱含着制作者的想象力和创造性，只有这样，才能产生有生命力的艺术品。所以，当我们今天看待苗族蜡染时，就要从活灵活现的手法中去体会每一位创造者心中的梦想和希望，去理解每一位传承者珍藏在心中的历史故事。这说明，作为文化符号的要素，蜡染的每一种纹样一定有背后的故事，记载着民族的历史和家族的兴衰，代表着人们始终不变的情感寄托；而在每一个线条、笔触和图案的收放、灵动之间，也一定体现着创作者对生活和艺术的感受、对传统的理解，以及这种深切的感受和理解使之所具备的感悟力和创造力。也正是基于上述这些认识，欣赏者和使用者才能尝试着去把握每一个作品形式与内容的关联性，将它视为一幅历史与艺术的画卷。

二、中国纺织类非物质文化遗产的"非物质性"特点

出于挖掘和提炼纺织类非物质文化遗产文化价值的目的，必须充分了解它们的"非物质性"特点，因为只有这些特点才是真正能够解释绝大多数纺织类非物质文化遗产的历史与现状的原因。

让我们换一个角度来看待纺织类非物质文化遗产的非物质性，从某种意义上讲，这正是今天在保护纺织类非物质文化遗产时遇到的各种问题的根源。英国历史学家阿诺德·约瑟夫·汤因比（Arnold Joseph Toynbee）对非物质性的概念有过这样的表述："人类将无生命的和未加工的物质转化成工具，并给予它们从未有过的功能和样式。而这种功能和样式是非物质性的，正是通过物质，才创造出这些非物质的东西。"他的观点是："非物质性"需要借助于物质的形态才能得以呈现。而非物质文化遗产中"遗产"一词的含义，则限定了它不可以通过新的方式来"复制"传统的形式，它所体现的应该是"原汁原味"的历史与传统。这就决定了非物质文化遗产的"非物质性"必须运用"原生态"的物质性特点来体现，也就是说，它是千百年来甚至是远古的传统生活、生产方式的遗存，而不是简单的拟态和模仿。

也正是由于历史的久远，那些与纺织类非物质文化遗产同时代的许许多多的生产方式、生产技术和生产工具都已经湮没在历史的长河之中，而纺织类非物质文化遗产何以能够生生不息、传承至今，甚至有一些技艺和产品

还能够在今天得以发扬光大，其中的一个重要原因，一定是这些产品的物质形式使它们所体现的实用性、艺术性能够被一代又一代的人所接受、喜爱并传承。在纺织类非物质文化遗产中占据了重要地位的刺绣就是非常典型的例证。在我国古代最早的官方历史文献汇编《尚书》中，记述了虞舜的衣服上以五彩花色装点，按照上衣下裳各六种花纹，共计十二种，称为十二章。具体为：日、月、星辰、山、龙、华虫、宗彝、藻、火、粉米、黼（音辅）、黻（音符），其中的黼与黻，即为刺绣而成的纹样。在周代的《礼记·祭义篇》中，也提到了用不同色彩的丝线，在礼服上刺绣成各种图案，供古代天子诸侯之用。这说明刺绣起源很早，而且是应用于国家正统的礼仪服装的。从技法上讲，刺绣也被称为针绣，是用绣针为工具，以彩色丝线为材料，通过穿针引线，按照一定的纹样图案在织物上绣出各种花型的手工技艺。由于刺绣具有很强的装饰性，且雅俗共赏，可以应用于服饰、装潢、工艺品等许多方面，尤其是它的技法没有什么局限性，任何人都可以从事，所以，在漫长的历史长河中发展成为一种分布地域很广，流传于各个民族的一项传统装饰艺术。经过在不同地区、各个民族的长期传承和发展，刺绣形成了各种流派和特色。除了闻名遐迩的湘、苏、粤、蜀四大名绣之外，在我国还有许多地方名绣，诸如汴绣、瓯绣、汉绣，以及许多少数民族刺绣，其中包括藏族、蒙古族、哈萨克族、维吾尔族、满族、彝族、侗族、锡伯族、瑶族、羌族等民族的刺绣技艺，都已经成为我国纺织类非物质文化遗产的代表。显然，刺绣所特有的审美形态符合不同时代、不同民族的审美需求，同时，能够很好地与其他方面的产品诸如服饰进行结合而形成一种新的文化样式，并由此创造出更高的文化及商业价值，这便是刺绣能够世代传承的重要原因。

　　归纳以上对刺绣的分析，我们大致可以得到这样的认识：纺织类非物质文化遗产的"非物质性"主要通过两个层面得以体现：其一是工艺方法，也可以称为技术性体现；其二是产品形态，也可以称为功能性体现。若是一种产品的技术与功能相得益彰，植根于丰厚的文化土壤，就有可能表现出旺盛的生命力。具体而言，如果某种工艺对于其产品而言是无法取代的，也就是说，它是制造这种产品的唯一方法，而这种产品又具有特别的用途和艺术特色时，这种技艺就会因为其产品的普及与应用而得到较好的继承和发扬。因此，广泛的适用性和不可取代的技艺是纺织类非物质文化遗产得以传承的重要条件。当然，这是就它的发展历史而言的。然而，现代化的进程和全球化趋势所造成的生活方式以及价值观的巨大改变，使得今天的文化生态与原生态的非物质文化遗产产品及其所代表的生活方式渐行渐远，纺织类非物质文化遗产传统的生态环境已经不复存在，因此，许多传统技艺便成为了久远历史的文化象征，在现实生活中已经很少能够见到它曾经的繁荣，即便在它流传的地区也是如此。

以上所分析的是纺织类非物质文化遗产与其继承和保护密切相关的"非物质性"特点。此外，一般而言，这种"非物质性"体现在文化上的意义在很大程度上是由于它们的产品从形态上讲普遍具有文化区别性和文化典型性。也就是说，人们通过直观感受便能够辨别其文化归属或内涵。我们将这种视觉上的文化识别性称为文化形态。可以说，文化形态是其物质性和非物质性的共同体现，可以归属于文化创造的范畴。对于纺织类非物质文化遗产的研究是离不开其文化形态的，尤其是出于文化符号研究的目的。为此，从文化形态的角度，按照文化符号的定义，对纺织类非物质文化遗产的几个突出特点概括如下：

第一，由于多数纺织类非物质文化遗产都是十分典型的民族文化的代表，其中蕴含着深厚的民族文化基因，因此，在内容上它特别强调文化的表现性，即在作品中对于本民族历代传承的历史故事、图腾神话、生存形态和审美观念给予鲜明的表达，从而使作品具有非常明显的文化叙事性和文化象征性。

第二，同样是出于保存和继承民族文化的目的，纺织类非物质文化遗产在形式上一般都具有很强的形式感和装饰感。例如，采用强烈的色彩对比，利用独有的象征符号，创造典型的装饰纹样等，其本质就在于突出产品的标识性和传承性，这使得本民族的成员可以非常容易的辨识和模仿。

第三，纺织类非物质文化遗产一般都是纯手工技艺或利用简单的工具制成的，因此，对现实生活敏锐细腻的感觉、丰富的实践经验和宁静平和的心态是生产和创作所必须具备的能力。显然，这也是传承中的难点所在。

第四，纺织类非物质文化遗产基本都是日常生活中必须的实用品和装饰品，体现了非常强烈的生活情调和审美情趣，并且具有很高的实用价值。

综上所述，纺织类非物质文化遗产主要是各族劳动人民在长期的生活、生产实践中创造并应用的实用性技能和工艺美术技法，其非物质性以独具特色而体现价值，其物质形态以广泛实用而体现价值；在纺织类非物质文化遗产的实例中，许多都是在某个发展时期，作为体现当地群众生活方式的一种实用产品而存在，有些也因此而发展成为一种谋生的手段，由于它在现实生活中所起的作用而成为人们生活中的重要组成部分。

三、中国纺织类非物质文化遗产文化符号的类型

从文化符号的角度讲，纺织类非物质文化遗产由两个基本要素构成：一是形式，二是内容。就非物质性而言，纺织类非物质文化遗产是以生产方式或技艺特点来体现价值的；而从文化形态来说，形式及其内涵是通过技艺及其艺术表现力才能够相得益彰并达到审美的境界，这说明，对纺织类非物质文化遗产的类型进行研究，应该从工艺方法入手。我们可以将纺织类非物质文化遗产划分为纯手工类、工艺技术类和综合类三个方面，并分别作如下分析。

（一）纯手工类

按照国家级非物质文化遗产项目分类，属于传统美术类。顾名思义，纯手工类是指那些完全凭借手工技巧完成的产品，往往具有很大的自由度和个人发挥的空间。正是由于这种个性化特点，此类技艺流传广泛，应用者众多，产品的水平差异较大；而技艺的掌握，也是个人的才华、悟性和勤学苦练、长期实践的结果。下面以纯手工类的代表——刺绣为例进行一些基本分析。

中国刺绣以"四大名绣"为典型代表，是一种传承极其久远，应用非常广泛的手工技艺。很久以来，无论在中原内地，还是在偏僻的村寨，各族劳动妇女有一项非常重要的生产活动就是穿针引线，以五彩丝线"描绘"出美丽的图画，用来装点和美化自己的生活。根据史籍记载，刺绣是从黄帝时

代的文身发展而来的：远古先民采用文身的方法来装饰身体，满足庆典、祭祀等礼仪活动对形式的要求，之后发展成为在服装上绘制花纹，而刺绣则是代替手绘的方法，由于其变化无穷，美丽无比，最终演变成为一种重要的装饰手段。从此，经历了漫长的历史文化积淀和技艺方法传承，刺绣逐渐发展成为一种在民间广泛流传的装饰、美化手工技艺。又由于刺绣技艺可以极大地发挥个人的灵性、巧思和创意，它既可以作为简单随意的装饰手段进行美化和点缀，也可以成为技艺超群、巧夺天工的艺术精品，作为手工技艺的经典和艺术高峰而令人叹为观止。所以，作为文化符号，除了各具特色的民族刺绣之外，民间绣活，民间挑花，以及堆绣、绒绣、金银绣等传统技艺，构建了一个极为丰富的民间绣品艺术宝库。刺绣在国家级纺织类非物质文化遗产项目中占据了将近半壁江山，充分证明了它具有广泛深远的普及性和群众基础。由于刺绣久远而深厚的历史与文化渊源，使它在今天能够拥有一个比较理想的生存基础和发展空间。具体来说，刺绣有两个发展方向：其一是以"四大名绣"为代表的艺术绣品方向，它立足于艺术品的制作技艺，依靠经验丰富、技艺精湛的"绣娘"创造风格各异的艺术精品，这些艺术作品创造了极为可观的市场价值，有许多被藏家以高价收购，这也使得艺术绣品具有非常光明的发展前景。其二是以民族、民间刺绣为主力的装饰绣工方向，它主要作为服装、工艺品、家居装饰等产品的装饰工艺，例如，可以作为服装面料二次设计的重要手段，因此，随着上述产品对于创新和审美要求的不断提高，装饰性刺绣工艺也有非常可观的发展前景。

从文化符号的角度讲，刺绣以形式美感作为主要的价值点，其表现形式重在丰富多样、华美炫丽以及个人技艺的展示。可以说，刺绣与绘画有异曲同工之妙，但应用范围却比绘画宽广许多，尤其在手工制品成为消费时尚的今天，刺绣的前景一片光明。2010年，中国"四大名绣"联合申报世界非物质文化遗产是一个很有创意的行动。虽然四大名绣流派都有各自的特色及独立的传承，但是区分度并不是很高，如果将它们联合起来，通过资源整合，集中文化精华，再以中国刺绣的名义与世界接轨，在市场运作方面的执行力和影响力都会大幅提高，可以作为提升文化符号价值的一个范例。

（二）工艺技术类

按照国家级非物质文化遗产项目分类，工艺技术类属于传统技艺类。与纯手工技艺不同的是，工艺技术类非物质文化遗产需要借助一定的设备与工具进行生产，主要涉及织造和印染方面的传统技艺。由于需要使用工具，因此生产方式比较复杂，无论是使用织机进行织造的云锦、宋锦、蜀锦、土家锦，还是使用花版来印花的蓝印花布、蓝夹缬，都需要多道工序和相当复杂的工艺技术才能完成整个加工过程。作为文化符号，它们都有比较鲜明独特的体现工艺特点的外观特征，这是非常难以模仿和取代的，因而形成了各个品种独有的个性化标志。但是，也正是由于工艺的复杂性和技术上的各种要求，造成了推广应用和传承的难度。这主要表现在两个方面：一方面掌握技术困难，另一方面生产成本较高。所以，这个类型的非物质文化遗产在历史上都很难扩大它们的使用范围和应用领域。虽然它们得以流传至今，但其中的许多品种都面临难以为继的困境，在保护措施上也往往举步维艰。同样是由于这些原因，这一类传统技艺和产品或多或少都有各自的局限性。例如，流传于温州地区的蓝夹缬，与流传于南通和邵阳地区的蓝印花布同属传统雕版印刷的代表，它的技术特点是以花纹对称的两块雕版夹紧织物，浸于染缸后使染液进入雕版花纹间而完成印花工艺，整个工艺过程包括织布、制靛（制备染料）、刻制花版、印染等多个工序，各工序都有严格的技术要领，工艺极其精细、繁琐，不仅在质量标准上有许多讲究，而且完全凭经验来掌握工艺。至于产品，其类型和用途都比较单一，图案主要采用戏曲人物作为纹样，使用上也只是用作被面（曾经是当地民间婚嫁的必备用品）。正是由于工艺上的复杂和应用上的单一，使之难以普及和推广。但蓝夹缬作为一种具有特色的民俗用品，其生产工艺得以流传至今，从这个意义上讲，蓝夹缬代表了此类非物质文化遗产当中许多品种的一个共同特点，那就是它们在历史上曾经具有不可替代的地位，并且以其工艺特点体现出较高的文化价值。更加具有代表性的例子是作为中国古老织锦技艺巅峰之作的云锦。云锦是产于南京地区的一种华丽无比的丝织品，曾经是元、明、清三朝的皇家御用贡品，集华贵、精美和深厚的意蕴于一身。2009年，联合国教科文组织将云锦收录在《人类非物质文化遗产名录》之中。尽管云锦的工艺极为复杂，尤其是它的代表产品妆花所采用的木机织造工艺至今尚不能用现代技术所取代，而且，用料极为考究，生产不计工本，生产效率很低，但是，它的高贵身份和无以复加的艺术水准仍然使它占据了中国丝织品的王座，成为中国古代丝织品繁荣鼎盛的象征，其历史地位是至高无上的。然而，这些具有皇家御用"血统"的顶级丝织品，包括宋锦、缂丝等丝织物的极品，在当今的市场经济背景下，虽经极力保护和开发利用，但由于口传心授的技艺难以普及，加之高昂的成本，限制了它们的广泛应用。所以，依靠纯粹意义上的生产性保护还不能达到继承与发扬的目的，文化意义上的政策性保护还是必不可少的手段，如何达到理想状态还需进一步创造必要的条件。

（三）综合类

按照国家级非物质文化遗产项目分类，综合类属于民俗类。这一类是以少数民族服饰为主的非物质文化遗产。所谓综合类，是站在文化符号角度的观点，因为服饰包含了许多不同层面的文化，并且，你中有我，我中有你，各种技艺和艺术形式彼此融合，形与意相得益彰，是文化符号中最具典型性的一个类型，是集文化之大成的产物。因此，应以综合性作为其特点来分析。简而言之，综合类就是将前面两个类型的文化符号融为一体，以服装的形式使之集于一身的审美形态和文化创造。由于这些传统服饰均属于程式化的形象设计，所以，体现了以下几个特点：其一，形制具有典型性和标志性。无论是服饰的色彩、图案、材质，还是各个要素的搭配，都具有鲜明的个性，例如，流传于福建惠安的惠安女服饰（国家级非物质文化遗产），特点为：头戴金色的斗笠，以花头巾围着面颊，上衣为湖蓝色斜襟短衫，下装为宽松肥大的黑裤，不仅服装独特别致，色彩也非常有特色。从其形式特征来看，花头巾一般是白地饰以蓝色碎花，非常鲜明、亮丽；湖蓝色的上衣、金黄色的草帽和黑色的裤子形成的色彩对比，体现了一种自然之美与人文气息的完美结合。其二，自成一派的服饰文化体系。在服装的形制、穿着场合、具体分类和不同分支间的区别等方面都形成了制度和规范，是民俗生活和民族风情的一种重要体现。例如，被列入国家级非物质文化遗产名录的蒙古族服饰。蒙古族服饰一般称蒙古袍，是以长袍为基本服制，以腰带、靴子、帽子、首饰为基本配饰的服装类型。平时的服装多采用布料制成，庆典、节日时的盛装则是丝绸配以织锦镶边的华贵风格，男装以蓝色、棕色为主，女装则色彩艳丽丰富，主要有红色、粉色、绿色、天蓝色等。各地区的服饰特点有明显区别，在造型、饰边、帽子、搭配等方面各具特色，而且往往与周边的其他少数民族服饰相互借鉴，因此形成了鲜明的地区性特点。由于地理气候的原因，夏季、春秋季和冬季服装区分明显。其三，兼容并蓄的工艺技术和设计元素。这是文化综合性的一个重要体现。以列为国家级非物质文化遗产的瑶族服饰为例，身处边远地区的瑶族同胞精于织造、印染、刺绣，对服饰美有着强烈的追求，同时，对祖先和前辈的敬仰与怀念以图腾的形式在服饰上体现得非常鲜明。例如，贵州狗瑶女子所穿的"狗尾衫"，就是体现祖先（盘瓠）崇拜的一种服制，本族后人世世代代模仿传说中的祖先的颜色和形状制作衣物，寄托着不忘祖先的民族情怀。瑶族服饰男女装差异明显，男子服装以青蓝色为基调，主要有对襟、斜襟、琵琶襟等形式的短衣，也有交领长衫搭配长短不一的裤子，一般均扎头巾、打绑腿，衣着风格朴实无华。女装则较为多样：有大襟上衣，束腰着裤的形式；有圆领短衣，配百褶裙的形式；还有长衫配裤子的形式。衣襟、袖口、下摆、裤边多有镶边、彩饰，头饰、头帕也非常多样，其中以锦帕、银饰制成的头饰美丽无比，具有很高的审美价值。瑶族染织业非常发达，有一套完整的蓝靛印染技术，包括蜡染、扎染等技艺，色彩常用红、绿、黄、白、黑五种；服装均采用自染的土布制作，服饰方面常见挑花、刺绣、织锦等工艺，以几何纹样为主。瑶族各分支因居住地区和服饰等方面的不同，历史上有"过山瑶""红头瑶""大板瑶""平头瑶""蓝靛瑶""沙瑶""白头瑶"等自称和他称。

以上各例说明，以民族、民间服饰为代表的综合类文化符号是表现民族文化、历史传承和民族生态的生动而鲜活的"图谱"，是与其他民族进行交往，传播文化的一种方式，更是体现民族精神、民族情怀和民族自尊心、自豪感的一种形式。以综合为标志的文化交流和借鉴是此类文化符号最重要的内涵之一。经过千百年的发展演变，以民族精神为核心的民族服饰具有强大的生命力，但由于应用范围所限，以及受现代生活方式和经济环境的影响，在活化的前提下保持这些文化符号的纯正将是一项重要而艰巨的任务。

通过以上对纺织类非物质文化遗产文化符号的归纳，有助于我们以一个鲜明的立场和清晰的视角对这些文化遗存加以分析，从而使我们能够明确方向，掌握方法，对于它们的继承和保护做一些实际有效的工作。

第二节　中国纺织类非物质文化遗产文化符号解析

简而言之，对纺织类非物质文化遗产文化符号进行解析，就是从外在特征的典型性入手，分析其内涵的文化意义，以及它们在现实生活中的地位，由此，可以使我们通过把握纺织类非物质文化遗产文化符号的本质，以及在此基础上，按照推广、应用的可行性所进行的区别和分析，在对其进行继承、保护、开发、利用的思路和方法上取得一些新的认识。

一、代表性文化符号的选择

出于教学和研究的需要，我们有必要根据纺织类非物质文化遗产的类型，对其代表品种进行比较和选择，以便能够更清楚地说明问题，并且保证所选类型和品种作为文化符号具有体系性和代表性。

（一）选择的依据

首先，要根据本章的教学目的进行选择，使之能够体现促进文化传承，尝试设计创新和对纺织类非物质文化遗产实施挖掘、整理、保护、开发的最终目标；其次，要符合文化符号的定义，即能够鲜明地体现纺织类非物质文化遗产的文化特色，具有突出的非物质文化要素，而且，其文化形态必须具有独特性；再次，要能够确定其文化价值和历史文化地位，具有文化典型性、类型代表性并且为大家所熟悉，尤其要能够体现它所具有的传播、继承和开发利用的价值。

（二）所选种类及其代表性

按照以上原则，以及前面对纺织类非物质文化遗产的分类方法，在对各方面特征进行比较的基础上，根据"非物质性"文化范畴，并且考虑到与不同行业的对应，选择织锦、刺绣、缬和服饰四个种类作为本节的基本内容。

1. 织锦的代表性分析

《六书故》指出："织彩为文曰锦。"李时珍在《本草纲目》中对"锦"的解释是："锦以五色丝织成文章，故字从帛从金……"这表明，锦的标志性特征是以彩色丝线织出华美纹饰的高贵织物。从文化符号的类型上讲，锦属于工艺技术类，并且从复杂性、技术完整性、传承现状和应用情况等方面考察，都具有非常鲜明的代表性。

2. 刺绣的代表性分析

刺绣属于纯手工类，是用绣针引彩线，按设计的花纹在纺织品上运用各种针法，以线迹绣纹构成花纹图案的一种工艺。这一传统技艺的最大特点是应用极其广泛，在服装、鞋帽、装饰、室内陈设等方面，都有刺绣的应用。并且，刺绣作为一种流传地域广泛、应用群体众多的手工艺品，在各个国家、各个民族都有非常久远的历史，并且形成了各种各样的技法、样式和风格。在我国，除了包括四大名绣（湘，苏，粤，蜀）在内的28项国家级非物质文化遗产之外，还有京绣、鲁绣、杭绣、闽绣等地方名绣，而各个少数民族的刺绣更是民族艺术的一道靓丽的风景线。由于刺绣应用的广泛性，以及为广大人民群众所喜闻乐见的特点，堪称纺织类非物质文化遗产文化符号的典型代表。

3. 缬的代表性分析

缬属于工艺技术类，是主要用于服装面料、服饰品、日用装饰和艺术品的四种不同染色工艺的统称，所以又称染缬。由于它们与服装文化和生活美化密切相关，是一种流传最为久远，并且最具有特色的染色技艺，所以具有很重要的文化地位。这四种染缬技术均属于防染方法，分别是夹缬、蜡缬、绞缬、灰缬，即今天所说的夹染、蜡染、扎染和蓝印花布。由于染缬都是利用防染原理形成图案，因此非常自然生动，别具韵味，并且它们均采用天然蓝靛染色，色彩淳朴、沉稳，与图案风格相得益彰，浑然天成，表现出自然和谐之美，体现了纹样、色彩、寓意三个审美层次，因此深受消费者喜爱而广为流传。缬最大的特点是其代表品种在现代的应用十分普及，甚至成为流行时尚，故而其代表性毋庸置疑。

图3-1从左至右分别是织锦、刺绣和缬的代表品种云锦、贵州绒绣和贵州蜡染。

图3-1　织锦、刺绣和缬的代表品种

4.服饰的代表性分析

按照《国家级非物质文化遗产名录》的划分，服饰属于民俗类，按照文化符号的分类方法，则属于综合类。根据对于"综合"的解释就足以说明服饰类的代表性。事实上，多数在国家级名录上的非物质文化遗产项目，都属于服饰材料或是用于服饰的织造、印染工艺，也就是说，它们最终大多都会体现在服饰上。由此可见，服饰是许多纺织类非物质文化遗产的最终产品。此外，服饰较之其他种类的非物质文化遗产具有更丰富的文化内涵，它直接体现了人的生活与发展，是人类精神的一种象征和体现，因此，其代表性是非常充分的。

二、织锦

中国织锦有悠久的历史，春秋战国时期已达到鼎盛的襄邑（今河南省睢县）"织文"是早期代表织锦艺术成就的品种，也可以视作织锦的源头。

襄邑，位于黄河下游区域，上古时期为豫州。根据睢县周龙岗龙山文化遗址、乔寨龙山文化遗址考古挖掘证明，早在 4000 年前，已有先民在这里繁衍生息，并形成了部落联盟。当时这里气候温暖、湿润，到处生长着中原特有的野桑和以野桑为食的野蚕。原始的纺织，起源于新石器时代早期，在河南裴李岗文化时期便开始萌芽，当时的先民们利用野蚕抽丝，织造最原始的丝织品。以后，人们又逐步把野蚕驯化，进行户内喂养，渐渐将野蚕驯养为家蚕，结茧缫丝、织造绸绢，由此出现了中原最原始的丝织业。

（一）织锦文化的传承与代表

从文化符号的角度分析，织锦的文化传承经历了一个比较清晰的发展脉络，并且，各个时期都有典型的文化特征和代表性品种。因此，以时代传承为线索，确定各个时期的文化特征是研究织锦文化符号的一个可取的思路。

通过分析可以将织锦按照其发展阶段即历史时代划分为 6 个代表性品类。具体是：作为源头的襄邑"织文"、快速发展的蜀国蜀锦、精致繁盛的盛唐织锦（蜀锦发展的鼎盛时期）、盛兴于宋代的苏州织锦、苏州织锦的极品缂丝、华美之极的南京云锦。

1. 襄邑"织文"考证

在湖南省长沙市马王堆一号汉墓中有两件稀世珍宝——西汉初期长沙国丞相之妻辛追的素纱禅衣和织锦。考古专家通过对素纱禅衣上的"襄邑"字样分析，认证为产自襄邑。今睢县仍有见证襄邑丝织业发达的古遗址——濯锦池，《睢州志》记载："盖邑之善织锦者环池而居，故得名焉。"见图 3-2。

图 3-2 马王堆一号汉墓出土的衣物和织锦

2. 华美蜀锦

在古代，四川被称为蜀。根据《释文》等古籍的说法，"蜀"是"食桑之虫"，也就是通常所说的蚕虫。因此，古代的蜀国可称为蚕之王国。上溯至春秋战国，古代蜀国就以"布帛金银"为重要产品。当时的成都地区，丝织工匠们就已经在织帛的基础上发明了织锦工艺。今天所称的锦，是指利用五彩色丝织成的彩色提花织物。由于锦盛产于古代蜀国，因此而得名蜀锦。

在三国时期，执掌蜀国国计民生的诸葛亮把蜀锦指定为必须重点发展的国家重要物资，还颁布法令使之得以推行。在左思所作的《蜀都赋》中有这样的生动描述："伎巧之家，百室离房，机杼相和，贝锦斐成，濯色江波。"这是对古代蜀国织锦业的高度概括。

图3-3为当代蜀锦，虽然已是现代工艺，但也很好地体现了蜀锦的风格特点。

图3-3　当代蜀锦

3. 盛唐华彩

蜀锦在唐代又有新的发展。外来文化的影响、对外贸易的需要和缫丝业的发达，促进了唐代蜀锦业的进一步发展，使当时的织锦呈现出华丽无比的外观。产于果州（今四川省南充市）以及保宁府（今四川省阆中市）等地的生丝大量供应成都，被生产成质地细腻、层次丰富的蜀锦，图案也异常丰富多彩，不仅有团花、方格，更有飞禽、走兽、游龙、翔凤等较为复杂的图案。可以说，蜀锦发展到唐代，已经达到了一个新的艺术和工艺的高度。一些宫廷所用的织锦，往往采用细如发丝的金线织就，因而色泽瑰丽多彩，巧夺天工。

在当时，蜀锦不仅是宫廷、贵族的专用品和昂贵的奢侈品，也是中国通过"丝绸之路"沟通世界的桥梁与纽带。保存在日本正仓院的唐朝织锦实物中，主要有用染花经丝织成的"广东锦"；用很多小梭子根据花纹颜色的边界，分块盘织而成的"缀锦"；利用由深到浅的晕色牵成的彩条经丝，织成晕色花纹的"大繝锦"；利用彩色纬丝显花，并分段变换纬丝彩色的"纬锦"；利用经丝显露花纹的"经锦"等。这些丝织品种的实物，在我国西北古丝路经过的地方也都发现过。

唐太宗时，有个叫窦师伦的人曾创制了不少织锦花样，其中最具代表性的对雉、斗羊、翔凤、游麟等花样，一直流行了几百年。因窦师伦受封为"陵阳公"，人们就把那些花样称为"陵阳公样"。我们从新疆等地出土的唐代丝织品中，经常可以看见成对成双的动物花纹，形象非常丰满生动。如图3-4所示。

图3-4　唐代织锦

4.典雅宋锦

在中国丝织史上，宋代是一个具有标志性的时期。最能够说明问题的是，当时流行的宋锦开始取代经锦（秦汉时期的代表性丝织物）和纬锦（隋唐时期的代表性丝织物）而成为丝织物的正宗产品。从宋代开始，宋锦在此后的元、明、清各个朝代都得到了蓬勃的发展。

宋锦是从苏州发源的。据史料记载，苏州地区从五代时期就开始生产织锦，发展到宋代已经颇具规模，技艺也得到了极大的提升。究其原因，一方面，南宋的政治、文化中心迁移到了江南地区，为苏州织锦的发展提供了良好的客观条件；另一方面，当时的宫廷服饰和书画装裱都崇尚风雅之气，所以，当时的织锦发展出一种极其细腻、精致的品种，迎合了当时书画装裱和服装装饰的需要。据有关史料记载，当时此类织物已经达到40多个品种。由于这些织锦的工艺和风格代表了一个全新的时代，并且有许多艺术精品流传于后世，因此，后人再谈到织锦时必然以宋代为标准，宋锦便由此而得名。在今天看来，宋锦采用的纹样复杂多变，配色则格外雅致清丽，这构成了宋锦典型的艺术风格。由于当时的用途要求，各种规整、细致的纹样成为其代表，例如，龟背、绣球、古钱、剑环、席地等属于四方连续的图案非常多见。此外，各种吉祥纹样也是宋锦的一大特点。如果从工艺上分析宋锦，其特点主要是采用经线和纬线联合显现花纹的组织结构，并且应用了彩抛换色的独特技艺，这便使得宋锦的颜色和组织更加丰富多彩。此后，这一技艺被后世广泛应用，创造出无数的织锦精品。宋锦的图案特点如图3-5所示。

图3-5　精美的宋锦

5. 极品缂丝

在纺织史籍中并没有缂丝起源的具体记载和考证，但是，如果从今天可以见到的实物来看，中国早在汉魏时期就已经有缂丝产品了。例如，在蒙古出土了汉代的丝织物残片，它所采用的织造方法属于"通经断纬"——这正是缂丝的典型工艺特征，与宋代典型的缂丝产品是完全相同的。缂丝这种工艺在唐朝时期由于东西方文化交流的加强，其工艺和产品都取得了明显的发展和完善。在当时，缂丝产品多为丝带等实用品。

就工艺水准而言，唐代的缂丝采用的一般为简单的几何纹样，色彩结构则为色块的组合，还没有颜色过渡的产品，"晕色"的技艺还没有出现，因此，色彩层次算不上丰富。但当时有些产品已经开始用金线作织物的地纹，装饰效果非常突出。

在北宋时期，缂丝技艺前承唐代，但花纹更为精细富丽，纹样结构既对称又富于变化，达到了较高水准。而随着南宋政治中心和经济中心的转移，缂丝也从北方的主要产地定州迁移到苏杭一带，所谓的"北有定州，南有松江"就是对这一段历史的概括。总之，到了宋代，缂丝已经是最负盛名的丝织物，多用于包首、装裱，也不乏堪称艺术品的花鸟、山水、人物等，织造工艺已达到相当高的水平。

图 3-6 所示为清代缂丝所制官服的局部。

图 3-6　清代缂丝

6. 灿烂云锦

云锦的独特工艺源于缂丝，可以说，云锦是缂丝的一种衍生品。事实上，云锦是以苏州为发源地，而在南京得到发扬光大，所以，人们习惯称云锦为南京云锦。

云锦具有十分独特的工艺，它是采用老式的提花木机进行织造，需要有一名提花工和一名织造工配合完成织造工艺。由于工艺繁复，所以两名艺人一天只能生产 5 ～ 6 厘米的产品，而且其工艺至今仍无法用机器来替代。云锦的特点可以概括为：通经断纬、逐花异色、挖花盘织。因此，从不同角度看上去，产品上花卉的色彩是不同的。而且，云锦作为御用贡品，在织造时用料十分考究，常常不惜工本，务求精益求精。

从织造工艺的角度看，南京云锦可谓集历代织锦工艺之大成，代表着中国织锦发展的最高峰。云锦的工艺非常复杂。首先是"挑花结本"，这类似于今天的程序设计，它是将准备制造的纹样利用结绳记事的方式转化为工艺程序，其中每个花纹和色彩都以所结之"本"为操控依据，再上机织造。这项工艺技术要求非常高，实际上是一种特殊的花色纹样的创作设计过程。根据上述设计，在织机上方坐着的拽花工就可以按设计好的提线顺序提拽即可。织机下方坐着的是织手，他主要采用的技术叫作"通经断纬"，也就是说，经纱是连续的，而纬纱则是由不同的色纱一段一段连接起来的，这就使得纬纱可以形成每段颜色的不同，从而使织物的色彩和纹样更加丰富。此外，还有如同绣花一般的挖花盘织技术，和使用金银线的妆金敷彩技术，这使得云锦五彩缤纷，色彩艳丽，艺术水准极高。

从历史地位及其发展来看，云锦在宋代已经成型，至元代，由于当时流行用真金来装饰服装，而且国力强盛，黄金的开采量大为增加，此时的云锦便开始具有织金夹银的特征。也正是由于使用了黄金，云锦也成为史上最为昂贵的丝织产品。自此，在元、明、清三朝，云锦都是御用贡品的首选，历代朝廷都在南京设立织造局，专门负责云锦的生产，同时也垄断了市场。因此，云锦在当时属于南京最大的手工业，清康熙和雍正两朝，云锦生产达到高峰。

从代表性产品来看，云锦的典型产品有"织金""织锦""库缎"以及

"妆花"四大品种。其中，妆花是云锦产品中织造技术要求最高也最具代表性的产品。如果说，在各种织物中，最高档的产品是丝绸，那么，在丝绸中，最高档的产品首推织锦，而织锦中最为华美、高贵的当属云锦，在云锦中，妆花则达到了织锦技艺的顶峰。

图 3-7 为典型的云锦产品。

图 3-7　极品妆花云锦——金宝地

（二）民族织锦

民族织锦色彩浓重，极具特色，一般以几何纹居多，也会采用本民族的图腾纹样或花鸟虫鱼。较有代表性的是广西的壮锦、湘西土家锦、云南傣锦、海南黎锦，以及侗锦、苗锦、黎锦、瑶锦等。

根据有关考证，广西在汉代已经开始应用织锦技艺。据有关典籍的记载，当时壮族的许多种纺织产品都已经被封建王朝指定为贡品。但真正意义上的织锦开始于宋代。当时，壮族的纺织业取得了很大发展，因此，除了一般的纺织品外，又发展了以丝、麻或丝、棉交织而成的织锦。在宋代，有一种被称为"白质方纹，佳丽厚重"的织物，其实就是壮锦的雏形。在明代，壮锦日渐流行，壮锦的制造工艺也更为精湛，特别是许多织有龙、凤等图案的壮锦已经成为御用贡品。到了明、清时期，壮锦开始使用不同色彩的绒线进行制造，因此，壮锦的色彩十分绚丽明快。当时的情况是，壮锦既是皇室贡品，同时也为平民百姓所用。

从工艺上来看，壮锦一般以棉、麻线平纹交织，形成地组织，用无捻的粗丝线作彩纬，形成起花组织，在织物的正反面织出对称的花纹，并且将地组织完全覆盖，使织物厚度得以增加。壮锦的色彩对比强烈，多采用菱形等几何图案，也有大、小万字，和较为复杂的凤栖牡丹、双凤朝阳、狮子滚绣球等复杂纹样。概括地说，壮锦的纹样结构严谨而又富于变化，别具艺术特色。壮锦一般用于被面、褥面、背带、背包、挂包、围裙等的制作。在《广西通志》中有这样的记载："壮锦各州县出，壮人爱彩，凡衣裙巾被之属莫不取五色绒，杂以织布为花鸟状，远观颇工巧炫丽，近视而粗，壮人贵之。"

土家锦产于湖南、湖北、四川、贵州等地区，是土家族的代表性织物。从工艺特点上看，土家锦属于传统手工织锦，当地称之为"打花"，土家语叫作"西兰卡普"。土家锦是以棉线为经，以各色棉、毛、丝等纱线为纬，利用一种特有的斜型腰机采用通经断纬的工艺进行手工挑织，属于彩纬满铺显花的织物类型。土家锦所采用的纹饰、图案一般为各种花草虫鸟走兽，以及日常生活用具，经过高度抽象概括，形成象征性和几何形图案，多采用菱形结构，以斜线条为主，以几何对称、反复连续为基本形式。典型图案有"四十八勾""岩墙花""单八勾""双八勾"等，共有上百种传统纹样。土家锦的配色特点为：色彩浓烈鲜艳，对比明显，用色一般借鉴艳丽的鲜花、美丽的羽毛、热烈的晚霞等，光彩明丽，自然生动，形成了朴质、敦厚又绚丽、鲜明的独特风格。有的产品则受到宗教绘画的影响，具有素雅、古朴、沉着的特点。

图 3-8 左为壮锦，右为土家锦。

图 3-8　民族织锦

（三）织锦的文化源流与符号特点

从织造工艺上进行分析，织锦当属中国丝绸文化的"华彩"篇章，它所创造的提花工艺，使丝绸制品的审美价值大大提高，开创了织物审美的新时代。

西周到春秋战国时期，中国的丝织业已经得到很大的发展，但以"织文"为标志的丝绸提花技术应该是在汉代开始成熟的，我们可以将这一时期的织锦称为汉锦，其工艺特点是以经纱起花，故称为经锦。这是织锦工艺的第一个里程碑，标志着一种文化样式的产生与成熟。

随着经济、文化的发展，丝织工艺不断进步，至东汉时期，川蜀织锦开始闻名于世，后称蜀锦。从织锦发展史的角度看，成都蜀锦是织锦的又一个重要里程碑，并由此将织锦的符号意义进行了创新——以经锦为代表的秦汉织锦，是以五色观作为色彩的选择标准，以上古图腾和吉祥纹样为图案，具有上古遗风和鲜明的等级色彩，而成都蜀锦则增加了民族风情和地方色彩，色彩丰富多样，图案趋于民间化、通俗化，其含义表达富足、平安、吉祥、喜庆，其形式则以花草鱼虫等自然景象为主。由此开始，织锦的文化意蕴一脉相承，成为吉祥如意、富贵平安的象征。蜀锦一般是以经向形成彩条作为起彩的基础，并通过彩条添花，故而图案繁复、织纹精致、色彩典雅、风格独特。其纹样风格秀丽，配色典雅不俗，在每个朝代都有典型的图案，形成这一时代的特色和风貌。例如，唐代蜀锦的图案有格子花、纹莲花、龟甲花、联珠、对禽、对兽、游龙、翔凤等，其中禽鸟、兽类的图案具有异域情调，体现了唐代开放、包容的观念。发展到唐末，在图案中又增加了天下乐、长安竹、方胜、宜男、狮团、八答晕等纹样，显现出对文化符号运用的成熟。唐代织锦色彩明艳，富丽堂皇，体现了盛唐的奢华之风。

宋代蜀锦技艺取得了进一步的发展，此时出现了纬起花的纬锦，其纹样图案有庆丰年锦、灯花锦、盘球、云雀，以及瑞草云鹤、百花孔雀、宜男百花、如意牡丹等。而真正代表这一时期文化特征的织锦是苏州宋锦，因其兴盛于宋代故而得名。宋锦采用"三枚斜纹"织法，图案花纹继承古代"规矩锦"的传统，图案章法皆用"方胜"花纹，回旋眷顾，对称严谨。色彩运用明暗层次相近的颜色作浓淡渲晕，艳而不火，繁而不乱，明丽而古雅。宋锦有合锦、小锦、大锦之分。合锦、小锦用于一般书画装裱及工艺品的装潢；大锦用于名贵书画及华丽的服饰。宋锦配色淡雅而文静，具有秀美而清新的文化气质。

宋锦发展到缂丝可谓达到了顶峰，它既是宋锦的技艺高峰，又是云锦的开端。

云锦是丝织工艺的最高境界，也是奢华的极致。如前面所介绍的，云锦以通经断纬、逐花异色、挖花盘织和妆金敷彩为工艺特色。由于一般为皇家服饰所用，所以云锦多采用金、银、铜线以及长丝和绢丝等顶级材料，甚至使用各种鸟兽羽毛来织造。如，皇室专用的云锦绣品上的绿色，就是用孔雀羽毛织成的。而且，云锦的每个纹样都有其特定的含义。

如果将上述织锦的发展作为主流的话，那么，多姿多彩的少数民族织锦就是中华民族织锦文化的支流。虽然不同民族、不同时期都有各自的技艺特征和审美特点，但技艺上的精致、繁复，审美上的华丽、鲜明，以及象征意义上的富贵吉祥，是织锦这一技艺门类和文化符号的共性所在。其中，蜀锦、云锦、宋锦、壮锦并称四大名锦，构成了织锦文化的总体风貌，我们可以将传统丝织艺术概括为：经为骨，纬为魂；机巧繁复，色彩瑰丽。

三、刺绣

刺绣是通过穿针引线，以各色丝线"描绘"而成的美丽图画。由于是单纯的手工技艺，方法相对简单，入门非常容易，故而十分普遍，是一种在各个地区、各个民族间广为流传的服装装饰和生活美化方式。在生产实践中，涌现出许多精于刺绣技艺的能工巧匠，她们技艺精湛，创意超群，创造出许许多多的刺绣精品乃至极品，为这一传统技艺的发扬光大以及奠定其坚实的文化地位做出了巨大的贡献。

（一）刺绣的起源

据说，在黄帝时代就开始应用彩绘花纹。其实，许多证据都表明，在远古时期，原始人类就已经懂得用色彩来装饰和美化自己。最初，当时的先民是将颜色涂画在身上，这是一种临时的装饰手法，称为"彰身"；进一步便有了永久性的纹饰，即将花纹刺在身上，称为"文身"。随着文明的发展，开始出现了画在衣服上的纹样，进一步发展就出现了刺绣——将花纹绣在服装上。在中国最早的官方典籍《尚书》中提到的十二章（现通称十二章纹）之中的黼、黻，就是刺绣而成的纹样。

今天我们能够看到的最早的刺绣实物当数荆州战国楚墓出土的"龙凤虎纹绣罗"了（图 3-9）。该绣品是在罗地上采用锁绣手法形成纹样，保存完好；还有同墓出土的龙凤纹绣绢，也很有特色。此外，出土于湖南长沙烈

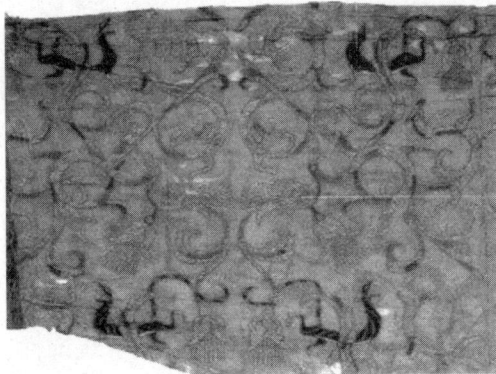

图 3-9　现存最早的绣品——龙凤虎纹绣罗

士公园的楚国刺绣，纹样也非常完整。这些都是了解古代绣品的绝好资料。在较晚出土的汉墓文物中，则有更多的绣品，如，在著名的马王堆西汉文物中，就有绣花绢绵袍等具有代表性的绣品，所用的绣线非常纤细，前所未见。

（二）"黼黻""文章"释义

"黼黻"有一个众所周知的意思是，它们分别属于十二章当中的两个纹样，"黼"是半黑半白表示向背的几何图案，意指背恶向善；"黻"是左青右黑的斧形图案，表示割断之意。此外，"黼黻"二字还与刺绣有密切的关系。

在周代的《礼记·祭义篇》中有关于古代天子诸侯都实行养蚕、缫丝的记载。根据记述，人们将蚕丝染成红、绿、玄、黄等色，用于绣制"黼黻文章"，即用不同色彩的丝线，在礼服上刺绣出各种纹样。《辞海》对"黼"的解释是：在古代礼服上绣出的半黑半白的花纹；对"黻"的解释是：在古代礼服上绣出的半青半黑的花纹。"文章"二字的含义分别是：用青、红两色刺绣称为"文"；用红、白两色刺绣称为"章"。"文"还有一个意义是指画，也就是今天所说的"纹"字。此外根据记载，古代祭祀所用的礼服，上衣采用画的方法，下裳则采用绣的方法。

（三）刺绣文化的艺术特色

由于刺绣与绘画有异曲同工之妙，所以，其艺术特色是主要的文化特点。对于传统艺术来说，无论是画还是绣，题材的选择是区别时代和文化范畴的主要根据。

早期的刺绣，如汉代，图案多采用具有等级色彩和权力意识的龙、凤、虎等纹样，图案凝练概括，生动优美，与织锦图案相比，刺绣的线条极为流畅，体现出极高的造型技巧和审美观念。

随着文化的演变，刺绣也不断改变着艺术风格。在唐代，刺绣因描绘宗教题材而具有写实的特点，人物、鸟兽、花卉等均栩栩如生，并且，在用色上十分大胆，一改秦汉时期的凝重、深沉，而体现出生动活泼的情调；在造型手法上，线条刻画精细，形象逼真，而且突出了装饰性。如图3-10所示。

图 3-10　唐代刺绣的艺术风格

　　在辽、元两朝，由于审美观念的变化，金丝成为绣品用线的首选，而采用金丝的绣品，格外富丽堂皇，题材也以当时盛行的游猎场景和飞鸟、走兽为代表，时代风格十分鲜明。

　　明清的绣品，特别是清代皇室所用的衣物，刺绣取代了织锦而成为主要的装饰手法，而工艺也更为成熟、精细，色彩丰富，针法多样，达到了很高的审美境。如图 3-11 所示。

图 3-11　清代绣品

（四）民族民间刺绣

作为最重要的手工技艺，民间传统刺绣在中国有着极其悠久的历史。刺绣古称"黹""针黹"，又称"针绣""扎花"，俗称"绣花"，因多为妇女所作，所以又称"女红"。可以说，刺绣是民间用于装饰服装、家居用品最主要的手段，它可以起到画龙点睛的作用，亦有化腐朽为神奇之效，不需太多的花费即可达到美化生活的目的，因而十分普及。由于具有极好的装饰性，刺绣独立成为一个画种，从而使其艺术特色得到很大的发扬。

中国幅员广阔，少数民族众多，他们同样创造了灿烂的刺绣艺术，如苗族、瑶族、侗族、壮族、土族、羌族、彝族、白族、土家族、藏族、蒙古族、维吾尔族等民族都有自己富于特色的刺绣艺术，具有很高的文化价值。少数民族刺绣具有鲜明的民族情调，色彩鲜明，纹样凝练，富于象征意味。勤劳智慧的少数民族同胞普遍具有艺术创造的过人天赋，对于刺绣工艺的创造、开发令人叹为观止。如图 3-12 ~ 图 3-15 所示为较有代表性的民族刺绣工艺。

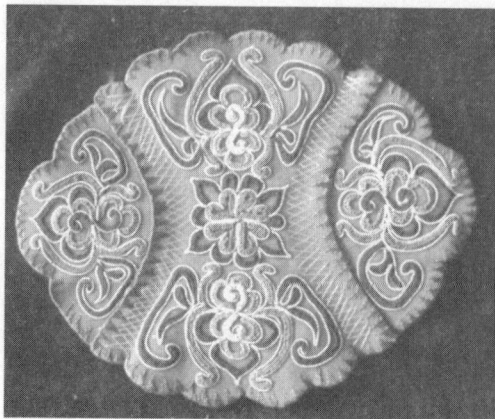

图 3-12　水族马尾绣

图 3-13　侗族缠绣

图 3-14 苗族锁梗绣

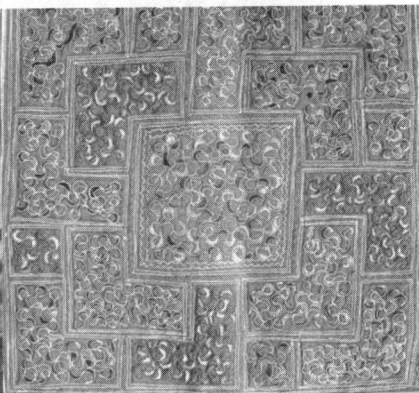

图 3-15 苗族麻衣绣

（五）"画绣"与"纹绣"

2010 年 10 月在湘绣的原产地长沙市开福区沙坪镇，湘绣、蜀绣、粤绣、苏绣中国四大名绣的代表宣读了"沙坪宣言"，启动四大名绣联合申报世界非物质文化遗产的活动。

四大名绣是中国刺绣的代表，声名远播，价值非凡。从艺术特色和用途上讲，四大名绣属于"画绣"之列，即作为画种之一的艺术绣品；而其他民间和民族刺绣则多属于"纹绣"，即用于装饰、美化的实用绣品。

可以说，"画绣"与"纹绣"之分，就是从符号特征上对绣品类型的把握。前者以细腻的针法、丰富的层次、华美的色彩、迷人的质感以及独特的造型方法给人以艺术的享受；后者则以纹样的象征性、色彩的鲜明性、题材的丰富性和工艺的装饰性以及自由的应用来表现它的美感。如果作进一步的细分，可以看到每一类绣品中不同品种的差异。下面对四大名绣的艺术特点进行简要概括。

苏绣：多采用写实性手法，针法细致多变，注重对质感的表现，使作品中的对象给人以呼之欲出之感。由于这一技艺特点，苏绣经常用来创作人物肖像作品，酷似照片或油画的效果。如图 3-16 所示。

图 3-16　苏绣作品

湘绣：以装饰性见长，色彩丰富凝练，题材多样，画面鲜明，具有突出的绘画风格。如图 3-17 所示。

图 3-17　湘绣作品

蜀绣：色彩鲜明，虚实运用恰到好处，画面灵动，形象逼真，颇具艺术感染力。如图 3-18 所示。

图 3-18　湘绣作品

粤绣：色彩浓烈，层次丰富，质感突出，注重装饰效果，画面华美，形象鲜明。如图 3-19 所示。

图 3-19 粤绣作品

（六）刺绣的艺术性和符号特点

刺绣是以针线为笔墨的装饰绘画艺术，在手法上通过丝线的纵横、重叠、反复、交错来实现造型。从艺术表现的角度讲，其最大的特点：一是色彩鲜明、华丽，具有突出的艺术感染力；二是画面富有层次，能够产生一定的质感和肌理，从而使形象逼真自然，栩栩如生。刺绣又是非常个人化的手工技艺，是创作者灵感、个性和创造能力的集中体现，这使得每一件作品都别具特色。就文化传承而言，刺绣作品的主题主要是对美好生活的表现和追求，记录着各个时代的文化特征。

民族刺绣是民族服饰、装饰文化的重要组成部分，集中反映了民族传统文化和审美追求，是表现民族精神的重要形式，是美化生活的基本手段。

刺绣的表现性更偏重于个人对传统文化的理解和个人的审美情趣，因此具有很强的感染力，而刺绣丰富的表现力，又使之能够承载丰富的文化内容。可以将刺绣概括为：民族民间文化和传统审美思想的高度凝练，手工技艺的艺术创造和个性表达，丰富多彩，雅俗共赏，黼黻文章，中华之大美。

四、缬

　　"缬"是防染印花的古称。具体又分为蜡缬、绞缬、夹缬和灰缬。

　　蜡缬，就是我们常说的蜡染。它又分单色染和复色染两种。复色染有套色到四五种的。因不同颜色容易相互浸润，花头多比较大，无论是串枝花或团科花，构图饱满，特别宜于作幛子帘幕。元明时流行的通俗读物《碎金》中记过 9 种染缬名目，有檀缬、蜀缬、撮缬（即撮晕缬）、锦缬（当指方胜格子式）、茧儿缬、浆水缬、三套缬、哲缬、鹿胎缬（即宋之鹿胎）。

　　绞缬是把成匹丝绸或衣裙成品，按照需要把某些部分用线缚着、缝着或做成一定襞折，用线钉牢，染后晒干，再剪去线结，就自然形成一定的图案，常见有蝴蝶、海棠、蜡梅、水仙等简单小簇花样。最简便的是唐人所谓"鱼子缬"，比较复杂的则为"撮晕缬"。宋人笔记所谓"撮晕花样""玛瑙缬"，《碎金》中提起的"鹿胎缬"，大都与这种染缬分不开。

　　夹缬是以纹样对称的两块木质雕版将织物夹紧，起到封闭的作用。而雕花的空隙处则能够使染料进入而达到上染的目的，将上版、上箍、敲紧后的布料放入靛青染液中，使之上染，再将染好的布料经过冲洗、晾晒即可得到具有蓝白花纹的花布。夹缬原本指古代朝廷中染制出图案花样的丝织品，后流传到民间，用于棉布印染，并沿用了"夹缬"的称谓。由于夹缬采用靛蓝作为染料，所以，产品名为蓝夹缬。在我国，染制蓝夹缬的技艺已有上千年的历史，主要流传于温州及乐清。蓝夹缬技艺由制靛、雕版、印染等工序组成，经过千百年的手工艺传承，是雕版印染的活化石。目前，蓝夹缬技艺已经入选国家级非物质文化遗产。

　　灰缬的制法是用缕空花板把丝绸夹住，再涂上一种浆粉混合物（一般用豆浆和石灰作成），待干后投入染缸加染，染后晾干，刮去浆粉，花纹就明白显出。宋人笔记说的"药斑布"，《碎金》上提到的"浆水缬"就指这一种，可以视为蓝底白印花布的前身。这样作成的染缬，花色必浅于其他部分；如用花板夹住，直接于漏空处用颜色刷染，花色就深于其他部分。后者虽也叫染缬，但材料并不进入染缸（三套缬中可能也有用刷染法加工的）。

　　在"四缬"当中，从流传的广泛性和应用的普及性上看，蜡染、蓝印花布和扎染发展现状最为乐观。

（一）巧手冰纹画吉祥——贵州蜡染

贵州蜡染是蜡缬的代表品种，也被称作"贵州蜡花"。蜡染技艺是苗族、布依族、水族等少数民族所喜爱的一种印花工艺，是历史悠久的传统民间艺术瑰宝。贵州蜡染艺术形成了独特的民族艺术风格，它以素雅的色调、优美的纹样、丰富的文化内涵而闻名于世，其历史至少可以追溯到 2000 多年前的秦、汉时期。但是，在历史文献中很少有关于蜡染的记载。《后汉书》等典籍虽有"染彩"等记述，但并不是特指蜡染。直到宋代的一些文献中才有对蜡染的确切说法。如，南宋周去非在他所著的《岭外问答》中提到："以木板二片，镂成细花，用以夹布，而灌蜡于镂中，而后乃积布取布，投诸蓝中，布既受蓝，则煮布以去蜡，故能制成极细斑花，炳然可观。"这段文字所记述的是蜡染早期的加工工艺。

从蜡染工艺的沿革来看，在《贵州通志》上是这样说的："用蜡绘于布而染之，既去蜡，则花纹如绘。"由此可见，蜡染由《岭外问答》中所记述的用蜡灌刻版再印布已经发展到直接用蜡在布匹上进行描绘了。

有的研究者对蜡染仅存在于少数民族地区的解释是：自宋代起，由于蓝印花布等成本较低、工艺相对简单的产品逐渐开始盛行，蜡染在中原地区便逐渐消失，而在西南少数民族地区却一直被保留了下来，传承至今。图 3-20 为典型的贵州传统蜡染纹样。

图 3-20　贵州蜡染

（二）刻画出的满园春色——蓝印花布

蓝印花布为灰缬的代表品种，古称"药斑布"，由于使用雕版达到防染的目的，也有将其称为夹缬的。据考证，蓝印花布发源于秦汉，在唐宋时期取得了快速的发展并形成一定的规模。至于药斑布名称的来源，在《古今图书集成》中有记载："药斑布——以布抹灰药而典雅朴素，染青，候干，去灰药，则青白相间，有人物、花鸟、诗词各色，充衾幔之用。"

到了明清时期，蓝印花布已经在民间广泛流行，至今，仍然是深受欢迎的一种传统产品。

今天所见的蓝印花布的纹样，主要是明清时期传承下来的。当时，人们主要将蓝印花布用于被面、头巾、包袱、门帘等日常生活用品的制作。由于蓝印花布朴素大方、色调明快，所用图案则反映了人们的现实生活和吉祥的寓意，具有生动的生活气息，表现了人们对美好生活的向往，因此得到了较好的推广与普及。当时，染坊在蓝印花布的产地是重要的产业。根据有关记载，在蓝印花布的繁荣时期，真可谓织机遍地、染坊连街、河上布船如织。

在蓝印花布的传统图案中，诸如"梅开五富""榴开百子""瑞鹤鸣祥""岁寒三友"等花样，由于其吉祥的寓意而久负盛名，成为蓝印花布的代表性图案。如图3-21所示。

图3-21 传统蓝印花布

（三）浸染出的水墨丹青——大理扎染

大理扎染是绞缬的代表品种。扎染有着悠久历史，起源于黄河流域，但起源时间尚无定论。现存最早的扎染制品，出于新疆地区。据记载，早在东晋，采用扎结防染工艺的绞缬绸已经开始大批生产。扎染工艺早在东晋时期就已经成熟了。分析早期的绞缬产品，大概有两种类型：一种是较为简单的小型花样，如蝴蝶、梅花、海棠等图案；另一种是整幅的花样，如鱼子缬（白色小圆点纹样）、玛瑙缬（大圆点纹样）、鹿胎缬（紫地白花斑酷似梅花鹿的斑纹）等。

时至今日，历史悠久的扎染更加显示出浓郁的民间艺术风情和艺术魅力，上千种纹样是千百年来传统文化的积淀和缩影，折射出当地人民的审美情趣和艺术追求，形成了内涵深厚的织染文化。但是，值得注意的是，当前产业化的趋势使部分传统扎染技艺慢慢地走向消亡，原有的民间特色开始消失；与此同时，污染成为不可回避的环境问题，市场化经营引发了对经济利益的过度追求，植物染料板蓝根以至于供不应求。在此情势下，扎染技艺的传承受到严重困扰。

图 3-22 为大理扎染的代表性品种。

图 3-22　大理扎染

（四）缬的和谐之美及其符号特点

作为民间染色工艺的应用，蜡缬、灰缬、绞缬和夹缬都体现了中国劳动人民的勤劳智慧和他们对美的追求。在等级制度严苛，经济落后的历史条件下，聪明的纺织印染艺人利用先民已经发现并使用的天然染料——取自于板蓝根的靛蓝，巧妙地使用防染印花技术，把美丽的图案带到了千家万户，使生活在贫穷中的人们也能装扮自己，表达对生活的希望和期盼。而这些纺织品也都具有质朴的颜色，鲜明的图案和很强的实用性。

由于四种不同的染缬都是利用同样的染色原理形成图案，但防染方式各具特色，因此，描绘、雕刻和缝缀手法就成为决定图案效果的重要因素，也因此需要艺人具有极强的形象概括能力、设计表现能力和审美能力。由于蜡染、蓝印花布、蓝夹缬和扎染都是用于民间的纺织品，所以，要体现出广大人民的生活形态和他们对美的追求，于是，取材于传统文化的吉祥纹样、民族图腾和生活场景就成了这些纺织品表现的对象，并由此发展出许许多多极其生动的审美形象和经典作品。

正是基于这些要素，蜡染、蓝印花布、蓝夹缬和扎染的产品都以自然天成的色彩、美丽动人的艺术形象和幸福吉祥的寓意而深受人民群众的喜爱，也由此而发展、形成了民间传统染缬的三个审美层次，即纹样图形美、色彩材质美、寓意象征美。

如果对民间染缬进行一个总结，并从文化符号的角度加以概括，可以说，染缬是民间吉祥符号集大成者：它以民族性形成样式，以精神性实现寓意，以广泛性推广普及，并且与高贵的织锦、华美的刺绣形成对照，自成一派，以极强的艺术感染力，表现了一种自然和谐之美。我们将四种染缬概括为：天然蓝靛染色成花技术，或雕、或画、或绣而成图案纹饰，集传统纹样与个人才华于一身，平实雅致，风格鲜明，宫廷民间各得其所。

五、服饰

列入《国家级非物质文化遗产名录》的服饰类共有 16 项之多，除了苏州角直水乡妇女服饰和惠安女服饰外，其他均为少数民族服饰，这也说明少数民族服饰在继承传统、保持文化、形成特色方面具有很高的成就。从文化符号的角度看，除了由于生活的地域特点和民族文化所造成的不同特色之外，在创造灿烂的纺织服装文化，发展各种技艺，以及体现人类共同的精神实质方面是异曲同工的，所以，仅以其中的代表为例作如下概括分析。

（一）争奇斗艳风采独具

少数民族服饰都以特色鲜明，美丽动人为标志，无论是华丽的盛装，还是朴素的日常服饰，都表现出他们对美的追求和深刻的理解，其中，对工艺技术和民间艺术的创造、发展、应用是非常重要的一个方面。如，流传于我国黔东南地区的苗族服饰，被称为民族文化的"博物馆"，那里的服饰种类多达 200 种。从苗族服饰的装饰特征来看，流传于我国各地的民间工艺，几乎都在苗族服饰上有所体现，包括：织、绣、挑、染等传统工艺技法。而且，每当运用一种工艺手法时，都会将其他不同的技艺穿插其中，创造出一种独有的艺术效果，这一点，在苗族服饰上体现得非常充分，也因此使苗族服饰特别具有观赏性。此外，苗族服饰非常讲究突出重点，往往能够在拙朴中显现华丽，在简单中体现细腻。从服装形制上看，形成了 5 种典型样式，即：编制型、织制型、缝制型、拼合型和剪裁型。从用色上看，苗族服饰通常选用多种对比强烈的色彩，努力追求颜色的浓郁和厚重的艳丽感，一般采用红、黑、白、黄、蓝等色。最具典型性的是苗族女性的盛装，一般下装为百褶裙，上装则是缀满各种银饰的大领胸前交叉式"乌摆"，或是镶有美丽花边的右衽上衣，外罩缎质绣花或挑花围裙。盛装颜色为红、黄、绿等色调。著名的苗家银饰往往成为视觉的中心，包括银冠、银花和银角。

（二）服饰文化自成体系

各个民族都将他们生活的方方面面体现在服饰上，无论是礼仪庆典，还是等级制度，或是生活方式，服饰把一个民族的历史和生态都集中在一起，并且表现得淋漓尽致。例如，作为青藏高原艺术奇葩的藏族服饰，其结构样式很好地满足了特殊生活环境的实用要求，而且文化内涵丰富，服饰层次多样，体现出许多等级和地域性差别，以及一些特定的服饰制度。藏族服饰的最基本特征是肥腰、长袖、大襟、右衽、长裙、长靴，以及独特的编发，华丽无比的金银珠玉饰品等。除了对本民族生产、生活方式予以充分体现之外，在等级制度方面，藏族服饰也有很鲜明的特色。具体而言，贵族与民间的藏袍在结构上并没有明显的区别，差异主要表现在质地和花纹上。贵族服饰质地精细，花纹讲究，其中典型的蟒缎袍，是由黄、红、蓝、绿、白、紫等色作基调，上面有龙、水、鱼、云等纹祥，此袍常是四品以上官员朝见达赖喇嘛，或重大节日举行礼仪时穿用。根据史籍记载，贵族的上装十分考究，平时穿五色锦缎质地的大领无衩小袖衣，以皮为里；每逢重大的节日庆典，则穿蟒纹袍，披貂皮披肩，下穿大褂，以金丝缎腰带束腰，佩戴小刀荷包等装饰品，脚下为牛皮靴；蓄发，拿念珠，手戴骨扳指，左耳带珠坠。平民男子服饰是着大领无衩藏袍，质地有氆氇、绸缎等，采用不同的颜色，腰束皮带或毛葛腰带，配有小刀等饰物；戴平顶帽，戴骨扳指，手拿念珠。在藏袍的款式上，贵族与平民也有差异，贵族男子长袍坠至脚背，而且紧身；而平民的袍服一般上提至膝，上身宽松，便于活动和劳作，在劳动时则将袍服两袖脱下，结于腰上。

（三）精工细作美化生活

少数民族服饰根据地域、风俗的不同，形制上差别很大，但它们都有一个突出的特点，就是充分利用自然条件，创造性地开发利用各种原材料，并且，借鉴和学习其他民族的技艺和方法，使本民族的服饰不断发展，成为民族文化的符号。被列为国家级非物质文化遗产的黎族服饰就是一个典型的例证。黎族祖先曾经利用树皮纤维来缝制衣服、被子、帽子等，称为"树皮布"服饰。黎族服饰继承了祖先的传统，充分利用了当地的自然条件开发服饰用品，服装主要是利用海岛棉、麻、木棉、树皮纤维和蚕丝等材料制成的。所用的染料均为天然染料，以植物为主，矿物为辅。装饰技艺在黎族服饰上也有很好的体现，黎族妇女服饰，主要由上衣下裙和头巾三个部分组成。这三个部分都织绣着精致的花纹图案。上衣有直领、无领、无钮对襟衫或者贯头衣，贯头上衣是利用三幅至五幅素织的布料缝成，素织面料非常适于刺绣，所以在衣襟上多采用绣花来装饰。黎族女裙形式即为通常所说的筒裙，通常由裙头、裙身带、裙腰、裙身和裙尾缝合而成，由于各幅都是单独织成，因而适合于织花、绣花和二次加工，所以筒裙花纹图案多样且复杂，是体现黎族妇女手工艺的一种代表性服饰。有时为了突出筒裙的花纹图案，又在沿边增加刺绣饰边，大大增加了美感。此外，海南黎族女性所织的黎锦、黎单、黎幕等传统手工艺品，色彩鲜明，美观适用，广受赞誉。

六、基于开发创新的文化符号分类

如果从生产和应用的角度来区分纺织服装类非物质文化遗产文化符号，可以划分为材料类和成品类两个方面，这个划分是考虑到非物质文化遗产继承、保护的思路和方法问题。对于材料类，如蜡染、扎染、蓝印花布、云锦、缂丝等，需要进行的是生产性设计开发，也就是说，需要解决好二次开发的问题；对于成品类，如四大名绣、黄梅挑花、北京绢花、高平绣活等，需要做的是市场开发，也就是说，重点在于如何开拓它们的应用范围以及打开销路。

如果从文化特点上进行区分，就可以分为民族性符号、地区性符号、专用性符号，这样的划分是对非物质文化遗产的文化特征进行把握，以便做到在继承与发展的过程中保持文化符号的纯粹性。例如，苗族的蜡染就可以算作是典型的民族符号，它所采用的纹样具有鲜明的个性，但是在不同的村寨都有流传，各个分支之间也有差异，而且，与其他兄弟民族如水族、布依族的工艺也有融合和交流的现象。地区性符号则是指一些传统生产技艺，如蓝夹缬、夏布织造、阳新布贴、香云纱染整等，曾经是某个地区经济与生产技术发展的标志性产品，且因已经发展成为当地的特色文化而得以流传至今，因此，地方特色十分鲜明，甚至是独有的工艺技术。所谓专用性符号，是指兴盛于宫廷用品的云锦，专门用于字画装裱的宋锦，以及产品具有单一用途的庆阳香包绣制、藏族邦典织造、地毯织造等传统工艺技术，由于特定用途的要求，产品从形制到材料都具有专门化的特点，也正是由于这种专门化的特点，在今天的开发应用方面也会非常单一。

　　如果从纺织服装非物质文化遗产文化符号的传播、继承，以及开发应用的可行性和现实性方面来考虑，可以划分为开放型和封闭型两类。开放型文化符号是指在形式特点，流传范围，应用领域和目前开发应用情况等方面限制较少，应用比较广泛，接受程度较高，甚至已经发展成为一种流行时尚的传统技艺及其产品。比如，最典型的就是苗族蜡染、蓝印花布等用于服饰方面的产品，在今天的设计开发中，它们已经不仅仅是一种面料，更多的情况下是作为一种设计符号，在服饰创意设计当中发挥了重要的作用。再如，苏绣等传播比较久远的刺绣工艺，今天在高端艺术品市场已经占据了一席之地，而且被作为中国传统文化和手工技艺的瑰宝而受到全世界的瞩目。封闭型文化符号或是由于地区的局限性，或是由于传播不够充分，或是由于工艺上的高难度和对传承人有一定要求等因素，不能扩大它的传播范围或应用范围，而只能在较小的范围当中应用，或是仅仅作为一种单纯的文化符号被人们所了解。前面提到的云锦、蓝夹缬，以及知名度、识别度都比较低，并且工艺比较复杂的民族、民间织锦都属于这个类型。显然，传播虽然是造成现状的主要原因之一，但是，造成文化符号封闭与否的最根本的因素还是工艺的复杂性和普及应用的方便性。

　　通过上面的分析，我们把纺织类非物质文化遗产按照文化符号进行了一个系统的梳理，并且从符号分析的角度进行了初步归纳，也就是说，从它们的外在表现、内涵寓意、适宜生存与发展条件三个基本方面进行了提炼、对比和区分，从而提供了一个分析的角度和研究的方法。

第三节　中国纺织类非物质文化遗产文化符号的创新与应用

　　综上所述，对于纺织类非物质文化遗产不能简单地一概讲保护、继承、开发、利用，而是要从文化符号的具体特点出发，根据情况和条件区别对待。因为，非物质文化遗产是活化的传统，尤其对于一些传统技艺来说，它们应该是活灵活现地对于现实生活的反映，是热爱这些传统技艺的人们对美好生活的一种理解和感受，而绝不是像一只蝴蝶的标本那样，虽然色彩还是一样的漂亮，但已经不能翩翩起舞了。所以，对于开放型的非物质文化遗产文化符号，应该加强对其文化内涵的传播和宣传，使更多的人掌握它、应用它、热爱它；而对于相对封闭的非物质文化遗产文化符号，要建立保护的机制和实施可行的措施，使它能够以活的技艺，以实物形态，以及以数字化和虚拟的形式系统地得以保存和维护。

对于纺织类非物质文化遗产文化符号的创新，正是基于以上这些想法的各种尝试。而树立文化符号的思想，就可以将符号创新的思路应用于纺织类非物质文化遗产的开发和保护。具体来说，既可以用传统形式表达新的内容，又可以用新的形态表达传统的文化。需要特别强调一点，站在文化符号的角度看，如果是坚持了文化符号的纯粹性，就不必拘泥于形式上是不是"原汁原味"，这样才能寻求突破，真正使传统文化发扬光大。

一、中国纺织类非物质文化遗产创新方向

我们首先从纺织类非物质文化遗产可能的创新途径上考虑创新的方法，以及从理论构想的思维模式上寻找可行的途径。这种原则性的设想虽然不够具体，但由于来自已经取得成功的例子，或建立在一般的原理与原则的基础上，所以，既有可能发现并总结出其中的规律，也可以使思路因此而打开。下面提出几个方面的构想，是属于方向性的创新原则，旨在为今后的创新和开发奠定一个理念的基础。

1. 传统工艺的时尚化

比较典型的例子是女装品牌"天意"运用香云纱来设计时装。其实，许多传统技艺如蜡染、扎染、刺绣，以及具有民族风情的艾德莱斯绸，都是现代设计的重要元素，运用它们的形式美感结合恰当的表现方式，可以创造出许许多多的好产品和好作品，并且可以在服饰、装饰、艺术品等许

多领域推行。

2.传统技术的现代化

传统织造、印染技术都可以在保持产品风格不变的基础上运用现代技术手段进行批量的开发，在降低成本的基础上实现市场化的推广。

3.传统样式的流行化

通过设计开发，运用艺术手段，使古老的形式焕发青春。

4.传统用途的普及化

对于少数民族的服装绣片、老虎鞋、荷包、兜肚、云肩等传统服饰品、日用品，可以进行"移植式"开发，使它们与现代服饰、现代家居、装饰艺术等融合，创造出适合现代人消费理念的新产品。

5.传统价值的商品化

对于云锦等曾经为宫廷御用的产品，赋予奢侈品的概念，并且采取品牌化的经营策略，从而实现它的市场开发。对于四大名绣等具有艺术价值的工艺品，同样可以集中现有资源，并且吸引资金进行深度开发。

6.传统形态的数字化

从文化符号的角度看，纺织服装类非物质文化遗产的一个重要特征就是形式感及其审美性质，这些外部特征也是它们得以流传至今的重要原因。可以利用数字化技术对一些纹样、色彩、肌理进行分析，提炼出典型要素，再将其转化成各种类型的产品和作品，实现开发和保护的双重目标。

二、基于文化符号的创新途径

我们对纺织类非物质文化遗产学习、研究的目的不仅在于了解民族文化传统及其在生产工艺和艺术创造上的体现，更为重要的是通过了解来实现传承、保护和发扬光大。目前，相当数量的纺织类非物质文化遗产由于各种原因，在不同程度上处于后继无人或日益萎缩的困境。虽然当地政府、民间人士和专家学者为此做出了各种努力，但境况并未发生明显改观。可见，寻找一条切实可行且符合当下条件的保护、传承之路，是值得深思和积极尝试的。

（一）纺织类非物质文化遗产文化符号的开发利用与创新思路

对于纺织类非物质文化遗产的保护和传承，很大程度上取决于它的继承、发展，而继承与发展则要靠开发和创新。从根本上讲，开发与创新是对纺织类非物质文化遗产精神实质的一个"活化"过程，也就是说，要将它所体现的文化内涵和精神实质挖掘出来，并使之在现实生活的土壤里生根开花。然而，作为以体现非物质性为主的传统技艺，只是孤立地研究它的工艺、材料，或机械地复制它的形态、样式，虽然符合传承的定义，但是不具有推动的力量。所以，要以继承其精神实质为根本，在形式创造和艺术设计上开阔思路，解放思想，才有可能走出一条有利于纺织类非物质文化遗产的创新发展之路。

按照这一构想，创新的着眼点应该放在纺织类非物质文化遗产的文化符号上，而根据符号创新的基本思路，也就是说，按照构成符号的一般规律，可以从两个方面着手：一方面是以传统的样式、形态来表现当今的生活；另一方面是以新的方式、手段来发扬传统的文化内容。具体而言，对于纺织类非物质文化遗产文化符号，要以突出某一方面的创新为目标，而不应拘泥于其他方面和内容的一成不变，也只有这样，才能真正寻求突破，通过实现文化符号的创新来达到继承与发展的目的。

为了说明问题，在此仅就具有代表性的几个方面的文化符号为例来探讨其创新，并且从比较宏观的方向提出以下创新思路。

1. 关于织锦

以形式感和审美特征为基点，结合时尚的发展和对于奢侈品消费的需求，进行服饰、艺术品、装饰材料等高端产品的创新开发。

2. 关于刺绣

以技艺为基点，在充分运用传统手法的基础上，创新艺术表现力，向高档服饰及工艺精品方面发展，同时考虑结合民俗趣味的应用性设计。还可以以刺绣的审美特征即色彩与质感为基点，利用计算机技术采集整理具有代表性的设计元素，进而将其应用于装饰艺术品的开发。

3.关于染缬

以其风格特征为基点，对其图案进行解构重建，加入现代设计元素，达到进一步丰富作品表现力和寓意的目的，将开发目标定位在推行实用性及流行性设计开发，以及艺术风格及用途的创新应用上。

（二）纺织类非物质文化遗产文化符号创新实例

结合以上提到的创新方向、创新思路和基本原则，我们在此对一些成功的创新实例进行简要的介绍，目的是进一步理解符号创新的核心思想，以便在实践中加以运用。

图 3-23 所示实例，是将蜡染的纹样风格移植到时装的图案设计上，从而创造了一种新的装饰风格。

图 3-24 所示实例，是将刺绣的装饰方法运用到面料的二次设计上，由此而出现了一种类似于涂鸦的极尽自然的纹样风格，对于提升面料的表现力很有作用。

图 3-23　时装设计

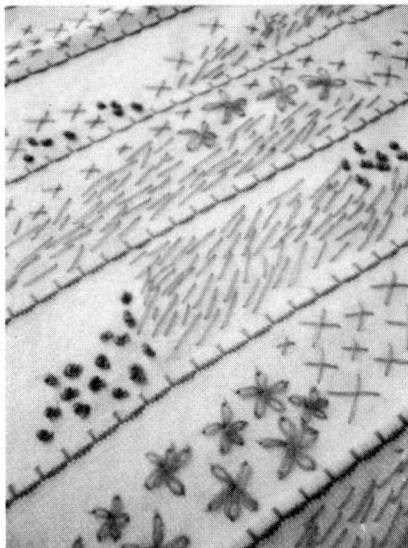

图 3-24　织物的二次设计

图 3-25 为蜡染艺术品。

图 3-25　蜡染艺术品

图 3-26 为织锦在高级时装设计中的应用。

图 3-26　织锦在时装设计中的应用

图 3-27 为利用扎染的缝缀技艺开发的面料（二次设计）在时装上的应用。

图 3-27　扎染技艺在时装设计中的应用

图 3-28 为民间补花在家纺产品设计中的应用。

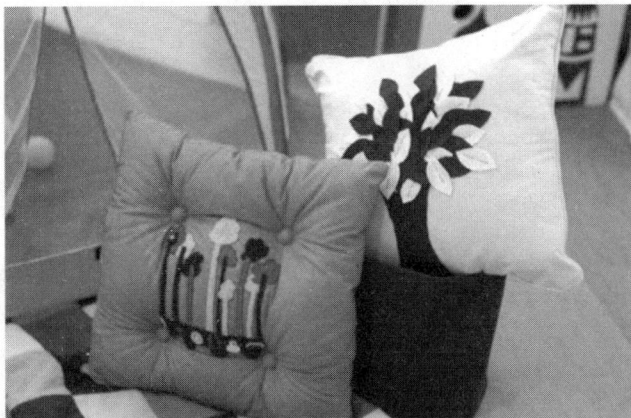

图 3-28　补花在靠垫设计中的应用

图 3-29 为时尚化的扎染面料设计。

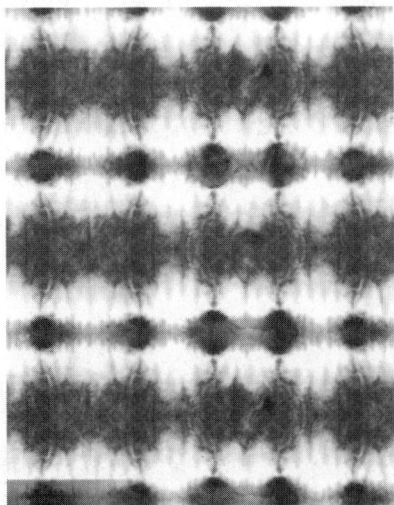

图 3-29　时尚化的扎染面料

将以上创新运用的方法加以归纳，可以总结出以下几条设计原则。

1. 从技艺入手

技艺是纺织类非物质文化遗产最重要的非物质性特征，并且具有深厚的文化底蕴和艺术表现力。显然，照搬过去的工艺方法是不可取的，如果把这些技艺恰到好处地运用到现代设计中，就会产生非常引人注目的效果。如图3-30所示为民间刺绣和西方服饰设计方法的结合。

图 3-30　刺绣在西式礼服设计上的运用

2. 从服饰到家纺

即进行文化元素的移植。如，可以把服装上的传统文化元素提炼、整合后应用于家纺设计中。由于服饰和家居装饰具有很高的同构性和通用性，因此，这样的设计构思很受欢迎。图3-31所示为提炼民族织物装饰风格设计而成的家居用品。

图 3-31　民族织物装饰风格的家居用品设计

3. 高端化定位

采取高端产品定位，可以尽量提高经济效益，一方面使纺织类非物质文化遗产产品走出经营的低谷，另一方面也可以提升其形象，起到文化传播的作用。

4. 品牌化运营

今天早已是品牌时代，而且符号商品已经成为流行的主导，所以，在开发创新上不仅需要考虑设计问题，更要考虑经营和市场定位问题。许多今天不能解决的问题，在品牌营销的条件下，或许都会迎刃而解。

5. 纹样的活化

其实，在纺织类非物质文化遗产中，各种纹样构成了极为庞大的设计资源库，如果能够将其加以整理、归纳、开发，使各类及各种纹样能够用于新的用途，定会创造出十分巨大的精神及物质财富。例如，图 3-32 所示为利用苗族刺绣和头饰设计的装饰画，它几乎完全保留了原来的形式感，但用途已经全然不同了。在图 3-33 中，传统纹样的意蕴得到充分的发挥，由于用于高级时装设计中，所以其文化内涵得到了很大的彰显，其审美价值也得到了充分体现。

图 3-32　苗族刺绣和头饰设计的现代装饰画

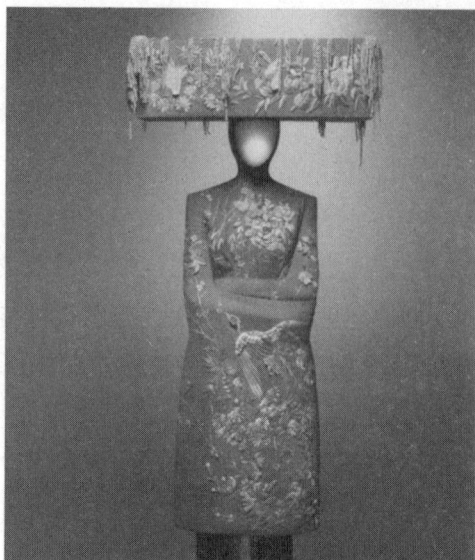

图 3-33　采用传统纹样的高级时装设计

知识链接：代表性纺织类非物质文化遗产三

代表性纺织类非物质文化遗产——汴绣

汴绣起源于宋代，因开封古时称汴梁城，所以称为汴绣。汴绣，素有"国宝"之称，它继承了宋绣的题材、工艺特点，借鉴了苏绣、湘绣等姊妹绣艺的长处，吸收了河南民间刺绣的乡土风味，并在此基础上创新了大量针法。既长于花鸟虫鱼飞禽走兽，又善于山水图景，刻画人物形象细致传神。绣品既有苏绣雅洁活泼的风格，又有湘绣明快豪放的特点，从而形成了"汴绣"绣工精致细腻、色彩古朴典雅、层次分明、形象逼真的特色。

汴绣经常与书画结合，有书法、山水、花鸟、楼阁、人物等题材，其主要特点有：①绒彩夺目，较画更佳；②绣制的花卉，针线细密，不露边缝，严整富丽，雍容华贵，形态娇而不冶，色彩艳而不俗；③绣出的花草鸟虫采用虚实相结合，针法细腻，色彩鲜艳，装饰效果强烈；④人物绣像作品形象、神态准确，层次质感突出。

1959年绣制的北宋画家张择端的《清明上河图》为汴绣的代表作。

代表性纺织类非物质文化遗产——维吾尔族花毡、印花布织染技艺

新疆维吾尔族的织造、印染技艺有着悠久的历史，其中以花毡和印染花布最为著名。按照维吾尔族的传统习俗，羊毛毡是进行居室装饰的传统手工艺品之一。它主要用于铺炕、铺地、拜垫和壁挂等。而维吾尔族民间印花布，是维吾尔族典型的手工艺品。它的最大特色是把手工的、独创的印染技术与民族风格的图案融为一体，具有装饰趣味和浓重的乡土气息。

早在游牧时代，维吾尔族的祖先就开始用羊毛制作花毡了。我们现在熟知的花毡品种有绣花毡、补花毡、擀花毡、印花毡4类。绣花毡是用彩丝线锁盘针法在色毡上绣出纹样；补花毡是用彩色布套剪成羊角、鹿角、骨、树枝、云等纹样缝绣在毡上，正反对补；擀花毡是用原色羊毛和染色棉毛在黑色羊毛或白色羊毛为底的毡基上摆成各种图案擀制而成；印花毡是用固定木印模印制的。

民间印花布，在工艺形式上分木模戳多色印花（又称"木模彩色印花"）和镂版单色印花（又称"镂版蓝印花"）两类。木模戳印技艺是用雕刻了图案的木模蘸上各种天然植物、矿物染料，戳印到手工纺织的土白布上，使多种不同的木模图案组合在一起，形成彩印花布。镂版单色印花，是将纹样复画于厚纸板或铁皮上，镂空花纹成为印版。这种镂版单色印花布一般采用蓝靛草浸染，能显出蓝底白花的效果，所以也被称为蓝印花布。

花毡的纹样及印花布纹样约有百余种，其中既有受汉文化影响的"寿"字纹、回文、博古纹，也有阿拉伯风格的几何和花卉纹样及维吾尔族独特的日常用品和生产工具纹样，由窗棂、壁龛、城堞、飞禽走兽等变形纹样组成，还有伊斯兰教风格的净壶、圣龛等纹样，甚至还有古代西域流传的一些纹样。

维吾尔族花毡在日常生活中的使用十分普及，这就促成了维吾尔族制花毡的艺匠们挖空心思创作出更加丰富的表现手法。

代表性纺织类非物质文化遗产——缂丝

缂丝，又名"刻丝""尅丝""克丝""克绣"，是中国古老、独特的一种传统织造工艺，主要存在于苏州及其周边地区。

缂丝的历史记载至今已有 2000 多年的历史了。自汉至隋唐，渐趋成熟。隋唐以后，已经用缂丝制品作书画的包首，到了北宋、南宋时期，缂丝最负盛名。无论包首、装裱还是缂丝艺术品山水、花鸟、人物等，缂丝技艺已达到相当水平。

缂丝织造技艺主要是使用古老的木机及若干竹制的梭子和拨子，经过"通经断纬"，将五彩的蚕丝线缂织成一幅色彩丰富、色阶齐备的织物。这种织物具有图案花纹不分正反面的特色。在图案轮廓、色阶变换等处，织物表面像用小刀划刻过一样，呈现出小空或断痕，"承空观之，如雕镂之象"，因此得名"缂（刻）丝"。

缂丝的整个工艺过程，一般来说，可概括为四步：第一步是把经丝上到木机上，包括落经线、牵经线、套扣、弯结、嵌后轴经、拖经面、嵌前轴经、捎经面、挑交、打翻头、拦经面 11 道工序；第二步，用墨笔把纹样勾画在经面上；第三步是织纬；第四步，修剪反面的毛头。

缂丝作为最早用于艺术欣赏的丝织物，素以制作精良、古朴典雅、艳中带秀的艺术特点著称，被誉为"织中之圣"。同时由于经得起摸、擦、揉、搓、洗，它又获得"千年不坏艺术织品"之誉称。

代表性纺织类非物质文化遗产——黄梅挑花

挑花，刺绣的一种针法，是一种具有较强装饰性的刺绣工艺，也称"挑织"、"十字花绣"、"十字挑花"。挑花是在棉布或麻布的经纬线上用彩色的线挑出许多很小的十字，构成各种图案。一般挑在枕头、桌布、服装等上面，作为装饰。

挑花在中国历史悠久，流行地区较广，流传于湖北省黄梅县的黄梅挑花技艺独具特色。

黄梅挑花又名架子花，十字挑花，属挑、补、绣这一民间刺绣的范畴，其内容丰富，品种繁多，图案精美，色彩富丽，具有浓郁的地方风格和民族特色。

相传，黄梅挑花起源于唐宋时期，成熟于明末清初。

黄梅挑花的主要原料，是当地的家（念"GA"）机布染成青色作底，艺人依靠一根针、一根线（7种颜色），在上面交替挑绣各种图案，如动物图案有鲤鱼穿莲、恩鸽蟠桃、鹭鸶穿莲等；戏曲人物有四郎探母、穆桂英下寨、桃园结义等；植物图案有莲、兰、菊、桃等。

思考题

1.以某一纺织类非物质文化遗产项目为例，谈谈代表性文化符号的选择。

2.请尝试以本章的文化符号分类，对中国国家级纺织类非物质文化遗产进行归类。

3.谈谈中国纺织类非物质文化遗产文化符号的创新问题。

第四章

中国纺织类非物质文化遗产与民族文化

※ **本章主要内容** ※

本章从民族文化的精华、民族智慧的结晶、民族历史的见证、民族身份的标志四个方面阐述了纺织类非物质文化遗产与民族文化的关系，从吃苦耐劳、创新方面论述了中国纺织类非物质文化遗产对民族精神的传承，最后介绍了政府、行业、学校、传承人、企业等多方社会力量对纺织类非物质民族文化的弘扬。

第一节　中国纺织类非物质文化遗产与民族文化的关系

　　民族文化是指在漫长的历史演进过程中，某一民族、某一地域人们特定的生产方式、生活方式、思维方式、民族情感、民族心理、审美特征和文化共识等的总和。民族文化一般由独具特色的语言文字、名扬世界的科技工艺、浩如烟海的文化典籍、充满智慧的哲学、异彩纷呈的文学艺术、历史悠久的风俗习惯、完备而深刻的道德伦理等构成。民族文化深刻地影响着人们的价值观和生活方式，影响着国家的发展道路和人类的进步。

　　我国是民族众多、历史文化深厚的国家，林林总总、异彩纷呈的民族文化是中华民族的标志之一。各民族在经济社会文化发展的过程中往来交流、相互吸收，千百年来融合成了灿烂多姿、底蕴深厚的中华文明。民族文化不论先进程度如何，都闪烁着各自特色的人与群体、人与自然环境相和谐的智慧。有些民族在某些方面积淀下来的知识、经验，甚至超越了现代的科学技术范畴；有些民族保留下来的民间手工技艺显示出这些民族具有与众不同的感悟和创新。

　　非物质文化遗产是一个民族创造并传承下来的文化精华，承载了厚重的历史文化社会信息，渗透了民族的价值观念、道德准则、审美习惯、生活方式等，是民族文化、传统文化的瑰宝。那些在民间以原始形态传承着的无形文化更接近于人类本性的特质，蕴含着一个民族的生命力量，具有更深层次的人文价值。这种具有本真性的生态文化是由各民族世世代代创造、拥有并不断自然传承着的"精神植被"。纺织类非物质文化遗产中既有复杂的工艺流程、独具特色的语言文字、异彩纷呈的艺术图案，也涉及历史悠久的风俗习惯等。当前，民族传统文化和现代化的冲突日益凸显，使很多民族和民族地区陷入了困境：放弃现代化意味着贫穷，放弃传统文化意味着民族的消亡，如何在现代化和传统文化之间寻找到平衡点，是民族发展的重大命题。文化是多元的，各种文化之间应该平等、互相尊重。在社会文明现代化的过程中，我们应该想方设法保护好民族精神的植被，建立健全民间非物质文化保护和繁荣的优质生态环境，使之有根基、有源头，健康而鲜活地生长，避免遭到与自然生态恶化同样的厄运。

具体来说，中国纺织类非物质文化遗产是中华民族文化的精华、智慧的结晶、历史的见证和身份的标志。

一、中国纺织类非物质文化遗产是中华民族文化的精华

无论是国家级，还是省市级的纺织类非物质文化遗产，都是各民族在悠久的历史长河中沉淀下来的民族文化精华。

为了更好地保护传承、深入研究纺织类非物质文化遗产，就要了解其重要价值，以此提高对其保护、传承和研究的重视程度。

（一）历史价值

非物质文化遗产是记载过去某一重要历史时期、事件或人物的物证，是无字的史料，能够展示一个民族或地区的经济、文化和历史。纺织类非物质文化遗产以其民间、口传心授的活态存在形式，有效弥补了文物、史志等文字史料的不足。纺织类非物质文化遗产多是长久历史时期流传下来的宝贵财富，承载了中华民族伟大而辉煌的历史，从其工艺、花样、纹案、针法、原料等无一不体现出其产生的特定历史条件和特点，因此，这些纺织类非物质文化遗产可以帮助人们了解特定历史时期、特定地区的生产发展水平、社会组织结构和生活方式、人们的社会关系、道德习俗、审美及思想禁忌。具体来说，纺织类非物质文化遗产具有以下历史价值：一是宗教信仰。不少少数民族的服饰图案有动物、江河、星辰等造型，从中透露出"万物有灵""太阳崇拜"等宗教信息，有的纺织类非物质文化遗产，如苗族银饰中还可以看出对于水牛、枫树、蝴蝶和银雀的图腾崇拜。二是生存环境。每一项纺织类非

物质文化遗产具有的独特风格源于所处的独特的自然环境，如惠安女服饰的"封建头""民主肚""浪费裤"与惠安女生存的海边环境息息相关；赫哲鱼皮衣反映了赫哲族居住的江河地域以及捕鱼、狩猎的谋生手段。三是民族活动。有相当数量的纺织类非物质文化遗产是与民族的民俗活动联系在一起的，从其产生的特定历史条件和特点，可以了解民族的生产、生活方面的信息。如苗族银饰被称为"穿在身上的史书"，其服装图案、银饰上的风物等缅怀了祖先从中原地区到西南地区的迁徙和征战的千难万险；花瑶挑花的主体图案中有历史故事和历史人物，主要表现了瑶族先祖抵御外族侵略的历史故事。

（二）艺术价值

非物质文化遗产中还有许多绝妙的艺术创造和高超的艺术技巧，能触及人心。

不少纺织类非物质文化遗产图案不打底稿，也不先描画草图，全凭制作者天生的悟性、娴熟的技艺、非凡的记忆力和丰富的想象力，布局谋篇，信手绣出。将一个个单独的、局部的图形巧妙组合，达到和谐完美的境界。

苗绣的特点：一是色彩鲜艳明快，使人有爽朗炽热之感。苗绣中多以红、绿色为主，辅以其他颜色，而且花纹稠密，色彩更显艳丽浓烈、富丽堂皇。二是纹样造型夸张生动。苗绣图案源于生活，但又不是生活的简单再现。它是苗族妇女在对大自然中的花、鸟、虫、鱼等物象进行认真仔细的观察和体验的基础上，通过艺术的抽象，大胆地进行夸张变形来表现创造者的审美感受和理想，如鱼，头圆、身肥、嘴小、眼大，形象生动可爱。三是构图对称和谐，形态自然。龙凤、花草、虫鱼图案都要求对称排列，挑绣尤其如此。四是不同形态的物象自由组合，情趣盎然。苗绣不受自然形态和时空的约束，而颇注重情趣的表现。每一个画面完全凭创作者的想象和情感的自由倾泻，能让桃花、梅花、菊花共存，让天地中的动物同生，富有浓郁的乡土气息和较强的艺术感染力。

布依族民间有一首广为传颂的《栽靛歌》，这首民歌把种植蓝草、制作蓝靛的过程配上好听的曲调，是传承布依蜡染技艺的最佳途径，体现了另一种蜡染技艺的文化艺术价值。

（三）技术价值

不仅是传统技艺类的纺织类非物质文化遗产，就是美术类和民俗类的纺织类非物质文化遗产，往往都包含了颇为复杂繁多的工序，在纺、织、染等工序中又有很多独特的、令人叹为观止的技艺。虽然在传承、保护中，有些技术环节已经由现代技术所取代，但大多数纺织类非物质文化遗产的一些核心环节仍然由手工来完成。这些手工技艺在传承中弥足珍贵。

南京云锦浓缩了中国丝织技艺的精华，集中了绫、罗、绸、缎、纱各种生产工艺，目前繁复的妆花"挖花盘织""逐花异色"之技艺，至今仍只能用手工完成。云锦采用的织机叫大花楼木织机。它长 5.6 米，宽 1.4 米，高 4 米，设计非常科学合理。每台织机分楼上楼下两部分，织造时，楼上拽花工根据花本要求，提起经线，楼下织手对织料上的花纹，妆金敷彩，抛梭织纬，一根纬线的完成，需要小纬管多次交替穿织，自由换色，工艺十分复杂，上下两人配合，一天仅能织 5 ~ 6 厘米。这种织造方法的优点是：一根纬线，通过多次挖花完成，配色自由，不受色种限制，相同的单位纹样可织出不相重复的色彩，使整件产品典丽和谐。

（四）精神价值

纺织类非物质文化遗产鲜活生动深深地蕴藏着特定民族的发展基因和精神特质，这些维系民族血脉的元素反过来又塑造并延续了该民族一脉相承的生活态度和社会行为，形成民族特有的精神传承。这些在长期的社会生产生活中形成、流传的民族精神，是包含了民族的价值观念、气质情感等在内的群体意识和精神，是一个民族的本质和灵魂。因此，作为一种鲜活地保留了富有地域特色的民族文化的活态遗存，纺织类非物质文化遗产传承了民族文化、民族精神的精华，使民族文化的精神传承价值在多元文化世界当中以其独特性得到了世界的认可。如黎族传统棉纺织染绣技艺，据史书记载已有 2000 多年的历史，有麻织、棉织、织锦、印染（包括扎染）、刺绣、龙被等种类。黎族棉纺织工艺在宋元以前曾领先中原地区 1000 多年，棉纺织业在全国的普及则是 11 世纪的宋代以后才开始的，因此，黎族棉纺织工艺的发展对促进我国棉纺织业的推广做出了巨大贡献。宋末元初，松江乌泥泾镇（今上海县华泾镇）的黄道婆学会这门技术后，在家乡乌泥泾镇和其他从业者一起，极大地提高了我国棉纺织技艺的水平。黎族传统棉纺织染绣技艺与黄道婆的成就，是黎汉两族人民勤劳智慧的结晶，体现了我国团结、合作、共赢的民族精神。

（五）情感价值

纺织类非物质文化遗产中的艺术设计是各民族情感的积淀。他们把对大自然的认识和美好生活的向往渗透在图案、色彩中，反映了各个民族不同的内心世界。苗族、土家族等少数民族姑娘还将这些服饰作为定情之物、陪嫁之物等。比如，苗族姑娘对自己的情人用不着华丽的语言来表达自己的忠贞，只要将自己亲手绣的绣花飘带赠给情人，所要表达的一切都包含在里面了。再如，按照土家族的风俗习惯，过去土家姑娘从小便随其母亲、姐姐操习挑织技艺，长大出嫁时，还必须有自己亲手编织的土花铺盖作陪嫁品，婚后小孩摇篮里的被面、盖裙、背袋等物，都得自己亲手编织。又如，花瑶挑花中的日常生活图案，表现了"对歌定情""打蹈成婚"等花瑶传统习俗。

（六）教育价值

纺织类非物质文化遗产的教育价值主要体现在以下几个方面：首先，纺织类非物质文化遗产中包含丰富的自然科学、历史文化知识，以及艺术知识，值得我们用这些知识对后人进行个体教育、学校教育和社会教育；其次，透过丰富的纺织类非物质文化遗产，可以让学生理解文化遗产的深厚内涵，了解中华文明的源远流长，认识传统文化的博大精深，增强民族认同感、亲近感，激发强烈的爱国情怀；再次，纺织类非物质文化遗产充分体现了中华民族的勤劳、合作等美德，可以培养学生积极进取的品质，树立学生正确的人生观、价值观、荣辱观；最后，纺织类非物质文化遗产是文化创新的重要基础与动力源泉，为学生的创新实践提供了良好的基础与平台。

（七）经济价值

在市场化、商品化的时代大背景下，对于纺织类非物质文化遗产的经济资源合理开发、科学利用显得尤为重要。从发展文化产业的角度去最大限度地利用纺织类非物质文化遗产资源，能够给非物质文化遗产带来蓬勃生机，只有将纺织类非物质文化遗产中的文化资源转化为现实生产力和经济效益，才会为纺织类非物质文化遗产带来持久的、有深厚基础的传承。因此，经济价值是当前市场经济时代纺织类非物质文化遗产至关重要的价值形态。其主要表现为：开发纺织类非物质文化遗产可以带动非物质文化遗产所属区域的经济发展；经济发展必然带来财政收入的增加，政府就可以为非物质文化遗产保护提供更多的资金支持，给非物质文化遗产传承人提供更好的传承与创新条件，从而形成"纺织类非物质文化遗产的经济价值开发—区域经济发展—财政收入增加—纺织类非物质文化遗产保护资金增加—纺织类非物质文化遗产传承发展更好"的良性循环。世界上已有许多国家在保证文化遗产不被破坏的前提下，尽最大可能将其带进市场，并通过合理可行的市场运作，传承与创新文化遗产，进而实现非物质文化遗产保护和经济价值开发的良性互动。如亚洲的日本、韩国等国积极开发本国民俗文化的经济价值，并以此为契机带动国内旅游业的发展，为政府及人民带来了极为可观的收入；欧洲的瑞士、英国等国同样重视文化遗产的经济价值。究其原因，一方面能够保护本国的民族文化的多样性；另一方面，保护非物质文化遗产能够发展民族地区的旅游业，进而带动区域经济发展、创造可观的经济收入。

下面以乌泥泾手工棉纺织技艺为例进行说明。

被纳入国家级非物质文化遗产名录的乌泥泾手工棉纺织技艺，来源于元成宗元贞年间（1295 ~ 1297 年）黄道婆自海南岛的崖州（今海南省崖县）黎族那里带回来的纺织技艺。黄道婆把黎族人民先进的棉纺织生产经验和江南地区纺织传统工艺结合起来，系统地改进了从轧籽、弹花到纺纱、织布的各环节生产工序，制造了一些新的生产工具。这些生产工具和生产技艺不仅是我国棉纺织历史上的一次重大革新，也代表了当时世界上最先进的纺织水平。

乌泥泾手工棉纺织技艺是我国多民族文化精华的融合，体现了我国古代少数民族文化的先进性及少数民族文化与汉民族文化的交流融合。

汉民族最早采用的纺织材料是葛、麻纤维。中国境内的棉花种植最早出现在南部和西南地区。秦汉时期，海南岛黎族以生产"广幅布"的棉布而闻名。南宋之后，棉花逐渐代替葛麻成为主要的纺织衣料。海南岛黎族的棉纺织技艺主要体现在纬织工艺上。黎族人民把棉纱和丝线组成经纺彩纱，运用五色纱线织成色彩鲜艳的立体图案。方勺在《泊宅编》卷三中说："今所货木棉，特其细紧者尔。当以花多为胜，横数之得一百二十花，此最上品。海南蛮人织为布，上出细字，杂花卉，尤工巧。即古所谓白叠布。"

黄道婆是元代著名的女纺织科技革新专家，为中国纺织技艺的发展起到了重要的推动作用。这些推动作用主要体现在以下几个方面。

第一，推广了棉花的种植，改变了传统纺织材料。由于黄道婆开发出的系列乌泥泾棉布产品，改变了上千年来以丝、麻为主要衣料的传统，使棉花成为主要的纺织材料，促进了棉花在当地以及中国其他地方的传播。元代政府甚至在浙东、江东、江西、湖广、福建等地专门设立管理棉花生产的木棉提举司，可见当时棉花作为纺织材料传播之广。

第二，推广、革新了纺织工具。据陶宗仪《辍耕录》记载："乌泥泾初无踏车椎弓之制，率用手剖去籽，线弦竹孤，置案间振掉成剂"，操作辛苦，效率极低。黄道婆改革了搅车轧棉，改变了当时用手剥籽或用铁杖擀去籽的落后状况；黄道婆改小弓为大弓，用粗绳弦代替细绳弦，用檀木椎子弹花松棉，既提高了效率，又使弹出的棉花均匀细致不留杂质，提高了纱线的质量；黄道婆经过反复的试验和不断的改进，最终制造出一种三维式（3个纺锭）的棉纺车，将纺织效率一下子提高了两倍到三倍，后来又发明了三维脚踏纺车，代替了沿袭千年的单维手摇纺车。

第三，改进了纺织技艺。黄道婆在实践中总结出一套"错纱配色，丝线絮花"的织布技艺，能织出宽幅的被、褥、带等多种棉纺织品，并能交织成折枝、团凤、棋局、字样等生动图案。她还把"崖州被"的织造方法传授给当地妇女，后来松江一带织工发展了这种技术且更加精益求精，使得闻名全国的"乌泥泾被"远销各地。

第四，改变了当地的经济结构。乌泥泾自从黄道婆传授了新工具、新技术后，棉织业得到了迅速发展。《辍耕录》记载："松江府东去五十里许，曰乌泥泾，其地土田硗瘠，民食不给，因谋树艺，以资生业……有一妪名黄道婆者，自崖州来，乃教以做造捍弹纺织之具……人既受教，竞相作为，转货他郡，家既就殷。"乌泥泾所在的松江府，也成了全国的棉织业中心，赢得"衣被天下"的美誉，历经数百年而不衰，推动了我国棉纺业乃至社会经济的发展与繁荣。

在明代，松江仍然是全国的纺织生产中心，民间当时传说"买不尽松江布，收不尽魏塘❶纱"。这反映了明代中后期以江南纺织业为代表的中国商品经济的发展。在清代乾隆时期，松江府的大量棉织品出口到欧洲、美洲、日本、东南亚等地区。

黄道婆及乌泥泾手工棉纺织技术，既有原料革新，又有工具革新、技艺革新，还催生出一个新兴的棉纺织产业，堪称映射了中国民族文化的精华。

二、中国纺织类非物质文化遗产是中华民族历史的见证

我国各民族的纺织类非物质文化遗产，承载了本民族厚重的历史文化和社会信息，凝聚着本民族的生命活力，见证了本民族的历史发展和变迁。这里仅以苗族银饰和赫哲鱼衣为例来说明。

1. 苗族银饰

苗族银饰已有千年历史。苗族银饰以其多种多样的品种、奇特美丽的造型与精巧独特的工艺著称。这些富有民族特色的银饰不仅展现了一个瑰丽多彩的艺术世界，而且也蕴含着一个具有丰富内涵的精神世界。苗族银饰的种类繁多，从头到脚，无处不饰。除头饰、胸颈饰、手饰、衣饰、背饰、腰坠饰外，个别地方还有脚饰。从苗族银饰图案中，可以看出苗族独特的精神内涵和苦难深重的历史迁徙。

第一，苗族银饰里的图腾文化。在苗族的各种银饰图案中，关于信仰的图案占据着银饰物的主要位置，是苗族银饰的重要造型。与苗族始祖有关的

---

❶ 位于浙江省嘉兴市嘉善县。

图腾较多，共有四种。一是水牛。苗族把水牛看成是有神性的动物。据传，水牛是苗族始祖姜央的兄弟。传说中的苗族先祖蚩尤的头上有角。据《述异记》记载："秦汉间说，蚩尤耳鬓如剑戟，头有角，与轩辕斗，以角觚人，人不能向。"水牛是以前苗族稻作农耕的主要生产工具，水牯牛是苗族祭祀祖先的祭品。雷山苗族甚至把牛称为"牛妈牛爹"，逢年过节要给牛吃酒肉和糯米饭。不少地方的苗族银饰中，银角都呈牛角的造型。二是枫树。枫树是苗族重要的图腾之一。银饰上的吊花，大多为三角形的枫叶纹，枫叶纹也作为连结其他图样的中介造型。三是蝴蝶。传说中，蝴蝶妈妈是苗族的母亲。蝴蝶的纹样造型在银围帕、发簪、银梳、耳环、衣帽饰、项圈、压领、银衣片、背带、腰链、吊饰、手镯、戒指、烟盒、围腰银牌等几乎所有的银饰上都能看到。四是银雀。在苗族古歌中，鹊宇鸟帮助蝴蝶妈妈孵化了12个蛋。据说鹊宇鸟是燕子的一种，是由被砍伐的古枫树梢变来的，因此也作为图腾之一被苗族崇拜。银燕雀在苗族银饰中成为一种重要的图样造型。在雷山丹江苗族的银饰中，就有由4只银雀组成的银簪。在都匀王司苗族的银饰中，有的银雀发簪就是一只展翅欲飞的鸟。如图4-1所示。

图 4-1　苗族银饰

　　第二，银饰中的迁徙文化。苗族银饰通过武士造型、兵器、迁徙途中的风物等来缅怀祖先迁徙和征战的千难万险，铭记祖先的勇敢顽强。比如在台江和雷山丹江的银花头围上，一般都有武士手执刀棍、骑马奔驰的造型。施洞妇女的银马围帕，中间是珠宝嵌镜面，左右两边则各有 7 名剽悍的男子头挽高髻手执兵器立于马背之上，相向而驰。卢山有一种银吊饰，将各种刀、剑、挖耳勺等挂在妇女的腰间，显露出当年征战迁徙的印痕。狮子和牡丹花在贵州苗族地区从未有过，但台江、施洞一带，有镂刻着狮子和牡丹花的银衣片、牡丹狮纹的银手镯，黎平有双龙双狮银饰吊牌……银饰中常有狮子、牡丹花纹，这是苗族先民曾经在中原地区生活的写照。苗族银饰中还有一种独特的饰物是响铃，项圈、挂牌、吊牌等，都常常佩有响铃，这是苗族在迁徙中前呼后应、避免失散的标志。

2. 赫哲鱼衣

"鱼皮衣"在赫哲民族服饰中居于族徽的地位，它是赫哲族生存的自然环境恩赐的结果，也是最具赫哲民族特色的服饰。赫哲鱼皮衣虽然制作过程十分繁琐，但它的鞣制技艺堪称一绝，具有很强的艺术性和实用性，蕴含着本民族丰富的历史和文化内涵。

赫哲族祖祖辈辈居住在中国东北的乌苏里江、黑龙江、松花江沿岸地带，是我国 55 个少数民族中唯一一个以捕鱼、狩猎为主要谋生手段的民族，也是唯一能用鱼皮缝制衣服的民族，历史上因此称为"鱼皮部"。

赫哲族一般居住在江河交错，地势平坦的地域，那里森林茂密，气候四季分明，自然资源极为丰富，是一些特种鱼类和名贵皮毛的主要产区。

图 4-2 鱼皮衣和鱼皮裤

赫哲族一年四季捕捞到的鱼，都可以鞣制鱼皮布。"鱼皮衣"一般是用怀头鱼、哲罗鱼、细鳞鱼、大麻哈鱼等细小鳞纹的鱼皮制作。鱼皮裤、套裤一般用鳇鱼、鲟鱼、鲤鱼等鱼皮制作。鞣制鱼皮的工具一般由木质坚硬的桦树、柞树凿制而成，有木槌床、木棰、木刀、木齿锯、铁铲，木铡刀等。

鱼皮套裤是赫哲族男女都比较喜欢的一种传统服装。服装造型独具特色：只有两个裤筒，而无裤裆和裤腰。赫哲族男人在冬天打猎、夏天下江捕鱼时一般将鱼皮套裤套在长裤外面，用带子系在臀部。打猎时耐磨，捕鱼时可防水护膝。赫哲族妇女上山拾柴、采集野菜时一般将鱼皮套裤套在外裤上，可以防虫、防潮而且有保暖效果。鱼皮套裤是赫哲族人民捕鱼、狩猎或从事其他户外劳动的实用衣服。

赫哲族服饰图案讲究美观大方，雅致精细，生动逼真。图案造型一般有云纹、回形纹，浪花纹、鹿纹、几何纹、蝴蝶纹、花草纹、鱼鳞纹、鱼纹等。回形纹、云纹是赫哲族服饰中应用得最为广泛的一种纹样造型，不仅在服装上采用颇多，而且在被褥、坐垫、幔帐等生活用品上也常见。云纹在赫哲人心中有荣华富贵和吉祥福禄等寓意。鱼皮套裤的两头镶绣着云纹花边，表现了赫哲族人民对早年衣、食、住、行依存的江河情有独衷。

极具民族特色的鱼皮衣充分体现了赫哲族人民适应自然、利用自然、改造自然的聪明才智。

三、中国纺织类非物质文化遗产是中华各民族身份的标志

在全球化时代文化越来越趋同的形势下，我国各民族的纺织类非物质文化遗产，成为一个特别突出的文化识别码，明确地标注了各民族独特的地域风情、审美品格、民族文化身份与个性，是各民族的旗帜和标志。纺织类非物质文化遗产作为根植民族土壤、凝聚民族记忆、延续民族血脉的活态文化，是各民族文化与心理结构中最有回忆性或进一步交流意义的那一部分，能帮助我们回忆、感知一个民族文化的全貌。

苏州甪直水乡妇女服饰是汉民族服饰的杰出代表，服饰以"显""俏"和"巧"为主要特征。生活在苏州以东吴中区甪直、胜浦、唯亭、陆墓一带

的农村妇女一直保留着传统的民俗服饰，她们以梳愿撮头、扎包头巾、穿拼接衫、拼裆裤、束偏裙、裹卷膀、着绣花鞋为主要特征的传统服饰具有鲜明的江南水乡特色。服饰讲究拼接、滚边、纽绊、带饰和绣花等工艺应用，堪称一绝。苏州角直水乡妇女服饰在江南吴地民俗文化中占有重要地位，是苏州以东吴中区一带妇女服饰的传统标志。

苗族服饰典型的装束是短上衣，百褶裙，独具特色的蜡染、刺绣工艺，配饰以头、颈、胸及手等部位的银饰为多见，绚丽多彩的服饰文化充分显示了苗族人民的聪明才智。

回族服饰受到伊斯兰文化的深厚影响，是回族特有的文化现象。服饰的主要标志在头部。男子们都喜爱戴用白色棉布制作的圆帽，回族妇女常戴盖头。盖头的颜色有分别：老年妇女戴白色的，显得洁白大方；中年妇女戴黑色的，显得庄重高雅；未婚女子戴绿色的，显得清新秀丽。

瑶族服饰丰富多样、绚丽多姿，因其居住和服饰等方面的特点不同，分为"过山瑶"、"红头瑶"、"大板瑶"、"平头瑶"、"蓝靛瑶"、"沙瑶"和"白头瑶"等。服饰分有头饰、胸饰、背被、腰饰、绑腿，还有精美的银饰佩挂，有红、黑、蓝、绿、白等颜色。艳丽的服饰是瑶族的一种特殊文化语言。

蒙古民族服饰记录着从上古到蒙古汗国、元、明、清历代蒙古族人民的聪明才智。蒙古袍、蒙古靴子、蒙古礼帽、蒙古坎肩、蒙古"顾古冠"等都具有鲜明的蒙古民族传统文化，这些服饰不断汲取兄弟民族服饰的精华，并逐渐丰富本民族传统服饰的服饰种类、款式风格、面料色彩和缝制工艺等，构建了蒙古族精美绝伦的服饰文化宝库。

朝鲜族自称"白衣同胞"，白色是朝鲜族人民最喜欢的颜色，象征着纯洁、善良、高尚、神圣。朝鲜族服饰风格自成一体，上衣从肩膀到袖口采用的是笔直线条，与领子、下摆、袖肚的曲线构成了直线与曲线的组合。现在，朝鲜族妇女们穿用的衣料颜色已不仅限于白色，而是绚丽多彩，但短衣长裙这一传统民族风格并未改变。

藏族服饰与藏族居住的青藏高原的自然环境及气候条件有着密不可分的关系。藏族广泛分布在西藏、四川、青海、甘肃、云南等地，服饰也是多姿多彩。藏族男装雄健豪放，女装典雅潇洒。女装以珠宝金玉作配饰，形成高原妇女特有的风格。藏袍是藏族的主要服装款式，种类较多，从材料上可分为锦缎、皮面、氆氇、素布等。

维吾尔族服饰的特点是：式样宽松、洒脱、色彩对比强烈。维吾尔族男装，是以"袷袢"式服饰为主要款式，常用彩色条状绸作面料。冬季穿着皮制"袷袢"，十分保暖。妇女爱穿宽袖轻盈的连衣裙，常见的有大红、大绿、金黄等色的裙装，内穿淡色衬裙。她们偏爱本民族独创的"艾德莱斯绸"缝制连衣裙，织造工艺独特，色彩变化多端，纹样若断若连，错落有致。绚丽多姿的服饰是热烈奔放的维吾尔族文化的组成部分。

新疆的哈萨克族人大部分从事牧业生产，所以，他们的服饰富有浓郁的草原气息，男子的服饰大都宽大而结实，主要用牲畜的皮毛做衣料，便于骑马和放牧。

第二节 中国纺织类非物质文化遗产对民族精神的传承

民族精神是一个民族表现出的精神活力和个性特征，是反映民族发展的社会理念、价值追求和道德风尚。民族精神是民族文化中的基础和根本，失去民族精神的传统内涵，民族文化将成为无本之木、无源之水。

纳入我国非物质文化遗产名录的纺织类非物质文化遗产来自于众多民族，是各民族古老的生命记忆和活态文化基因库，代表着各民族普遍的心理图式和价值观念，是各民族精神文化的核心标志和传承民族文化的血脉。

民族文化不是一成不变的静态的东西，在文化的传承中纺织类非物质文化遗产蕴含着不断适应社会发展需要的变异性。但无论怎么发展流变，民族文化中最珍贵的文化资源——民族精神，我们必须加以保护，决不能让它自然丢失或遭到人为破坏。

我国纺织类非物质文化遗产中体现出的民族精神主要有吃苦耐劳的精神、创新精神和开放精神。

一、吃苦耐劳精神

纺织类非物质文化遗产中的不少传统技艺，工艺复杂、制作费时费力，有些服饰要经过种麻、收麻、绩麻、纺线、漂白、织布等一系列复杂的工艺，然后再到刺绣、蜡染、裁缝，最后成为一套精美的服装，反映了各民族妇女的勤劳和耐性。

蚕丝织造技艺的历史可追溯至五代十国，吴越国王钱镠在杭州设立了官营丝绸作坊"织室"。明清设立的"杭州织造局"是当时三大官办织造机构之一，制作出的产品专供宫廷使用。蚕丝织造具有复杂、精湛的技艺流程。如余杭出产的"清水丝绵"，主要有七大工序：一是选茧，遴选双宫茧、黄斑茧等大个形茧；二是煮茧，把茧用纱布袋装好，放入大锅内，每袋约装 1 ~ 2 斤（1 斤 =500 克），加入老碱 2 两（1 两 =50 克）和香油 2 汤匙，加水至茧面平，用旺火烧煮并不停翻动，烧煮约一小时，待丝胶溶解、茧层发松，已无生块时起锅；三是清水漂洗，将煮好的茧用清水漂洗，边踏边冲洗，将茧中的碱水和蛹油挤出；四是剥茧做"小兜"，把熟茧放入冷水，分个先剥开，拉扯后，套在手上，一般套三四颗茧子，做成"小绵兜"；五是扯绵撑"大绵兜"，在水面上将"小绵兜"绷到绵扩上，扯开扯匀，扯薄边缘，敲掉生块，捡净附着物，撑成一个厚薄均匀、无杂质的"大绵兜"；六是甩绵兜，将大兜甩开，用线串连；七是晒干，将串连的"大绵兜"挂于竹竿上，晒干后即成丝绵。一般 1 斤丝绵需要约 3 斤干茧。1 斤茧手工做成"小绵兜"需要一个多小时。

又如"双林绫绢"织造技艺，生产工序严密，主要有：浸泡、翻丝、纤经、放纤、织造、炼染、砑光、整理等 20 余道工序。双林绫绢素以轻如蝉翼、薄如晨雾、质地柔软、色泽光亮著称，被誉为"丝织工艺之花"。

手工夏布的纺织在中国有上千年的历史。在 2600 多年前，春秋战国时期的江西古越族先民就已经开始从事苎麻耕种和使用手工织布。以其为原料经刮青皮和绞纱等 12 道手工工艺制作而成的夏布理化性能优越，宜于经久保存。由于苎麻纤维不同于棉花纤维，不能用现代化纺织机械加工，只能依靠传统手工技艺来生产。

侗族刺绣是一种通过引针穿刺，将各种彩色丝线或棉线附着在织物表面上，构成各种图案纹样的工艺技法。侗族刺绣针法不受底布经纬组织的限制，可以比较自由地发挥构思和艺术才情。侗绣中的精品当属北侗盘轴滚边绣，该绣种仅在锦屏县的平秋、石引、黄门等北部侗族群体中流传。盘轴滚边绣是纯手工制作，历经作模、打面浆、粘布、拟模、贴面、镶边和绣花等数十道工序，制作一件完整的盘轴滚边绣精品往往要花一年的时间。

二、创新精神

纺织类非物质文化遗产是在特定的时空条件下生成发展的，在传承的过程中为适应环境条件的变化进行了不断扬弃和创造性重组，因此才成为各民族历史上遗留下来的有价值的物质财富和精神财富。可以说，能进入今天非物质文化遗产名录的，都是在历史传承中与时俱进、不断创新的结果。各民族随着所处环境、与自然界的相互关系和历史条件的变化，不断地将这种代代相传的非物质文化注入新的元素，促进了民族文化的多样性和人类的创造力。

下面以鲁锦和夏布为例来说明我国纺织类非物质文化遗产中蕴含的创新精神。

1. 鲁锦织造工艺

鲁锦是流传于山东西南地区民间的一种织锦的简称，它是山东省独具特色的民间纯棉手工纺织品，在鲁西南极为兴盛，以菏泽、鄄城、东明、嘉祥等地最著名。鲁锦具有浓郁的乡土气息和鲜明的民族特色，在鲁西南一带俗称其为土布、粗布或提花斗纹布。

作为山东省著名商标，鲁锦制造工艺在 2008 年进入了我国第二批非物质文化遗产保护名录。鲁锦的创新至少体现在以下三个方面。

一是技艺革新。鲁锦的织造工艺十分复杂，从采棉纺线到上机织布，大大小小要经过 72 道工序，每道工序里还有许多子工序。经过山东鲁锦实业有限公司多年的研究和不断创新，目前已经拥有 72 项完全自主的专利技术，仅保留了手纺纱的传统特色，大大提高了生产效率。

二是质量提升。传统土布的特点是：硬板、幅宽窄、保温性差、吸汗性差，与皮肤接触很不舒服，不适宜做贴身衣物。山东鲁锦实业有限公司利用新技术开发出一种新型面料产品，克服了土布的幅宽窄、缩水率大、板结、掉色、透气性差等重大缺陷，新产品具有柔软、吸汗性好、保温性好、出汗不贴身、布面幅宽大、植物色素染色的优点。同时，产品的纹路构图严密，绚丽多彩，古朴典雅，具有浓郁的乡土气息和鲜明的地方特色。产品一经上市，就受到了广大消费者的喜爱。

三是用途拓展。鲁锦将传统特色与现代技术和现代设计相结合，具有较强的可塑性和广泛的适用性，目前开发出的花色品种逾千种。鲁锦不仅在服装、服饰、箱包等方面的开发生产中，还在家纺、壁挂、装饰等方面与日常休闲、家庭装潢结合起来，近几年又拓展到时装业、旅游业等方面。鲁锦已成为国际纺织市场的畅销产品，适销欧美及亚洲 60 多个国家和地区。

图 4-3　鲁锦织造技艺

2. 夏布

夏布生产历史悠久。夏布有本色、漂白、染色、印花等多种，其纱质细软、边缩平整，编织均匀，色泽清秀，不皱折、不变形，易洗涤，凉爽清汗，在唐朝时就被列为贡品。夏布既可以制作服装，也可以经过抽纱做成飞机、游艇、小车上各种精美垫子布和窗帘、茶具、沙发的装饰布。

1999 年 1 月 29 日，时任国务院总理的温家宝来到江西省内江隆昌考察了传统产品夏布生产全部织造流程。温家宝总理被古老的传统工艺深深吸引，他建议，夏布要摆脱粗放型经济，只有依靠科技，进行深加工，同时要扩大出口市场和国内市场。为了保护这一重要的非物质文化遗产，江西省成立了中国夏布研究所。

中国夏布研究所利用夏布天然形成的色彩差异和传统手工技艺生产过程中自然形成的肌理效果，大胆尝试在夏布上创作中国画。由于我国夏布的天然本色，对于画家来说，选择夏布作为新的绘画材料，可以保证原创作品的真实性，防止赝品的出现；对于夏布画的投资者来说，降低了投资风险，确保了投资者的投资利益。而且，收藏一幅中国夏布画既是对我国纺织类非物质文化遗产的保护，又能使传统绘画长期传承下去。夏布画把我国传统的绘画艺术与我国古老的夏布文化融为一体，拓展了我国绘画的材料，夏布成为继绢、纸以外的第三类作画材料，同时也为我国夏布这一传统的非物质文化产品注入了新的艺术魅力，开拓了夏布广阔的新市场。伴随着社会的进步，人们崇尚绿色、自然、返璞归真意识的提高，我国夏布画正逐渐为海内外广大书画收藏者所喜爱。

三、开放精神

中国各民族的纺织类非物质文化遗产并不是单纯表现为某个民族专有的艺术形态，而是在内容上既体现了以继承本民族传统文化和工艺流程为内涵的品格，同时又体现了以融合其他民族先进文化艺术因素为外延的社会与时代特征。湘西土家族的织锦技艺和新疆维吾尔族的艾德莱斯绸是借鉴、吸收外民族优秀文化中的典型代表。

1. 土家织锦

土家织锦有着源远流长的历史，可以追溯到距今 4000 多年前的古代巴人时期。土家锦俗称"花"，主要有土花铺盖（土家语西兰卡普）和花带两大品种。西兰卡普采用"通经断纬"的挖花技术，花带采用"通经通纬"的古老"经花"手法。土家锦共有 400 余种传统图纹（西兰卡普 350 余种，花带 50 余种），主要的艺术特色为重表现，重创造，妙在神似，它色彩鲜明、跳跃、对比强烈，线条对称，产品经久耐用。

土家语"西兰卡普"是一种土家织锦。在土家语里，"西兰"是铺盖的意思，"卡普"是花的意思，"西兰卡普"即土家族人的花铺盖。人们往往在"花铺盖"前冠以"土"字，以标示出这项民间工艺所包含的土家族民族特点。土花铺盖被土家族人民视为智慧、技艺的结晶，称作"土家之花"。西兰卡普体现了土家族浓郁的生活气息和鲜明的民族特点，是土家族传统文化的重要组成部分。西兰卡普在传播土家族优秀传统文化的同时，也在不断地吸收外来民族的先进文化来丰富发展自己。西兰卡普在吸收外来先进文化因子方面，主要表现在以下三点。

一是技艺。在三国时期，湘西属于蜀地，在诸葛亮"今民贫国虚，决敌之资唯仰锦耳"的政策下，土家族人民学习了汉族先进的染色技术，编织出五彩斑斓的"土"。在唐宋时期，湘西地区与中原汉族的经济文化交流日益增多，土家族的纺织业因此有了进一步发展，形成了"女勤于织，户多机声"的社会风气。在明清时期，西兰卡普的手工工艺进一步发扬光大，被称作"土锦"、"花布"等，且大量用于服饰，逐渐形成了独特的织锦程序。改土归流后，土家族西兰卡普的挑织技艺又得到进一步提高。如图4-4所示。

图 4-4　西兰卡普

二是图案。土家族喜欢以山区花草、鸟兽为创作主题，象征吉利、喜庆的寓意，如"凤穿牡丹"象征荣华富贵，"野鹿衔花"象征寿比千年。西兰卡普还有汉字题材的织锦图案，如"万"字寓意万福万寿，"龙"寓意高贵显要，此外还有"福禄寿喜"、"富贵双全"、"长命百岁"等，这些都体现了汉土之间的文化交流。西兰卡普的构图多采用浪漫主义的概括、变形、夸张等手法，这些手法巧妙地将原始的几何纹、汉代的云气纹、六朝的莲花、唐

代的牡丹、元代的松竹梅、明代的串枝莲等各个历史时期的典型图案进行了
艺术变形、技术处理挑织而成，具有鲜明的民族特色。

三是色彩。土家人喜尚红色、黑色。红色属暖色，寓意光明；黑色属
冷色，象征庄重。西兰卡普以红色为主色，以黑色为辅色，其间又以黄蓝
白色参差点缀。在色彩运用上，既有唐代五彩缤纷的强烈对比，又有清代
素雅大方的色调调和，华而不俗，素而不单，给人以明快、活泼和生机勃
勃的感觉。

2. 艾德莱斯绸

艾德莱斯绸主要产于新疆维吾尔自治区的和田市、喀什市、莎车县等
地，是维吾尔族妇女做服装时最喜爱的土产丝绸。艾德莱斯绸采用我国古老
的扎经染色工艺，依照图案，在经纱上扎结，然后分层染色，整经、织绸。
在染色过程中图案受到染液的渗润，会自然形成参差错落的色晕。色晕三染
疏散但不杂乱，这增加了图案的层次感和色彩的过渡面，形成了艾德莱斯绸
纹样富有变化的特点。维吾尔族妇女尤其喜爱这种丝绸，为它起了个雅致的
名称——"玉波甫能卡那提古丽"，意思是"布谷鸟翅膀的花"，隐喻它能够
给人们带来春天的气息。

艾德莱斯绸的技艺和色彩是丝绸之路多元文化的表现，也包含了浓厚的
宗教意蕴。

一是技艺。艾德莱斯绸是古代丝绸之路上多元文化交融的活化石。维吾
尔民族在丝绸生产技术上向内地学习了植桑、养蚕、缫丝等技术；在染织技
法上吸收了古波斯等中亚人的技术，在图案色彩上又融入了自己本民族的文
化内涵。

二是色彩。艾德莱斯绸主要有两大产地：喀什、莎车以及和田、洛浦。
喀什、莎车的绸，以色彩绚丽、鲜艳著称，图案细腻严谨，常用翠绿、宝
蓝、黄、青莲、桃花等颜色；和田、洛浦的绸，讲究黑白效果，虚实变化，
纹样粗犷奔放，常采用白底黑花或黑底白花或红白、蓝白兼配以小块金黄、
宝蓝做点缀。黑白色来自于原始的自然崇拜和宗教信仰，绿色象征着生命和
希望，红色源于对火神崇拜的心理积淀因素及汉族传统文化，黄色是大地和
大漠的颜色，金黄色是皇室色彩，蓝色为天空的色彩。

第三节　中国纺织类非物质民族文化的弘扬

弘扬纺织类非物质民族文化涉及到纺织类非物质文化遗产的确认、立档、研究、保存、保护、宣传、传承和振兴，是一项综合性工程，需要政府、行业、学校、传承人、企业等多方社会力量的协调配合。

一、政府对纺织类非物质民族文化的弘扬

全国人大常委会、国务院、文化部、商务部、财政部、中央文明办等部门为大力弘扬非物质民族文化，采取了一系列重大措施。

1. 出台了一系列法律法规文件

这些法律法规文件既包括国家级法规文件，又有部级法规文件，还包括地方性法规文件和其他相关法规文件。国家级、部级法律法规文件有《中华人民共和国非物质文化遗产法》（2011）、《国家级非物质文化遗产项目代表性传承人认定与管理暂行办法》（2008）、《关于加强老字号非物质文化遗产保护工作的通知》（2007）、《国家非物质文化遗产保护专项资金管理暂行办法》（2006）、《关于运用传统节日弘扬民族文化的优秀传统的意见》（2005）等，地方性法规文件有陕西省等14个省市自治区颁布的非物质文化遗产条例，其他相关法规文件有《博物馆管理办法》（2005）、《中华人民共和国文物保护法实施条例》（2003）等。

2. 颁布了国家级非物质文化遗产保护名录

国家级非物质文化遗产保护名录，是经中华人民共和国国务院批准，由文化部确定并公布的非物质文化遗产名录。为使中国的非物质文化遗产保护工作规范化，国务院发布《关于加强文化遗产保护的通知》，并制定了"国家+省+市+县"4级保护体系，要求各地方和各有关部门贯彻"保护为

主，抢救第一，合理利用，传承发展"的工作方针，切实做好非物质文化遗产的保护、管理和合理利用工作。

3. 倡导并营建了一批纺织服装类博物馆

建设纺织服装类博物馆可以拯救行将逝去的瑰宝、典藏隽永的美丽、展示绚丽的服饰、接续品牌的文脉。中国的纺织服装类专业博物馆最早产生于20世纪80年代，首先是以政府扶持的行业博物馆身份出现，如南京云锦研究所内的中国织锦工艺陈列馆，于1982年由轻工业部建立；位于江苏省南通的南通纺织博物馆，是中国第一座纺织专业博物馆，于1985年建成开放；位于浙江杭州的中国丝绸博物馆，是中国第一座国家级的丝绸专业博物馆，1986年由纺织工业部、国家旅游局、浙江省人民政府三家出资筹建；江苏苏州的苏州丝绸博物馆，由江苏省政府、江苏省丝绸公司、苏州市政府和苏州市丝绸公司共同筹建；位于成都市的蜀锦织绣博物馆（又名锦院），由四川省丝绸进出口有限公司筹办。这类博物馆均发挥着各自专业技术上的模特动态表演形式，通过专题展览、陈列保护和操作互动，传播纺织类非物质文化遗产蕴含的民族精神，传承民族精粹。

从我国纺织服装类博物馆的主体及用途来看，主要营建主体有三类：第一类是以国家、地方政府或国家所属的科研机构为主体，以传播与普及纺织服装的科学知识与历史变迁为主要目的；第二类是以纺织服装类高等院校为主体，主要服务于学校的专业教学；第三类是纺织服装企业建造的博物馆，主要展示本企业的历史与产品，同时也包含有科普与传播的功能。

二、各类纺织博物馆对纺织类非物质民族文化的弘扬

（一）行业纺织类博物馆

1. 中国织锦工艺陈列馆

中国织锦工艺陈列馆，是我国首家集知识、观赏、娱乐于一体的织锦艺术博物馆。该馆创建于1984年。1994年，由国家旅游局立项，经过重新规划，以"中华织锦村"的崭新面貌向社会正式开放。陈列馆内设云锦操作展厅、云锦精品展厅、民族织锦表演厅等，通过生动活泼的展出形式，实景实

物的巧妙结合，较全面系统地介绍了以云锦为代表的我国传统民族织锦的发展历史、工艺特点和艺术成就，同时还生动直观地再现了我国少数民族的生活习俗和乡土人情。

云锦精品展厅中荟萃了明清以来最有代表性的云锦精品实物资料，以及云锦研究所近年来精心复制的我国历代珍贵丝织文物，既有气魄雄浑的大龙大凤，又有典雅纤丽的花卉果实，还有丰富多彩的"八宝"、"八吉"等传统吉祥纹样，富有浓郁的民族审美特色，雍容华贵、流金溢彩。民族织锦表演厅里分别建有傣族的竹楼、苗家的村寨、壮族的木屋、土家族的居宅和水车、西藏的经堂等实景环境，并配有各种生活用品、生产工具、民族服饰、丰富的织品以及各具特色的传统织机，真切地再现了少数民族织锦文化与生活水乳交融的关系。

图 4-5　中国织锦工艺陈列馆馆藏 "孔雀羽织金妆花纱龙袍料"

"孔雀羽织金妆花纱龙袍料"是根据定陵出土的明万历皇帝国朝盛典用冕服复制而成的作品。该作品前后耗时 5 年，用线 12 万多根，被专家誉为"国宝"，并于 1984 年荣获"中国工艺美术百花奖金杯珍品奖"。

在中国织锦工艺陈列馆，不仅能够领略我国历代丝织工艺的优秀传统代表，还能感受到中国辉煌的历代织锦艺术成就和织锦本身蕴涵的丰富文化内涵。

该陈列馆已被旅游部门辟为江苏省"江苏民俗游"中的活动项目之一，许多海外旅行团和南京市的旅行社也已把它列为新的文化旅游景点。主要是为了促进我国传统民族民间织锦的开发利用、技艺交流及接待国内外专业人士参观访问。

2. 南通纺织博物馆

南通纺织博物馆（图4-6）位于江苏省南通市。该馆1985年10月建成开放。全馆占地近2万平方米，建筑面积约7000平方米，现有文物藏品3500件，大小展室23个，是集历史、科学、艺术于一体的中国首座纺织专业的科技史博物馆。

图4-6　南通纺织博物馆

博物馆分主馆和辅馆两大部分。主馆分6个展厅，基本陈列展现中国和南通纺织的悠久历史，还有过去手工纺织染生产工艺的演示。这里展示了华夏纺织之最的资料，包括"中国纺织工业和纺织教育的先驱"张謇先生的生平介绍；最原始最古老的手工纺织机；最早上市的民间纺织股票；最早的纺织企业南通大生纱厂的简介；最早的纺织大学南通大学纺织科的介绍。南通纺织博物馆藏有著名的蓝印花布。辅馆通过典型复原再现清末民初南通植棉、土布生产、商业行庄及近代纺织工场的历史风貌。

在南通纺织博物馆，能够感受到华夏民族纺织工业的发展史和多姿多彩的纺织文化，也能领略到近代苏北农村"家家纺纱，户户织布"的民俗风情。

该馆1998年被命名为江苏省级科普教育基地。

3. 中国丝绸博物馆

中国丝绸博物馆（图4-7）位于浙江省杭州市西湖区玉皇山路，是第一座全国性的丝绸专业博物馆，也是世界上最大的丝绸博物馆。博物馆占地面积 5 公顷，建筑面积 8000 平方米，陈列面积 3000 平方米，于 1992 年 2 月 26 日正式对外开放。

该馆全方位地展示了中国五千年的丝绸历史及文化，其基本陈列包括：序厅、历史文物厅、蚕丝厅、染织厅、现代成就厅五个部分。馆内藏有自新石器时代起各朝代与丝绸有关的历史文物，特别是出土于丝绸之路沿途的汉唐织物、北方草原的辽金实物、江南地区的宋代服饰、明清时期的官机产品以及近代旗袍和像景织物等。

图 4-7 中国丝绸博物馆

经过多年建设，该馆已逐渐成为中国古代丝绸的收藏、研究和鉴定中心。开馆以来，举办了各类文物展览和专题展览，已成为向世界宣传中国古老文明、弘扬丝绸文化的重要窗口及研究丝绸文化的学术基地。作为浙江省、杭州市精神文明和爱国主义教育基地，该馆每年都吸引了众多的国内外朋友和大中小学生前来参观，并接待过多位国家领导人和外国元首。

4. 成都蜀锦织绣博物馆

成都蜀锦织绣博物馆位于四川省成都市浣花溪畔的蜀江锦院，占地面积 3000 多平方米，是全国唯一拥有全套手工蜀锦制作工艺和蜀锦历史文化展示的专业场馆。馆内设大型蜀锦织造工场，多台蜀锦大花楼木质机现场手工制作蜀锦；蜀锦、蜀绣精品异彩纷呈，历代锦绣纹样琳琅满目。

2008 年"蜀江锦院"被授予"四川省著名商标"、"四川省旅游骨干企业"；2006 年"蜀锦织造技艺"被国务院命名首批"国家级非物质文化遗产"；"蜀江锦院"被文化部授牌为全国唯一的"蜀锦织造技艺"传承单位。

（二）高校纺织类博物馆

1.天津工业大学纺织类非物质文化遗产学研馆

天津工业大学纺织类非物质文化遗产学研馆（图4-8）于2012年开馆。该馆采用现代科技手段，通过实物、视频、图片等形式，生动形象地展示了65项国家级纺织类非物质文化遗产。

图4-8 天津工业大学纺织类非物质文化遗产学研馆

学研馆在实现博物馆展示功能的同时，更加强调"学研"特色。学研馆的整体设计元素以"线"为主，贯穿主题元素"纺梭"，划分为传统、继承、创新三大区域。传统区汇聚了中国自古就有的丰富纺织文化，织、绣、印、染、绫、罗、绸、缎，可以让参观者重温璀璨的中国纺织文化；继承区展示了天津工业大学服装设计专业最新的教学成果，为学生学习互动提供了丰富的资料；创新区通过先进的数字媒体互动技术，打破了以书本为主的单一教学模式，将知识与实践相融合，用全新的方式演绎纺织服装的新内涵。此设计方案荣获了第15届中国室内设计大奖赛学会奖。

2.上海纺织服饰博物馆

上海纺织服饰博物馆在东华大学原纺织史博物馆和服饰博物馆的基础上新建而成，是一个综合反映包括中国纺织服饰历史文化和科技知识的专业博物馆。博物馆位于延安路校区的纺织大楼，共分为五层：一层为科普互动区，二层为纺织馆，三层为服装馆，四层为流动展区和学术交流区，五层为库房和仓库。总面积达 6748 平方米。博物馆的陈列以中国纺织服饰发展史和纺织服饰科普教育为主线，充分体现了学术性和科普性的结合、纺织与服饰的融合、少数民族与汉族纺织服饰的综合等特点。

上海纺织服饰博物馆被命名为上海市"科普旅游示范基地"。上海纺织服饰博物馆不仅承担着专业教育、学术研究、文化交流的功能，而且还承担着普及和提高社会纺织服饰科学文化知识，传承和弘扬我国悠久历史文化的重任。

3. 北京服装学院民族服饰博物馆

北京服装学院民族服饰博物馆成立于 2000 年，是中国第一家服饰类专业博物馆，也是集收藏、展示、科研、教学于一体的文化研究机构，是国内最好的服装专业博物馆之一。馆内收藏有中国各民族的服装、饰品、织物等 1 万余件，展厅面积 2000 平方米，设有少数民族服饰厅、汉族服饰厅、苗族服饰厅、金工首饰厅、织锦刺绣蜡染厅、奥运服饰厅、图片厅七个展厅，还有供教学及学术交流活动使用的多功能厅以及可以与观众实现互动的中国民族传统服饰工艺传习馆。该民族服饰博物馆收藏有中国各民族的服装、饰品、织物、蜡染、刺绣等 1 万余件，以及近千幅 20 世纪二三十年代拍摄的极为珍贵的彝族、藏族、羌族的民族生活服饰图片。博物馆荣获"全国博物馆十大陈列精品——最佳制作奖"。

博物馆立足于北京服装学院的教学需要，将传播传统民族服饰文化与现代教学相结合，引导学生了解和认知民族文化的根源。2008 年，博物馆被北京市政府正式授予"北京市爱国主义教育基地"的称号。

4. 西安工程大学纺织服装博物馆

西安工程大学纺织服装博物馆于 2008 年开馆，面积约 800 平方米，征集展品 1000 余件（套）。该馆分三个展区，分别是纺织馆、西部民族民间服饰馆和现代服饰馆。纺织馆是针对非专业师生进行普及纺织知识的基地，展示纺织纤维、纱线、面料、纺织技术和学校开发的纺织科研成果。西部民族民间服饰馆重点对西北地区民族民间服饰进行搜集、收藏和整理，目前主要陈列有藏族、维吾尔族、哈萨克族、蒙古族、土族、裕固族等少数民族的传统服饰。现代服饰馆主要陈列西安工程大学自 1984 年开设服装专业以来历届服装设计大赛的优秀作品以及现代服装科技发展的优秀成果，同时还收藏了部分校友的优秀作品，如我国著名服装设计师梁子、顾怡等人的作品。此外，还对中国军服的发展历程作了专题展示。

（三）企业纺织类博物馆

1. 南通蓝印花布博物馆

我国工艺美术大师吴元新先生于 1996 年创建的南通蓝印花布博物馆，是我国第一家集收藏、展示、研究、生产、经营于一体的专业博物馆。该馆下设蓝艺研究所、明清染坊、旅游产品开发展示部。开馆十几年来，一直坚持以宣传民间艺术，继承传统工艺为宗旨，以抢救、保护民间非物质文化遗产为重点，以研究传承民间工艺为己任。该馆共赴海内外展览 30 多次，共接待了中外宾客 50 多万人次。

蓝印花布博物馆整理收藏明清以来实物及图片资料 1 万多件，保存着大量优秀的民间制品，出版了《中国蓝印花布纹样大全》藏品卷、纹样卷。南通蓝印花布博物馆在努力保存传统工艺的同时，还不断开发新产品，坚持以商养文，以文促商，一条集收藏、研究、开发、生产于一体的私营艺术馆的生存之道在实践中不断形成。2002 年在全国旅游产品博览会上，馆内设计的蓝艺系列"连年有余"荣获全国首届旅游纪念品设计大赛金奖；设计的"蓝艺系列"在全国民俗艺术节上再获金奖。南通蓝印花布已成为江苏连接海内外的一张城市名片。为此，南通市委、市政府为了鼓励吴元新在民俗民间艺术方面做出更多贡献，决定投入资金在美丽的濠河风景区为蓝印花布博物馆重建新馆。该馆现分五个展厅：第一展厅，蓝印花布的起源与发展；第二展厅，南通蓝印花布古旧精品；第三展厅，南通蓝印花布工艺流程；第四展厅，南通蓝印花布外向开拓；第五展厅，南通蓝印花布创新与发展。动静结合的表演展示了古今蓝印花布深厚的历史文化底蕴，为国内外广大爱好者、大中专院校学生欣赏、学习、研究民间工艺美术提供了良好的场所，是最具特色的南通旅游景点和民间工艺美术教育基地。随着清华大学美术学院，苏州大学艺术学院等实习基地在该馆落户，又承担起培养高级传统印染人才、传承国家级非物质文化遗产的重大使命。

图 4-9 南通蓝印花布博物馆收藏的蓝印花布

蓝印花布馆在收藏、展示的同时，还走出南通在北京民族文化宫、上海博物馆、南京文化中心、苏州革命博物馆、台湾台中文化中心等地区举办《中国南通蓝印花布艺术展》，亦在美国亚利桑哪洲中国文化中心、法国第67届南锡国际博览会、德国及日本等国家举办南通蓝印花布宣传活动；2006年在清华大学美术学院举办作品展，其创新的精品入选国家博物馆展览，其中，"凤戏牡丹"台布、"年年有余"饰品和"喜相蓬"桌旗三件作品被国家博物馆收藏，为弘扬民族民间艺术、继承和发展传统印染文化做出了应有的贡献。鉴于蓝印花布馆长期以来在保护、抢救、挖掘、继承、开发蓝印花布传统艺术上所做出的贡献，2005年中国文联、中国民间文艺家协会授予南通蓝印花布博物馆为"中国蓝印花布传承基地"。2006年，由蓝印花布博物馆申报的"南通蓝印花布印染技艺"被国务院批准列入"国家级非物质文化遗产保护名录"。

2. 宁波服装博物馆

2009年秋落成的宁波服装博物馆位于浙江省宁波市中心的月湖景区，是一座"人"字形建筑，大坡屋顶，两重坡顶组合。建筑面积2752平方米，二层，总高14米。

1997年，以展示中国服装服饰文化和历史为主题内容的大型服装博物馆在宁波建成开馆。这是中国第一家服装专业博物馆。

作为中国服装业历史上"红帮"裁缝的故乡，宁波素有"服装之城"的美誉，拥有杉杉、雅戈尔、罗蒙、一休、老 K 等中国民众耳熟能详的知名服装品牌。

该馆围绕展示 2000 余件中国服装服饰历史珍品这一主要思路，恢复了一些意义重大的历史场景，穿插了宁波的服装起源、红帮裁缝诞生的过程，以及对中国近现代服装的形成与发展做出的历史贡献，分设中国近现代服装、宁波红帮裁缝创业史、中国少数民族服装和宁波服装与国际交流展厅，具体生动地体现出中国服装文化发展的主题。馆内还收藏有我国最早的炭熨斗、手摇缝纫机等 400 多件珍贵文物，以及一些翔实的文字、图片资料。该馆被专家称为是一部演绎华夏服饰文化变迁的"百宝全书"。

3. 上海美特斯邦威服饰博物馆

上海美特斯邦威服饰博物馆于 2005 年 12 月建成对外开放。博物馆坐落在上海市南汇区康桥东路 800 号美特斯邦威集团上海总部园区，展馆面积有 2000 多平方米。博物馆分为五大板块：衣冠王国、至尊气象；民族华章、缤纷霓裳；民间风韵、时尚新装；精美饰品，生活点缀；绚丽织锦、大千世界。共征集到汉族、畲族、纳西族、白族、苗族、水族、侗族、瑶族、彝族、壮族、黎族、傣族、布依族、藏族、毛难族、仡佬族、革家、土家族、蒙古族、赫哲族、哈萨克族、塔吉克族、柯尔克孜族等 30 多个民族的服装、织绣、银饰及织机、缝纫机、熨斗等贵重物品，合计 5000 多件。尤为珍贵的是还征集到已故著名文学家、中国服装史研究泰斗沈从文先生关于服饰研究的遗作手稿。

服装类有清嘉庆明黄地十二章缂丝龙袍、清道光纱地平金纳纱绣金龙彩云纹朝袍、清乾隆藏青织金妆花缎过肩蟒袍、清光绪红缎刺绣花卉纹"富贵春秋"氅衣、清咸丰缂丝加绣祭月龙袍等宫廷服装、民国时尚服装、各个民族具有代表性的服装。

饰品类有从元代至今，汉族及少数民族的各种头饰、项饰、胸饰、手饰。

织锦类包括海南黎族龙被，汉族、壮族、苗族、傣族、土家族等民族织锦、背带、绣片等。

博物馆是集收藏研究、陈列展览、对外交流和员工教学（结合美特斯邦威大学）于一体的服饰文化研究、展教机构。它为研究中华服饰文化的专业人士和对中华服饰具有兴趣的广大民众提供较为全面的藏品及资料。同时，它也为美特斯邦威步入国际主流服装品牌殿堂注入强劲的文化动力。

建设美特斯邦威服饰博物馆的目的和宗旨是为了努力抢救和保护中华民族服饰文化瑰宝，弘扬民族精神，给后人留下些民族的记忆。同时，从企业发展角度出发，培育了企业文化，促进了企业发展。

知识链接：代表性纺织类非物质文化遗产四

代表性纺织类非物质文化遗产——宋锦

宋锦，为宋代发展起来的织锦，因主要产地在苏州，故谓"苏州宋锦"。苏州宋锦的渊源可追溯至春秋时期。

宋锦的基本特点是采用经线和纬线联合显花的组织结构，应用了彩抛换色的独特技艺，使织物表面色线和组织层次更为丰富。在艺术风格上，以变化几何形为骨架，内填自然花卉、吉祥如意纹等，配以和谐、对比的色彩，使之艳而不俗，古朴高雅；在纹样组织上，精密细致，质地坚柔，平服挺括；在图案花纹上，对称严谨而有变化，丰富而又流畅生动；在色彩运用上，艳而不火，繁而不乱，富有明丽古雅的韵味。

宋锦有很高的科学性、技术性、艺术性和实用性，虽历经千年演变，仍以古朴典雅的风格和独特的艺术魅力，盛誉海内外。宋锦不仅是苏州这座丝绸古城优秀丝绸传统文化的重要组成部分，也是中国丝绸传统技艺的杰出代表，具有很高的历史文化价值。

代表性纺织类非物质文化遗产——壮锦

壮锦，与云锦、蜀锦、宋锦并称中国四大名锦。据传，壮锦起源于宋代，忻城县是广西壮锦的起源地之一，是广西民族文化的瑰宝。

壮锦，图案生动，结构严谨，色彩斑斓。壮锦有自成体系的三大种类，20多个品种和50多种图案，以结实耐用、技艺精巧、图案别致、花纹精美著称。

壮锦是在装有支撑系统、传动装置、分综装置和提花装置的手工织机上，以棉纱为经，以各种彩色丝绒为纬，采用通经断纬的方法巧妙交织而成的艺术品。壮锦的编织是一门枯燥而复杂的工艺，每天数万次机械的动作是对织锦人的极大考验。织锦时，艺人按着设计好的图案，用挑花尺将花纹挑出，再用一条条编花竹和大综线编排在花笼上。织造时，按照花笼上的编花竹一条条地逐次转移，通过纵线牵引，如此往复，便把花纹体现在锦面上。壮锦最适合作被面、褥面、背包、挂包、围裙和台布等。

历经1000多年的发展，以壮锦艺术为典型代表的广西民族织锦艺术已成为我国传统民间艺术的重要组成部分。它不仅可以为我国少数民族纺织技艺的研究提供生动的实物材料，还可以为中国乃至世界的纺织史增添活态的例证。

代表性纺织类非物质文化遗产——加牙藏毯

加牙藏毯属于青海安多藏毯，加牙是安多藏毯的主要发源地，其主要产地分布在距西宁市26公里的湟中县加牙村及上新庄，还有藏族居住区玉树、海南、海北、果洛藏族自治州及西宁周边的贵德、平安、乐都、湟源等县。

青海藏毯的历史可追溯到3000多年前。据史料记载，明末清初是加牙藏毯的成熟期，距今有300多年。

加牙藏毯品种繁多，有14个系列、70多个品种，花色各异。加牙藏毯之所以能够得到世人的青睐，其精良的制作工艺和百里挑一的材料功不可没。

首先是优质的原材料。加牙毯的原材料来自天然放养的藏系绵羊毛、山羊绒、牦牛绒和驼绒等，通过低温染纱、低温洗毯等工艺流程制成。成品具有色泽艳丽、弹性好和不脱色掉毛的优良品质。

其次是精良的制作工艺。加牙藏毯全部用手工编织完成，藏毯从材料的选择、纺纱、染色、编织等都用手工制作，因此其色泽艳丽而不褪色，质地坚硬而富有弹性。整片藏毯织完之后，织毯匠人再用剪刀对其进行打磨，用橡壳、大黄叶根、槐米、板蓝根等天然植物染色的毛线环绕在绕线杆上，织完一行，就将毛线扣全部拉紧，再用刀具将杆上的绕纱割开。于是，在毯面上出现层层毛线的断面，这一制作工艺被称为手工连环结。

加牙藏毯技艺的传承区域处于藏传佛教的发祥地，这一民间手工艺与佛教文化结下了不解之缘。因此，加牙藏毯具有极高的艺术价值、历史文化价值、实用价值和商业价值。

代表性纺织类非物质文化遗产——惠安女服饰

惠安女的服饰组合造型美观、色彩协调，是汉民族服饰中最具视觉冲击力的个性服饰，被誉为"现代服饰中的一朵奇葩"。

闽南一带惠安女的服饰，典型特点为"封建头、民主肚、浪费裤"。

"封建头"。历史上惠安一带地瘠民贫，男人多外出谋生，家乡的生产劳动由女人承担。由于惠安一带山风海风较大，因此惠安女常年用方巾和斗笠把头部防护得严严实实，冬天防风沙，夏日挡骄阳，人们很难看清她们的真面目，这就是所谓的"封建头"。

"民主肚"。惠安沿海一带的妇女，上身的衣服较短，既窄又紧，遮盖不住肚脐。由于惠安女常年在海边劳动，捞海菜、收渔网等操作都是要俯身在水面上进行，如果衣服长、宽松，会妨碍劳作。

"浪费裤"。惠安女的裤管特别宽，一般每只裤管的宽度有40～50厘米。其实惠安女的宽裤管并非浪费，穿宽裤管的惠安女在海滩作业，海水浸湿了也不影响正常活动，而且容易被风吹干。

惠安女服饰在历史传承过程中，出于生产、生活的需要，融民族、民间、地方和环境特征于一体，既有少数民族特点又独具地方特色，可以说是古代闽越遗俗与海洋文化、中原文化碰撞交融的服饰民俗产物，是研究闽越文化传承变迁及中华民族多元文化交融的珍贵文化遗产。

思考题

1．我国纺织类非物质文化遗产与民族文化有怎样的关系？请举例说明。

2．我国纺织类非物质文化遗产的价值主要体现在哪些方面？

3．我国纺织类非物质文化遗产中凝聚的民族精神有哪些？是如何体现的？

4．保护我国纺织类非物质文化遗产如何与弘扬民族文化相互促进？

5．请用实例说明我国政府、高校、企业等主体在保护纺织类非物质文化遗产、弘扬民族文化方面的具体做法。

第五章

中国纺织类非物质文化遗产的保护

※ 本章主要内容 ※

本章在对中国纺织类非物质文化遗产保护现状及面临的主要问题深入分析的基础上，解析了中国纺织类非物质文化遗产保护的原则与机制，并专门论述了中国纺织类非物质文化遗产的生产性保护问题，最后从金融支持的角度探索了中国纺织类非物质文化遗产的开发利用。

第一节　中国纺织类非物质文化遗产保护的现状
及面临的主要问题

一、中国纺织类非物质文化遗产保护的现状

中国纺织类非物质文化遗产是世界文化遗产的重要组成部分，见证了中华民族的传统文化和历史。中国的纺织类非物质文化遗产可以追溯到远古农耕时期，经历了千年的发展，不仅仅是古代劳动人民智慧的结晶，更见证了中华民族历史的荣辱兴衰。保护和利用好纺织类非物质文化遗产，对于继承和发扬民族优秀文化传统，增强行业凝聚力和自豪感具有重要而深远的意义。近年来随着纺织类非物质文化遗产保护的重要性逐渐深入人心，以政府为主导的保护工作正在以多种手段逐步展开。

如以乌泥泾手工棉纺织技艺项目为例，上海市政府在徐汇区华泾镇东湾村建立了黄道婆纪念馆，将搜集到的各种棉纺织工具，专门放置在陈列室供人们观看；在纪念馆里，人们还可以查阅各种关于棉纺织技术的书籍、音像资料，以及理论研究文章和关于棉纺织技艺的辅导教材等相关资料。纪念馆未来还将现场展示传统捍弹纺织技术。此外，徐汇区又在紫阳中学和园南中学分别建立了传承基地，计划一年培养 60 名预初年级的女生学习掌握三锭纺车技艺。而黄道婆纪念馆二期工程和黄道婆文化生态园区的建设也已在筹建及规划中。未来纪念馆中除了展示与黄道婆有关的纪念物及各式鲜丽的棉布以外，还将呈现纺纱织布、染布晾晒的忙碌情景，给世人一个真真切切的直观感受，真正做到活态的保护和传承。

再如黎锦的保护，海南省政府对黎锦染织技艺的紧急抢救，使其得到了传承和发展。目前海南省已初步建立了白沙、东方、五指山、乐东、保亭 5

个市县黎族传统技艺传承人的档案数据库，下一步还将继续通过普查和专题调查，用文字、录音、照相、摄像等多种手段，全面记录黎锦技艺及其传承人的相关信息，同时抢救和收集一批承载黎族传统纺染织绣技艺信息的实物（如以黎锦为主要特色的黎族服饰），分类整理，立档管理，建成多媒体数据库。为提高传承人的技艺水平，保亭县举办了黎锦技艺培训班，来自乡镇农村的不少中青年妇女参加了学习。保亭县还计划在县文化中心楼设立一个面积为 300 平方米的黎锦技艺传习馆，用于开设传统纺纱、染色、织布、刺绣传承培训基地。与此同时，保亭县职业中学等学校还设立了黎锦纺织技艺班，并在中小学普及黎锦技艺课程。

此外，据了解，由中国丝绸博物馆牵头，联合浙江、江苏、四川等地，开展了"中国蚕桑丝织技艺"申报联合国教科文组织"人类非物质文化遗产代表作名录"工作，这些都为保护纺织类非物质文化遗产项目奠定了良好的基础。

尽管目前我国已经对纺织类非物质文化遗产采取了保护措施，但是由于纺织类非物质文化遗产的特殊性，我国纺织类非物质文化遗产目前仍面临诸多问题。

二、中国纺织类非物质文化遗产保护面临的主要问题

当前，我国纺织类非物质文化遗产的保护主要面临着以下几个比较突出的问题。

第一，随着现代社会的发展，市场经济的进一步深化，纺织类非物质文化遗产的生存环境遭到了巨大的冲击。就目前我国非物质文化遗产名录所记载的纺织类非物质文化遗产来看，纺织类非物质文化遗产的分布地区一般集中在少数民族集聚的地方。这些地区相对闭塞，经济发展相对比较落后，相对封闭的环境也是这些地区纺织类非物质文化遗产能够原汁原味流传至今的重要原因。然而，随着改革开放的深入发展，中国的经济水平有了大幅度的提升，加上如今交通的完善、通信的普及、户籍管理制度的改进使得这些地区与外界的交流更加频繁起来。这一方面是社会进步的体现，无疑对于当地

的经济发展是有利的；但另一方面，随着外来文化的冲击，以及当地环境的改变，纺织类非物质文化遗产的发展与传承遭受到了严峻的考验。

以苗绣为例，苗绣是苗族民间传承的刺绣技术，是苗族历史文化的特殊表现形式，是苗族妇女智慧的结晶。苗族一般聚集在山区，交通闭塞，刺绣的线是自纺的，布是自织的，线和布的染料来源于一些含有色素的植物的根、茎、叶子、皮和种子。而随着现代交通通信的完善，现在苗绣刺绣的线和绣布很多是从市场上买的那些经过工厂精制加工染制而成的，虽然也秉承了苗绣传统的古朴格局，但是对于苗绣的传承和保护来说，这样流传下来的苗绣是不完整的。再加上人们现代审美情趣的改变，传统民族服饰市场冷淡，使得苗绣的市场前景堪忧。

第二，由于现代人民生活水平、价值观念和审美情趣发生了重大变化，人们对于传统纺织类产品的兴趣也在逐渐减弱。伴随着中国改革开放而来的是日渐流行的外来文化，人们对于外来文化的追捧也是如今纺织类非物质文化遗产日渐没落的一个重要原因。比如，根据土族的传统，土族人结婚必须要配备绣花腰带，然而随着外来文化的冲击，很多土族的年轻人现在已经不再穿着土族服饰，婚礼上的绣花腰带也被时尚的婚纱礼服所取代。通过资料查询可知，如今被载入中国非物质文化遗产名录的纺织类非物质文化遗产，如土族盘绣、周至哑柏绣、水族马尾绣等这些技术在古代是衡量一个女子是否贤淑的一项重要标准，是当时人们立足社会的一项重要生活技能，在周至流传着这样一首歌谣："你家娃儿会写字，我家女子会扎花。大姐扎的牡丹花，二姐扎的石榴花，剩下三姐不会扎，打到炕底纺棉花，谁家将来要你呀。"从这首歌谣中我们可以看出，当时的社会刺绣对于女子的重要性，同时也反映出刺绣是当时的一种社会习俗。这也从另一个方面说明了纺织类非物质文化遗产的民间性，不是束之高阁的艺术，而是与人们日常生活息息相关的。然而随着社会的发展，人们价值观的改变，纺织技术早已经不再是衡量女子贤良淑德的重要标准，而且随着现代女性独立运动的发展，女人已经走出家门，活跃在经济、政治、教育、医疗等社会中的各个领域。无可厚非，这是社会的进步，但是对于纺织类非物质文化遗产来说，这并非是件好事，一方面传承技术的人才减少了，另一方面也说明了纺织类非物质文化遗产的生存环境正在"恶化"。

第三，存在被现代工业复制品取代的风险。随着市场经济的发展，市场的逐利行为愈发明显，纺织类非物质文化遗产依靠传统的手工制作，一般都存在制造工时长、程序繁琐、产出率低等特点，正是由于这些原因，加之人们对于机械纺织品的喜爱，促使现代工业机械工艺替代原来的手工制作。从历史进步的角度来说，这是我国传统纺织技术发展的革新和进步，在一定程度上也保存弘扬了我国传统纺织工艺品。但是对于传统的纺织类非物质文化遗产来说，现代机械工艺的融入，破坏了纺织类非物质文化遗产的原真性，以现代工业技术流传下来的纺织类非物质文化遗产也不再是原汁原味的中国传统纺织技艺了。因而，由现代工业机械所流传的纺织技术，也就不能再称之为非物质文化遗产。

第四，纺织类非物质文化遗产的知识产权问题有待解决。在现代法治社会的大背景下，人们的法律意识逐渐提高，纺织类非物质文化遗产的传承和保护也需要健全的法律体系来维护。纺织类非物质文化遗产是针对纺织类技术的保护，一般是以纺织品的形式呈现在人们面前。以刺绣为例，我国很多民间刺绣的选题来自他人的书画、摄影等作品，在当时的创作环境下，刺绣者并不认为这侵害了别人的知识产权。然而随着我国法制体系的健全和人们法律意识的逐渐提高，这一矛盾也日渐凸显。针对刺绣作品在临摹绘画作品同时所形成的二次创作是否拥有自己的著作权，也困扰着刺绣的发展。同时由于知识产权的缺失，一旦某一刺绣作品大受好评，短时间内便会被同行模仿，导致市场内的不正当竞争，也不利于刺绣的传承和健康发展。由于刺绣的权利主体具有群体性和不确定性，针对刺绣的知识产权保护在内容上主要包括针对刺绣针法、手法及"二次创作"作品的保护，这些特点决定了刺绣知识产权的保护不同于其他的知识产权保护，需要政府出台相应的保护措施，构建针对刺绣等纺织类非物质文化遗产的知识产权保护体系，使纺织类非物质文化遗产最大化地发挥其社会效应，同时促进纺织类非物质文化遗产的传承和发展。

第五，各项纺织类非物质文化遗产的保护存在各自为政的现象，未形成统一有效的保护机制。根据网上搜索和相关书籍资料查询，目前我国纺织类非物质文化遗产保护工作并未形成一个有效的整体。由于纺织类非物质文化遗产的地域特征，我国针对纺织类非物质文化遗产的保护是分地域分项目进行的，虽然各项保护之间也存在一定程度的交流，但是并没有形成一定的网络体系。我国目前并没有专门提出针对纺织类非物质文化遗产的保护措施，"纺织类非物质文化遗产"这一提法尚只是存在于学术界，纺织类非物质文化遗产在国家级非物质文化遗产名录里主要分布在民间美术和传统手工技艺这两个大类里面。一方面从国家层面来说，我国并未针对纺织类非物质文化遗产做出特别的、有针对性的保护措施；另一方面，各地方政府对于纺织类非物质文化遗产的保护也处于各自探索阶段。如果能够建立有效的交流机制和统一的有效保护，不仅能够减少政府在保护路途上少走弯路，也能为纺织类非物质文化遗产的产业发展探索出一条新的道路。

第六，纺织类非物质文化遗产的保护工作是一项耗时长、投入大、经济效益小的事情。纺织类非物质文化遗产保护工作不是一朝一夕就可以完成的，也不是建立一套有效的保护体系后就可以循环使用的，纺织类非物质文化遗产的活态性说明了纺织类非物质文化遗产是在传承中不断发展的，针对纺织类非物质文化遗产的保护是不间断的、需要长期进行的活动。纺织类非物质文化遗产的保护具有公益性，单纯地依靠市场是难以完成的。纺织类非物质文化遗产的保护工作涉及到纺织类非物质文化遗产的认定、传承人的认定、相关法律制度的健全、相关保护基金的建设等，这些都需要政府来主导。

第二节　中国纺织类非物质文化遗产保护的原则与机制

一、中国纺织类非物质文化遗产保护的基本原则

诚然，对纺织类非物质文化遗产的保护和传承需要中央政府的统一协调

和地方政府的积极参与，更需要民众的关注和主动投入，这就需要转变人们的观念意识以及态度。在保护和开发利用的过程中，应当遵循一些基本的原则。

（一）坚持纺织类非物质文化遗产保护和传承与社会主义市场经济体制相适应的原则

在市场经济体制下，市场在资源配置中起基础性作用。市场经济的竞争性，使得资源的优化配置得以实现。因此，我们要保护并复兴非物质文化遗产，必须引导其适应市场经济制度。这是因为要想真正保护和传承非物质文化遗产，就必须开发利用它，实现非物质文化遗产项目的经济价值和社会价值。而开发利用必须要坚持采用市场经济模式，实现非物质文化遗产资源在开发过程中得以创新发展，使之在内容和形式上更加符合社会主义价值观和道德标准。

（二）坚持纺织类非物质文化遗产保护的原生态原则

纺织类非物质文化遗产是我国农耕时期的产物，是顺应当时的环境产生的。它们不仅是时代的产物，而且是人们精神的创造。纺织类非物质文化遗产的宝贵之处就在于其纯手工性、纯天然性，是一种原生态形式的存在，其产生与活跃都是在民间这块土地上进行的。与现代纺织工业相比纺织类非物质文化遗产所呈现出的不仅仅是工人技艺的传承，更是一个民族的记忆延续，是一份特殊的民族史书，是中华民族核心价值观的体现。因此，纺织类非物质文化遗产的保护工作应遵循原生态的原则，这一方面是为了保护纺织类非物质文化遗产的本真性，另一方面也是对于纺织类非物质文化遗产生命力的维护。只有这样才能真正体现出对纺织类非物质文化遗产保护工作的本质和必要性。

（三）坚持"保护为主，抢救第一，合理利用，继承发展"的原则

因地制宜，有所作为，有所不为。非物质文化遗产由于其脆弱性和不可再生性的特点，决定了对其的保护和传承必须遵循"保护第一，开发第二"的不可动摇的原则。若客观条件不成熟，或独异性不明显，即使放弃开发也

不为过。开发继承的目的还是为了保护和传承，所以任何时候都不能本末倒置。

（四）坚持去粗取精、去伪存真的原则

在致力于纺织类非物质文化遗产保护和开发性传承的过程中，必须本着科学的态度，遵循实事求是的原则，分清优劣，辨明良莠，有所取舍，有所扬弃，只有提供和展示健康向上的精神产品，才不至于误导欣赏者和后人。

（五）坚持可持续发展的原则

纺织类非物质文化遗产的传承不仅是一个积淀的过程，同时也是一个创新和发展的过程。纺织类非物质文化遗产在传承的过程中增添了很多新的因素和成分，这是人们对于文化的自我选择。纺织类非物质文化遗产的民间性，也说明了其更注重人的价值，重视活的、动态的、精神的因素，重视技术和技能的高超、精湛和独特性，重视人的创造力以及通过文化遗产反映出来的该民族的情感及表达方式，重视传统文化的根源、智慧、思维方式、世界观、价值观和审美观等这些有意义和价值的因素。由于受到内部和外部因素的影响，纺织类非物质文化遗产的传承和发展是一个动态的过程，因而纺织类非物质文化遗产的保护工作应遵循可持续发展的原则。

（六）坚持以人为本的原则

纺织类非物质文化遗产中能够给人们带来较大规模经济效益的不多，而且所产生的经济效益一般较小。纺织类非物质文化遗产保护工作在开展时经常遇到保护与当地经济效益或者个人利益产生冲突这一问题。这就需要纺织类非物质文化遗产保护工作在开展时要坚持以人为本的原则，这一原则也是与我国执政理念相符合的。这一原则一方面要求政府处理好经济发展与纺织类非物质文化遗产保护工作的关系，不能以妨碍经济发展、降低人们的生活质量为代价；另一方面关注传承人的发展。纺织类非物质文化遗产大多属于传统手工艺范畴，大多数纺织类非物质文化遗产都是以人们口传心授的方式传承的，因此纺织类非物质文化遗产延续的重点是传承人的存续。联合国教

科文组织深知这一点，在《保护非物质文化遗产公约》中明确强调：要"努力确保创造、培养和传承这种遗产的群体、团体，有时是个人的最大限度的参与，并吸收他们积极地参与有关的管理。"传承人对于纺织类非物质文化遗产的了解是深刻的，只有依靠他们，纺织类非物质文化遗产的保护才能有更加可靠的保证。

二、中国纺织类非物质文化遗产保护的多方参与机制

随着经济全球化、城市化的加速发展，纺织类非物质文化遗产的保护与传承也逐渐以族内传承人传承为主的方式走向向现代生产转型的依赖，非物质文化遗产保护的主体也不再是单一一个主体，而是来自政府、社会力量、少数民族等的多元力量。

（一）地方政府是纺织类非物质文化遗产保护的主导性角色

政府是社会公共利益的代表，维护社会公共利益是它的应有职权和职责，它有能力调集一切人力、物力和财力进行纺织类非物质文化遗产的挖掘、整理、保护和开发工作。政府依托其权力，统辖全局，具有某种强制的功能，因此，政府构成了一种主导保护力量，在保护中处于决策、组织、统筹的角色地位。这种主导地位主要通过建立健全完善的组织管理、政策保护体系、资金运作体系、法律保障体系提供等来实现对非物质文化遗产的保护。政府由于不同级次之间各有不同的地位与诉求，其各级政府的职能也有所区别。

（二）社区民众是纺织类非物质文化遗产保护的根本力量

这里所指的社区民众包括传承人、文化遗产持有者和民间组织群体。他们熟悉纺织类非物质文化遗产的传承与发展规律，在相对稳定的外界环境下能够实现非物质文化遗产的自主传承，是实现非物质文化遗产传承与发展的主体。这种传承主体是进行非物质文化遗产保护的核心因素，是非物质文化遗产积极的保护主体，是保护体系中的根本力量，是保护实践最终能否成功

的关键力量。可以说，广大民众的态度从根本上决定着纺织类非物质文化遗产或被传承或被废弃的命运，成功地传承就是有效的保护。因此，社会力量在保护非物质文化遗产上有着官方组织不可替代的重要作用。

其主要职能：

一是文化传承的自觉。沿袭传统、保守家法是传承人的根本义务，传承人应该对本人承担的文化遗产项目（除特殊工艺涉及行业秘密外）有公开宣传的义务，让社会大众都能享受传统文化的成果。

二是培养继承人。重视培养本文化遗产项目的继承人和接班人，培养新人是非物质文化遗产传承人的首要工作。如果传艺非人，或者不愿意传授技艺，都会造成非物质文化遗产的流失与中断。

三是在传承中创新。在动态的传承过程中不断创新、演进，在尊重传统文化根本价值与意义的基础上，进行自觉改良和积极演化与创新，体现与延续非物质文化遗产的精神活力及其在现代社会延展的生命力。

（三）学术界是纺织类非物质文化遗产保护的智囊团

学术界包括学术研究机构和高等院校。文化学者所拥有的丰富知识、研究手段、保护技术和前瞻眼光，能够为纺织类非物质文化遗产保护提供更多学术性和人文性的意见建议，克服非物质文化遗产保护中的盲目性、短暂性，避免一些非专业人士短视行为的商业动作，为政府的每一项决策提供具有科学性的参考和技术保证。因此，学术界是非物质文化遗产保护中不可缺少的智囊团。

在保护实践中，参与保护规划和普查方案的制定与监督。帮助行政部门制定保护的原则、步骤和方法以及普查、分类、保护、出版工作等一系列文件，在对纺织类非物质文化遗产进行系统调研的基础上，参与项目学术论证、统筹规划、决策、指导、审核和鉴定，确保项目的科学性和学术质量，使得保护工作得以稳步进行，为保护的顺利进行打下坚实的理论基础和实践基础，从而将非物质文化遗产的保护、传承和利用纳入科学、规范、法制的管理轨道。

（四）文化事业机构是纺织类非物质文化遗产保护的技术和场所支持

文化事业机构指从事专业文化工作和为专业文化工作服务的独立建制单位，不包括这些单位另外实行独立核算的其他机构和各部门的业余文化组织。按照《保护非物质文化遗产公约》的规定，非物质文化遗产的保护指"这种遗产各个方面的确认、立档、研究、保存、保护、宣传、弘扬、承传和振兴"，这其中多数环节都需要博物馆、档案馆、图书馆、文化馆等文化机构的协助和配合，发挥文化机构的重要作用。

纺织类非物质文化遗产的确认过程需要参考档案馆、图书馆保存的有关方面的资料和信息，大量的第一手材料将为研究历史提供凭据，以确保此项非物质文化遗产的历史真实性；立档的过程是通过搜集、记录、分类、编目等方式，为申报项目建立完整的档案；保存是利用文字、录音、录像、数字化多媒体等手段，对保护对象进行真实、全面、系统的记录，并积极搜集有关实物资料，选定有关机构妥善保存并合理利用的过程；保护环节是指用各种具体的办法使非物质文化遗产及其智力成果得到保存、传承和发展等；文化事业机构通过举办展览、参观、培训，广泛地为各种社会文化活动提供场所、设施或组织服务，对提高社会公众的非物质文化遗产认知、关注程度和保护意识都将起到非常重要的作用。这些都离不开各文化机构的技术和场所支持，博物馆、档案馆、图书馆等文化机构在各自功能上起到保护非物质文化遗产的作用，是保护纺织类非物质文化遗产所依托的技术力量和承载文化载体的场所。

（五）商业组织是纺织类非物质文化遗产保护与利用的重要力量

商业组织是商业生产力诸要素相结合的社会形式。在某些特殊的纺织类非物质文化遗产保护领域中，商业组织能够发挥其独到的作用。纵观世界各国文化遗产保护史可以看到，许多国家的文化遗产保护工作，在一定程度上都是从商业运作，特别是从旅游开发开始的。随着旅游产业的飞速发展，商业组织不断介入非物质文化遗产的开发，各种具有生产性的非物质文化遗产逐渐开始向产业化发展。目前，非物质文化遗产商业化运营主要体现在与旅游休闲产品相关的表演展示、传统工艺品开发等方面。

参与单位主要有各种开发公司、文化公司以及影视集团等商业组织。其主要职能如下。

一是参与纺织类非物质文化遗产的商业性经营。在民间，许多非物质文化遗产本身就是市场经济的一部分。这些遗产的传承人既是该遗产的保护者、制造者，也是该遗产的经营者。但随着非物质文化遗产市场规模的扩大，产品数量的增加，势必需要更多的文化经纪人参与到非物质文化遗产的商业化经营中来。

二是参与纺织类非物质文化遗产的产业化开发。使用传统手段生产传统美术类、传统技艺类和民族服饰类产品，这些都是纺织类非物质文化遗产传承的重要手段。但这种常规操作产能有限，有时很难满足更广泛的市场需求，这就要求有更多的商业精英在保护好非物质文化遗产的基础上，有针对性地对非物质文化遗产实施产业化开发。

三、中国纺织类非物质文化遗产保护的途径

通过以上对于纺织类非物质文化遗产保护现状以及保护原则的分析，纺织类非物质文化遗产的保护可以从以下几方面入手。

（一）将市场化引入到纺织类非物质文化遗产保护工作中

传统的保护观念违背了文化持续发展的原则，也难以将非物质文化遗产所具有的众多价值充分展现出来。有学者认为非物质文化遗产名录体系中，凡是与传统手工工艺、技术相关的项目均可界定为工业遗产，照此说法纺织应当属于工业遗产的范畴。市场化是我国经济发展的大趋势，将市场化融入纺织类非物质文化遗产保护中，不但可以促进就业，带动经济发展，有利于缓解纺织类非物质文化遗产保护与地方经济发展的矛盾，同时也有利于实现纺织类非物质文化遗产价值的最大化。纺织类非物质文化遗产市场化使其作为一个完整的产业链来发展，反过来也有利于纺织类非物质文化遗产的保护工作。近些年来随着人们生活质量的提高，人们对于环保产品的追求以及对

于旅游的热爱都为纺织类非物质文化遗产的发展提供了契机。

由于纺织类非物质文化遗产本身的生存环境已经遭受到了冲击，因而在将市场化引入时还应该注意以下几个方面。

（1）要注意市场化过程中趋利行为对纺织类非物质文化遗产的影响，预防市场经济中的一些不良价值观对于纺织类非物质文化遗产的扭曲。市场经济理论研究的基础之一就是人们的趋利性。纺织类非物质文化遗产是我国文化积淀的产物，是古代劳动人民智慧的结晶，因而在市场化发展过程中政府要充分发挥主导作用，保证纺织类非物质文化遗产有序科学传承，这也是纺织类非物质文化遗产市场化的前提条件。

（2）注重纺织类非物质文化遗产经济价值的开发。纺织类非物质文化遗产并不属于先进生产力，其没落也是社会生产力发展的结果。但是由于其具有的社会、历史、文化价值而成为人们保护的对象。因而在促进其市场化的进程中还要注重挖掘它的经济价值，使市场接受这一产业。

第一，充分发掘纺织类非物质文化遗产的旅游价值。纺织类非物质文化遗产一般与当地的民俗活动相关，是一个民族特有的文化记忆，因而要充分挖掘纺织类非物质文化遗产的旅游价值。

第二，充分发掘纺织类非物质文化遗产的艺术价值。比如我国的"四大名绣"不但具有很高的实用价值也具有相当高的艺术价值，充分挖掘其艺术价值也是促进纺织类非物质文化遗产发展的重要措施。

第三，积极进行某些项目向产业化发展。以我国刺绣为例，传统刺绣大多是以手工作坊的方式存在的，如果将这些手工作坊整合，向产业化发展，不仅可以提高生产效率，还可以充分发挥规模效应。

（二）推动纺织类非物质文化遗产保护工作的信息化，建立健全纺织类非物质文化遗产数据库

纺织类非物质文化遗产保护工作的信息化，既包括了纺织类非物质文化遗产的档案化管理，也包括纺织类非物质文化遗产数字化保护。非物质文化遗产的档案，是指与非物质文化遗产活动有关的那部分档案。就目前研究资料来看，我国目前并没有专门的纺织类非物质文化遗产档案库。建立纺织类非物质文化遗产的档案，不但有利于纺织类非物质文化遗产的系统科学保护与管理，也有利于推动纺织类非物质文化遗产的传扬与传承。比如，中国首个纺织类非物质文化遗产学研馆在天津工业大学投入使用，通过实物、3D体感技术、视频、图片等形式展示了中国传统的绫、罗、绸、缎、染、织等65项国家级纺织类非物质文化遗产，用全新的方式让人们认识和了解中国的传统纺织文化。

建立纺织类非物质文化遗产档案不仅包括纺织类非物质文化遗产博物馆式管理，还应该结合时代的要求建立互联网数据库，利用互联网的力量使人们更加形象和系统地了解纺织类非物质文化遗产。联合国教科文组织于2002年下半年起草了《数字文化遗产保护指导方针》和《数字文化遗产保护纲领》的草案，将文化遗产的数字化保护方法研究正式纳入计划。纺织类非物质文化遗产的数字化保护，是指通过建立一种动态的、循环的、有自我构建能力的体系，研究纺织类非物质文化遗产发展的各个阶段特征与要求，制定科学合理的保护方针。

（三）完善纺织类非物质文化遗产传承人制度和相关法律制度

传承人制度是对于非物质文化遗产传承人传承权的认定和保护。这既是一项权利也是一种义务。从法律角度来讲，这是一种对于以非物质文化遗产为主的传统文化进行私权保护的传承制度。因而传承人制度不仅是一项对于传承人认定和保护的制度，也是一项关于非物质文化遗产产权保护的制度。《中华人民共和国非物质文化遗产法》和《中华人民共和国文物保护法》共同构成了中国文化遗产保护法制体系的基本内容和框架。就目前法律体系而言，我国对于纺织类非物质文化遗产私权的保护还不完善，没有具体、细化的法律文件适用纺织类非物质文化遗产民事权利。这方面可以借鉴日本的《文财保护法》、菲律宾的《菲律宾共和国第7355号法令》等国外相关法律法规。这些相对成熟的法律体系针对传承人的认定和保护都做出了详细的规定，为我国制定符合中国国情的非物质文化遗产保护法律有重要的借鉴意义。

（四）将纺织类非物质文化遗产保护与纺织高等教育相结合

国务院在《关于加强我国非物质文化遗产保护工作的意见》中明确指出："教育部门应将优秀的非物质文化遗产内容和保护知识纳入教学体系，激发青年热爱祖国优秀传统文化的热情。"高校作为人才培养的摇篮，有责任、有义务承担起非物质文化遗产的保护和传承工作。纺织类非物质文化遗产"走进"高校，有利于提升广大学生的爱国意识和民族自豪感，同时广大学生也为纺织类非物质文化遗产的发展、发扬和传承提供了优秀的人才基础。高校也为纺织类非物质文化遗产研究提供了交流平台。纺织类非物质文化遗产融入纺织类高等院校的途径主要包括：推动学校纺织类非物质文化遗产相关教学体系的建立；促进相关纺织类专业人员的研究、交流；加快建立纺织类非物质文化遗产"产、学、研"相结合的联动机制等。

第三节　中国纺织类非物质文化遗产的产业化

目前国内外保护非物质文化遗产的方式主要有两种：一种是施救式保护。这种方式主要是由政府加大财政投入，以文物的方式保持非物质文化遗产的当下状态，具有见效快的特点，能在最短的时间内留住非物质文化遗产，适用于那些濒临消亡的项目。另一种是开发式保护。这种方式是由政府主导，将非物质文化遗产引向市场参与竞争，以竞争的压力激发非物质文化遗产的生存活力，借助市场拓展非物质文化遗产的生存空间。

目前我国保护非物质文化遗产工作的方针是"政府主导，社会参与，抢救第一，谨慎利用"，这体现了国家对非物质文化遗产保护的基本态度和原则。但是政府主导意味着主要靠政府投入的方式来保护和传承非物质文化遗产，这在很大程度上会淡化非物质文化遗产所具有的活态文化的特性，使非物质文化遗产逐渐变成凝固、静态的文物。实际上，对一些具有市场潜能和开发价值，与消费者日常文化生活相关的非物质文化遗产项目，可以采取产业化开发模式，通过符合市场经济规律的商业开发，吸引更多的社会资源投入到传承和保护非物质文化遗产的事业中来，推动其实现可持续发展。对一些非物质文化遗产进行产业化经营开发，其实是有利于对其保护的一种方式。

一、非物质文化遗产产业化的含义

所谓"产业化"，是指某产业在市场经济条件下，以行业需求为导向，以实现效益为目标，依靠专业服务和质量管理，形成系列化和品牌化的经营方式和组织形式，主要包括组织形式、市场营销、资本、技术、人才等方面。而非物质文化遗产产业化是指将某项非物质文化遗产作为开发项目，以市场为导向，以效益为中心，通过现代化技术或企业化管理模式，对非物质文化遗产实施规模化生产或整体性开发和利用，将其实施成规模的产业进行生产经营，形成为创造和满足人类经济需要的物质和非物质性生产的、从事盈利性经济活动并提供产品和服务的产业。

二、中国纺织类非物质文化遗产产业化的条件

非物质文化遗产与其他社会发展要素不同，具有稀缺性、不可复制和不可再生等珍贵特性，它的价值也主要不在其经济层面，更不在于其有多时尚、多前卫、多创新，而关键看其所保有的文化基因状况，即所蕴涵的历史价值、艺术价值、科技价值与社会文化价值。因此，非物质文化遗产的产业化与一般商品的产业开发策略不同，非物质文化遗产的商业开发应该是适度的，重在通过搭建一个"生产性保护平台"，来更好地促进文化遗产的保护和传承，其产业的组织方式、投融资渠道、生产运营、产品特色、销售途径等都应该具有自己的特点。

纺织类非物质文化遗产能否产业化取决于两个条件：一是看此项纺织类非物质文化遗产是否允许产业化，这是纺织类非物质文化遗产产业化的充分

条件；二是看该项纺织类非物质文化遗产是否值得产业化，这是纺织类非物质文化遗产产业化的必要条件。只有当同时满足这两个条件时，我们才能够进行纺织类非物质文化遗产的产业化开发。

（一）产业化的底线——遵照非物质文化遗产保护原则

我们探讨纺织类非物质文化遗产产业化是为了更好地保护和传承非物质文化遗产，所以在我们整个产业化探讨的过程中，首先要保证产业化过程中不破坏纺织类非物质文化遗产，遵照非物质文化遗产保护的原则：一是文化的真实性、整体性、传承性；二是文化认同，国家统一，民族团结，社会和谐，可持续发展。这是进行产业化探讨的底线，只有遵照这些原则才能够进行后面的产业化探究。

（二）产业化的充分条件——纺织类非物质文化遗产自身属性是否适合产业化

并非所有的纺织类非物质文化遗产都适合产业化，其是否能够产业化取决于自身条件，包括：遗产类型、濒危状况、民族融合性等。如上文所提到的赫哲族鱼皮制作技艺，黎族树皮布制作技艺等纺织类非物质文化遗产，由于技艺本身的技术限制、地域局限性，民族排外性等使其严重缺乏产业化条件，所以它们并不适合走产业化开发的道路。

（三）产业化的必要条件——纺织类非物质文化遗产是否值得产业化

纺织类非物质文化遗产的文化价值、社会价值毋庸置疑，但是纺织类非物质文化遗产是否都有很大的经济价值，而且如果它本身有经济价值，经过产业化开发是否能够创造出更大的经济价值，都是未知的。

不是所有的非物质文化遗产项目都适宜搞产业化经营，非物质文化遗产的产业化受制于多种因素，纺织类非物质文化遗产是否值得产业化要充分考虑纺织类非物质文化遗产本身的市场价值、经营环境、替代品市场等。对于那些文化价值独特、有着良好市场开发前景且产业发展拥有一定社会基础，社区参与面较广的非物质文化遗产项目，可以通过引入市场机制，提高产业发展能力和发展效益，从而扩大文化遗产的知名度，进一步提高社区对民族文化的认同感，以达到传承优秀传统文化的目的。而对于那些虽然历史文化价值突出，但与现代生产、生活方式相去甚远，处于极度濒危状态，通过生产性保护难以形成一定规模和影响的非物质文化遗产项目，则更需要发挥政府的主导作用，通过记录整理遗产资料、建立档案，认定传承人，提供传习场所，资助开展传习活动，组织宣传与交流等方式和手段，实现非物质文化遗产的有效保护。

纺织类非物质文化遗产有其产业化的基础。首先，要想更好地保护和传承这些民族特有的手工技艺和文化传统，产业化无疑是一条很好的路，只有让这些传统文化遗产适应社会，满足人们的需求，才更有利于其保护和传承。其次，由于生活水平和生活质量的不断提高，人们对于有品质的消费品的追求日益明显，这就给纺织类非物质文化遗产提供了一个发展的环境。将这些纺织技艺和纺织品融入到服装、装饰品、纪念品、艺术展品中，不仅能赋予这些产品浓厚的文化气息、文化底蕴，也能促进服装业、旅游业等产业的发展，带来更加丰厚的经济收益。再次，国家以及各地区对于这些非物质文化遗产的保护和发展都给予了极大的关注，也有一定的政策支撑，并且在一些地区政府还对这些纺织类非物质文化遗产的产业化发展给予了一定的经济和创新科技的扶持和帮助。最后，有像桑蚕丝制品、苏绣、湘绣、蜡染等一系列的纺织类非物质文化遗产投入或者尝试进行产业化运作，并且收效明显的例子，尽管还有很多的问题和阻碍，但是，产业化对于一些纺织类非物质文化遗产项目的确是一条适合其保护、发展和传承的可选之路。

三、产业化对中国纺织类非物质文化遗产保护与传承的作用

纺织类非物质文化遗产产业化的过程，并非简单意义上的最大程度地创造经济价值，它是经济、文化不断融合，相互促进，共同扩大的过程。即：以文化内涵推动经济发展，经济繁荣为文化产业发展奠定基础（见图5-1）。对于可以进行产业化开发的纺织类非物质文化遗产，产业化路径也不是唯一的，要根据非物质文化遗产的类型、濒危状况、民族融合性、市场价值、经

营环境、替代品市场等有针对性地制定适合其自身特性的产业化路径。

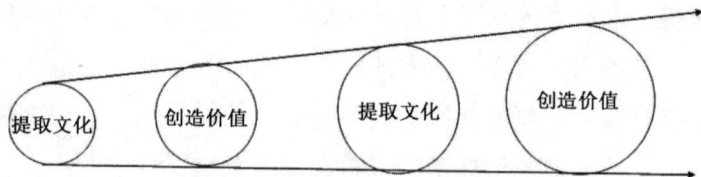

图 5-1 纺织类非物质文化遗产经济、文化的放大效应

产业化开发对纺织类非物质文化遗产的作用主要体现在以下几个方面。

（一）对代际传承的维持作用

目前掌握着非物质文化遗产的智者（如少数民族的寨老、师公等）、传承者，随着年龄的老去自然死亡，使非物质文化遗产的传承和延续出现了后继乏人的局面。据近年来的资料显示，许多著名的国家级代表性传承人先后逝世，他们所代表的非物质文化遗产项目因而处于濒危状态或成为绝唱，使国家级非物质文化遗产项目的可持续发展受到了威胁，许多口头传统或技艺还未及传授便消失无闻了。当代社会大多数人并不了解纺织，更不了解这些技术，所以寻找纺织类非物质文化遗产的继承人迫在眉睫。而产业化不仅能解决该地区的就业问题，也为物质文化遗产培养了传承人。如天利湘绣公司创建了一个湘绣文化发展与产业发展并进的平台，在职员工近 400 人（专职高级绣师 300 余人），拥有湘绣产业自主完整的产业链体系。可见，产业化对于纺织类非物质文化遗产的传承是至关重要的。

（二）对综合价值的保护作用

众所周知，中国素以"丝绸之国"闻名世界，中国南部广大地区自古以来产有蚕丝，促进了刺绣工艺的发展。以中国四大名绣中的湘绣为例，湘绣是湖南长沙一带刺绣产品的总称，起源于湖南的民间刺绣，吸取了苏绣和粤绣的优点而发展起来。

湘绣主要以纯丝、硬缎、软缎、透明纱和各种颜色的丝线、绒线绣制而成。其特点是：构图严谨，色彩鲜明，各种针法富于表现力，通过丰富的色线和千变万化的针法，使绣出的人物、动物、山水、花鸟等具有特殊的艺术效果。在湘绣中，平绣、织绣、网绣、结绣、打子绣、剪绒绣、立体绣、双面绣、乱针绣等，都注重刻画物象的外形和内质，即使一鳞一爪、一瓣一叶之微也一丝不苟。从 1958 年长沙楚墓中出土的绣品看，早在 2500 多年前的春秋时代，湖南地方刺绣就已有一定的发展。1972 年又在长沙马王堆西汉古墓中出土了 40 件刺绣衣物，说明远在 2100 多年前的西汉时代，湖南地方刺绣已发展到了较高的水平。随着湘绣产业化的发展，经过广大刺绣艺人的辛勤创造和一些优秀画家参与湘绣技艺的改革提高，把中国画的许多优良传统移植到绣品上，巧妙地将我国传统的绘画、刺绣、诗词、书法、金石各种艺术融为一体，从而形成了湘绣以中国画为基础，运用 70 多种针法和 100 多种颜色的绣线，充分发挥针法的表现力，精细入微地刻画物象外形内质的特点，使绣品形象生动逼真，色彩鲜明，质感强烈，形神兼备，风格豪放，曾有"绣花花生香，绣鸟能听声，绣虎能奔跑，绣人能传神"的美誉。湖南湘绣城成为全国首家由中国文联和中国民协正式授牌的国家级非物质文化遗产保护研究基地。

20 世纪 30 年代，湘绣的产值最高达 80 万银元，产品 1/3 出口。新中国成立后的数十年间，湘绣取得了长足发展，以独特风格和高超绣艺傲立于四大名绣之列，成为湖南乃至国家的"艺术名片"。湖南湘绣集团 2008 年年产值突破 5 亿元人民币，每年出口总额达到 120 万件（套）以上，带动农村就业人员近 6000 人。其中，位于长沙县境内的星沙湘绣工业园已引进相关湘绣配套企业 60 余家，园区经营商户 500 余家全部建成，将形成年产销 10 亿元的生产规模，带动就业人员约 3 万人❶。而且湘绣城湘绣产品九成以上销往境外，成为传播湖湘文化的载体。

湖南省天利湘绣公司是湘绣行业龙头企业之一，有 70 余年的发展基础（企业法人出生湘绣世家、祖辈三代人从事湘绣行业），自 1996 年开始对湘绣进行产业化开发，2008 年正式成立公司。公司投资总额近亿元，是国内投资规模最大的湘绣产业实体。该企业致力于把湘绣之乡——沙坪小镇的湘绣产业做大做强，引领湘绣走向产业化、高端化、国际化的发展道路。

---

❶ 资料转引自 http://www.huaxia.com/hn-tw/xtjl/jczt/swjsjyhnsfwzwhycwlz/fygjml/2012/10/3052580.html

企业的年销售量不断增长，2009 年销售收入 1000 余万元，2010 年销售收入 2030 万元，2011 年销售收入 2300 余万元。如图 5-2 所示。

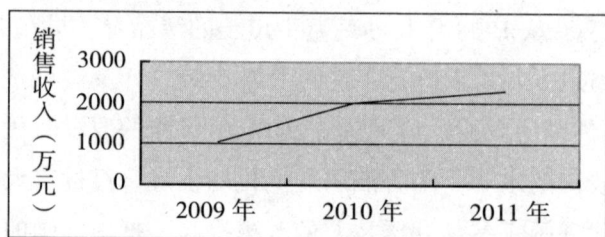

图 5-2　天利湘绣集团销售收入

此外，该企业 2009 年，被确定为国家级非物质文化遗产湘绣传承发展基地，2007 ~ 2011 年企业被推选为湘绣行业理事长单位。天利集团为国内首家集湘绣博物展示、技术研发、湘绣文化交流与国际贸易于一体的湘绣企业集团，拥有国内唯一的省级民办湘绣博物馆一个，湘绣文化研究中心一个。目前正规划在沙坪湘绣产业园建设业内最大的湘绣商贸航母——中国湘绣国际贸易文化交流中心。

可见，纺织类非物质文化遗产为社会经济的发展提供了新的资源，创造了商业机会，就像天利集团不仅创造了经济价值，而且也创造了社会价值和文化价值。这说明纺织类非物质文化遗产的产业化是对它的另一种保护方式，不仅使其继承得到保障，也使其自身的价值得到体现。

（三）对市场需求的引导作用

现代社会，纺织文化已经成为生活品质的一个部分，消费者越来越倾向于个性化，安全性、舒适性和环保性。"花钱买快乐，花钱买舒适，花钱买健康"已经成为一种消费时尚，而我国的纺织类非物质文化遗产的产品显然是适应社会潮流的，它不仅有绿色的制作过程，而且它赋予了我国纺织品的艺术性和文化性，因为它见证了中华民族传统文化和历史，同时也蕴含着中华民族特有的精神价值、思维方式、想象力和文化意识，体现着中华民族的生命力和创造力。

面对激烈的国际竞争形势，我国纺织企业不应该一味地以西方的文化、西方的爱好为设计主题，而应该在本土文化的基础上，在"世界潮流、固有血脉"上寻找一个适当的结合点，做出好的设计作品来，创造出一种有别于西方的自主创新的时尚潮流。

纺织类非物质文化遗产的产业化是技术创新和市场需求的推动，是未来纺织行业发展的必然趋势，同时，产业化也解决了纺织类非物质文化遗产的传承人的问题，进一步保护了其发展与传承。所以说，产业化与保护是相辅相成的，是协调发展的，其关系如图5-3所示。

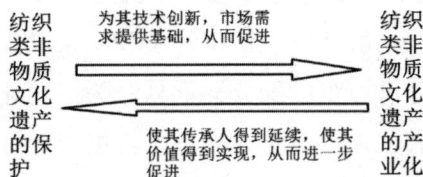

图5-3　纺织类非物质文化遗产产业化与保护的关系

一方面，非物质文化遗产的开发和利用，是以保护为基础的，因为非物质文化遗产是不可再生的，若是因为某种目的而盲目地开发，导致非物质文化遗产消失，那么要想再现就不可能了，这方面的教训是惨重的。另一方面，保护和抢救非物质文化遗产，维持其原生的、活态的、本真的特性是开发利用其价值的前提。没有即将消亡的非物质文化遗产的原汁原味的存在，开发和利用其价值也就成了一纸空文。当然，对社会资本和境外资本力量也要保持警醒，因为如果过于关注投资回报，追求利润的最大化，也容易将非物质文化遗产保护引向歧路。如果对非物质文化遗产项目全部推向市场，导致非物质文化遗产项目的本质和精髓被异化和肢解，就会与保护的初衷相背离。

四、中国纺织类非物质文化遗产产业化路径选择

由于非物质文化遗产项目种类繁多、特点鲜明，其存在状况和市场价值等也不尽相同。非物质文化遗产项目可以划分为全部产业化、部分产业化和非产业化三大类。非物质文化遗产项目产业化要体现三个基本要素：经营实体、市场导向和自我发展。全部产业化即非物质文化遗产项目本身可以全部

纳入产业化进程，具备完成生产、再生产、形成文化产品和服务的全过程。部分产业化即非物质文化遗产项目单体不宜组建完整的产业链，只能作为产业链的一环纳入产业化进程。非产业化是指那些对文化空间、社会生态环境依赖性较强的项目。非物质文化遗产是表现形式与文化空间的集合体。特别是对待文化空间意义上难以实现产业化的部分项目，采用行政强制和市场化手段是无法保护的，我们应该尊重、复原甚至放弃。

传统的文化资源根据其形态可以分为有形和无形两种，依据开发的程度可以划分为充分开发、一般开发、初步开发和未来开发四种类型。可以根据其产业化的程度再进行进一步的细分，如划分为产业化程度较高、产业化程度中等、产业化程度低、未产业化等类型。根据以上分类与现实中传统文化资源开发的实践，可以将文化资源产业化的路径分为以下几类。

（一）地理同心圆式产业化路径

从地理范围来讲，任意一种传统文化资源的形成都有其发源地，发源地可能是一个地点，也可能是一条地理上相连的线，还可能是由多地点所构成的面状分布。虽然不同的文化资源能够实现的地理扩散范围是不同的，但是，也都基本上是形成以其发源地为中心，向其最近的一级地区发展，再逐步扩散到稍远的二级地区，以同心圆的形式，层层向外扩散，最终能够影响到全国乃至全球范围。由于纺织类非物质文化遗产具有显著的地域性，所以几乎所有的纺织类非物质文化遗产都可以采用此种路径。特别是地方特色明显的纺织类非物质文化遗产，如水族马尾绣、土族盘绣、羌族刺绣、彝族（撒尼）刺绣、满族刺绣、侗族刺绣等极具少数民族风情的刺绣；还有傣族织锦、苗族织锦、藏族邦典、卡垫织造技艺所生产的纺织产品，都可以选择地理同心圆式的产业化路径。

这些绣品、织造技艺大都繁琐复杂，织造所需的原材料取材也较为复杂独特，只有以民族聚居地即其文化遗产的发源地作为中心，在其各自的发源地做出名气、做出品牌才能辐射到与其相邻的二级地区，然后再逐步向外扩张，直至能远销世界。

以贵州水族的马尾绣为例。这种以马尾作为重要原料的特殊刺绣技艺就为其发源地带来了可观的经济效益。其借助非物质文化遗产的成功申报打响名气，在其发源地组织当地妇女进行生产。因为马尾绣主要依靠手工生产，经营者就采取了包销的策略：由收购商提供样式，请绣娘制作绣品，再将其销售给各地的订货商。这样就形成了从发源地内部自产自销到向附近地区销售，最后借助其文化品牌内涵和品质远销外地的一条产业化路径。这样的逐级发展的销售模式，可以适用于这类具有特别显著的地方特色的纺织品。可以利用纺织类非物质文化遗产的名气，以精巧的工艺吸引来往的商旅，便于其向外扩张销售版图，即以发源地为中心，以品牌企业为支撑，逐步向二级、三级地区销售。在不断增强的影响力作用下，再扩大生产规模，培养技术人才，形成以手工制作为主的规模产销模式，实现其产业化。

（二）业务同心圆式产业化路径

纺织类非物质文化遗产起初的产品是单一的纺织初级产品，如刺绣类的是简单的绣品，织造技艺的成品是布匹等。这样单一的初级产品是难以满足多元化的市场需求的，需要进行产业化业务的同心圆式扩张。如南京云锦织造技艺、中国的桑蚕丝织造技艺、南通蓝印花布印染技艺、苗族蜡染技艺、白族扎染技艺、传统棉纺织技艺、毛纺织及擀制技艺等纺织类非物质文化遗产均可以采用这样的产业化路径。

以南京云锦织造技艺为例。南京云锦以色彩鲜亮，样式华丽、历史悠久而闻名于世，南京云锦在产业化的过程中，除了必须由手工完成的"云锦妆花"外，其余品种都进行了产业化发展。云锦产业化是以其云锦的布匹织锦为其核心产业，随后将这种华丽的织锦融入到现代的华丽礼服、饰品、生活用品中，形成第二级产品。在 2008 年的北京奥运会中，南京云锦织造的天坛、长城等织锦纪念品成为该届奥运会的特许纪念品。这不仅为南京织锦打响了品牌，也为其打开国际市场提供了契机，为世界所熟知和喜爱。这样逐步扩宽生产产品的种类，以主要业务产品为之后的新品打响品牌，同时积累了经济基础，有利于这一类的纺织类非物质文化遗产的进一步深化发展。

（三）链式产业化路径

链式扩散主要有产业链、生产链、供应链和价值链四种类型。每条链上都有两个节点。这两个节点是企业价值产生、维持和增值的主要源泉。通过节点将不同的链条连接起来，就构成了整个产业链、生产链、供应链和价值链。产业链是在经济活动的过程中，各个产业之间存在着广泛的、复杂和密切的技术经济联系，依据前、后向的关联关系组成的一种产业系统。生产链是指与完成最终产品有关的劳动与生产过程的一组网络。供应链则是指从生产产品的物流供应到最终用户取得产品的过程中一系列的业务活动和相互关系构成的链状结构。一定水平的价值链是企业在一个特定产业内从事设计、生产、营销、交货以及对产品起辅助作用的各种活动的组合。对于文化企业来说，在其发展的不同阶段，企业需要依据自身的实力选择适当的链式扩散战略。

链式产业化路径适合于可以进行机械化生产，又要有手工制作的纺织类非物质文化遗产。能进行机械化生产可以形成供应链，在机械化生产中的技术创新能帮助其加快产业化的步伐，但是，这类纺织品又必须有手工制品以保证其文化的传承和保护，能实现传统与创新的有机结合。如中国的四大名绣——苏绣、粤绣、湘绣和蜀绣，还有汉绣、盘绣等。

以苏绣为例，苏绣是中国四大名绣之一，它以其精妙的绣工、悠久的历史而最早被世界所熟知。苏绣在产业化的过程中选择了建立文化产业群的方式，在其所建设的文化产业基地发展中，逐渐形成了完整的传承、研发、展示、生产、经营和销售的文化产业链。并且形成了"一所一馆一街（镇）"的一条苏州刺绣的文化产业链，即以中国苏州刺绣研究所有限公司作为科研、展览、旅游的研发机构，以姚建萍刺绣艺术馆等一批艺术展馆作为展示、设计、经营的传承机构，以镇湖等一批乡镇生产、加工、销售基地作为苏州刺绣文化产业基地。苏绣产业化使得其在 2007 年就实现了年销售产值超过 5 亿元的骄人业绩。它在产业化的过程中实现了产品的批量生产，以这些产品满足普通民众对于苏绣的喜爱和追求。同时也加紧培养刺绣从业人员，生产全手工绣制的高档绣品。此类的产业化路径可以完成不同层次的市场需求，但是其形成的产业链所包含的节点的内容将会影响整个此种纺织类非物质文化遗产的产业化，并且需要其自身具有能进行一定机械化生产的条件。

纺织类非物质文化遗产中并不适用于完全地投入机械化生产，这样会使这些文化遗产失去其本身价值，应该选择结合第三产业的方式建立产业链或者产业群来实现产业化。不同类型的纺织类非物质文化遗产可以选择不同类型的产业化道路，可以是同心圆的辐射式，也可以是产业链的链式等。而纺织类非物质文化遗产产业化的最终目的是保护和传承这些优秀的文化遗产，所以产业化的根本目的不是经济效益，在产业化的过程中其关键是不能将产业化这一手段和保护传承的根本宗旨本末倒置。

目前我国纺织类非物质文化遗产中的一些子项目已经开始尝试采取产业化的路径来实现自身的发展，并且已初显成效。可见，纺织类非物质文化遗产作为无形的文化资产，可以将其融会于一些实物中并投入产业化经营，在获取经济利益的同时，更能帮助其保护、传承和发展。只要在产业化过程中选择了适合自身具体情况的产业化路径，就一定能走出一条既能以产业化实现经济价值，又能够促进纺织类非物质文化遗产得到更进一步的保护、传承和发展的光明道路。

五、中国纺织类非物质文化遗产保护的金融支持

（一）产业发展的金融支持路径

产业发展的金融支持路径如图 5-4 所示。

1. 金融机构借贷——银行贷款等

银行借款是指企业向银行或其他非银行金融机构借入的、需要还本付息的款项。其主要类别有以下几种。

（1）按提供贷款的机构，分为政策性银行贷款、商业银行贷款和其他金融机构贷款

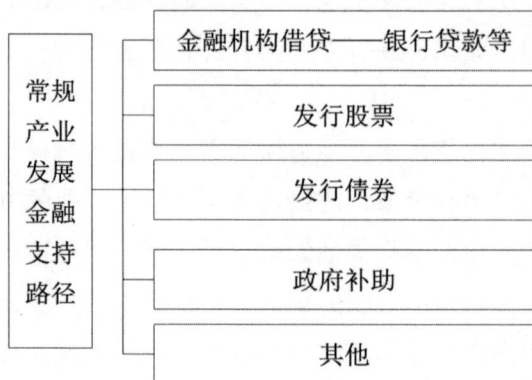

图5-4 常规产业发展的金融支持路径

政策性银行贷款是指执行国家政策性贷款业务的银行向企业发放的贷款，通常为长期贷款。如国家开发银行贷款，主要满足企业承建国家重点建设项目的资金需要；中国进出口信贷银行贷款，主要为大型设备的进出口提供的买方信贷或卖方信贷；中国农业发展银行贷款，主要用于确保国家对粮、棉、油等政策性收购资金的供应。

商业性银行贷款是指由各商业银行，如中国工商银行、中国建设银行、中国农业银行、中国银行等，向工商企业提供的贷款，用以满足企业生产经营的资金需要，包括短期贷款和长期贷款。

其他金融机构贷款，如从信托投资公司取得实物或货币形式的信托投资贷款，从财务公司取得的各种中长期贷款，从保险公司取得的贷款等。其他金融机构的贷款一般较商业银行贷款的期限要长，要求的利率较高，对借款企业的信用要求和担保的选择比较严格。

表5-1 金融机构借贷分类

分类标准	类别	含义
提供贷款的机构	政策性银行贷款	执行国家政策性贷款业务的银行向企业发放的贷款
	商业性银行贷款	由各商业银行向企业提供的贷款
	其他金融机构贷款	从财务公司等其他金融机构取得的贷款

续表

分类标准	类别	含义
对贷款有无担保要求	信用贷款	以借款人的信誉或保证人的信用为依据而获得的贷款
	担保贷款	由借款人或第三方依法提供担保而获得的贷款
企业取得贷款的用途	基本建设贷款	企业因从事新建、改建、扩建等基本建设项目需要资金而向银行申请借入的款项
	专项贷款	企业因为专门用途而向银行申请借入的款项
	流动资金贷款	企业为满足流动资金的需求而向银行申请借入的款项

（2）按机构对贷款有无担保要求，分为信用贷款和担保贷款

信用贷款是指以借款人的信誉或保证人的信用为依据而获得的贷款。企业取得这种贷款，无需以财产作抵押。对于这种贷款，由于风险较高，银行通常要收取较高的利息，往往还附加一定的限制条件。

担保贷款是指由借款人或第三方依法提供担保而获得的贷款。担保包括保证责任、财务抵押、财产质押，由此，担保贷款包括保证贷款、抵押贷款和质押贷款。

保证贷款是指按《担保法》规定的保证方式，以第三人作为保证人承诺在借款人不能偿还借款时，按约定承担一定保证责任或连带责任而取得的贷款。

抵押贷款是指按《担保法》规定的抵押方式，以借款人或第三人的财产作为抵押物而取得的贷款。抵押是指债务人或第三人不转移财产的占有，将该财产作为债权的担保，债务人不履行债务时，债权人有权将该财产折价或者以拍卖、变卖的价款优先受偿。作为贷款担保的抵押品，可以是不动产、机器设备、交通运输工具等实物资产，也可以是依法有权处分的土地使用权，还可以是股票、债券等有价证券等，它们必须是能够变现的资产。如果贷款到期借款企业不能偿还或不愿偿还贷款，银行可取消企业对抵押品的赎回权。抵押贷款有利于降低银行贷款的风险，提高贷款的安全性。

质押贷款是指按《担保法》规定的质押方式，以借款人或第三人的动产或财产权利作为质押物而取得的贷款。质押是指债务人或第三人将其动产或

财产权利移交给债权人占有，将该动产或财务权利作为债权的担保，债务人不履行债务时，债权人有权以该动产或财产权利折价或者以拍卖、变卖的价款优先受偿。作为贷款担保的质押品，可以是汇票、支票、债券、存款单、提单等信用凭证，也可以是依法可以转让的股份、股票等有价证券，还可以是依法可以转让的商标专用权、专利权、著作权中的财产权等。

（3）按企业取得贷款的用途，分为基本建设贷款、专项贷款和流动资金贷款

基本建设贷款是指企业因从事新建、改建、扩建等基本建设项目需要资金而向银行申请借入的款项。

专项贷款是指企业因为专门用途而向银行申请借入的款项，包括更新改造技改贷款、大修理贷款、研发和新产品研制贷款、小型技术措施贷款、出口专项贷款、引进技术转让费周转金贷款、进口设备外汇贷款、进口设备人民币贷款及国内配套设备贷款等。

流动资金贷款是指企业为满足流动资金的需求而向银行申请借入的款项，包括流动基金借款、生产周转借款、临时借款、结算借款和卖方信贷。

2. 发行股票

股票发行是指符合条件的发行人以筹资或实施股利分配为目的，按照法定的程序，向投资者或原股东发行股份或无偿提供股份的行为。股票发行人必须是具有股票发行资格的股份有限公司。股份有限公司发行股票，必须符合一定的条件。我国《股票发行与交易管理暂行条例》对新设立股份有限公司公开发行股票，原有企业改组设立股份有限公司公开发行股票、增资发行股票及定向募集公司公开发行股票的条件分别做出了具体的规定。

3. 发行公司债券

公司债券是指公司依照法定程序发行的，约定在一定期限还本付息的有价证券。公司债券是公司债务的表现形式，基于公司债券的发行，在债券的持有人和发行人之间形成了以还本付息为内容的债权债务法律关系。因此，公司债券是公司向债券持有人出具的债务凭证。公司债券不论是对发行公司债券的公司而言，还是对政府监管部门而言，都是一件重大的事件。对于发行人而言，发行公司债券属于向社会投资者出售信用、增加负债的重大

社会融资行为，几乎所有国家的公司法都规定，发行公司债券需要公司决策机构，如董事会、股东大会等批准，否则公司经营管理层不得擅自决定发行公司债券。募集的资金不可以用于偿还银行贷款。对于政府监管机构而言，由于发行公司债券涉及社会重大信用，对稳定社会经济秩序、维护投资者权益都有重大影响。因此，几乎所有国家的公司法都规定，发行公司债券必须报经政府有关监管机构批准或核准，或者到政府监管机构登记、注册，否则就属于违法行为。因此，"依照法定程序"发行债券主要包含两层含义：一是须经公司决策层，如董事会、股东大会等批准；二是须经政府监管部门同意。政府监管部门在同意发行公司债券的审查过程中，须通过有关法律法规在信用评级、财务审计、法律认证、信息披露等方面进行严格要求。

4. 政府补助

政府补助，是指企业从政府无偿取得货币性资产或非货币性资产。我国目前主要的政府补助有财政贴息、研究开发补贴和政策性补贴。

（二）中国纺织类非物质文化遗产的金融支持现状

1. 中国纺织类非物质文化遗产企业融资的特殊性

前述融资路径为常规产业中规模较大企业的常规融资路径，由于中国纺织类非物质文化遗产自身具有的特点，使得并非所有的常规融资路径都适用于纺织类非物质文化遗产相关企业，因此，对其融资的特殊性进行分析，将有助于甄选出最合理的融资路径。

在纺织类非物质文化遗产产品中，大多是需要手工完成的，手工制品会更加精致、传神。比如刺绣，虽然现在已经可以机器生产，但是缺乏了其独有的韵味，要想得到一幅高端上档次的作品，是需要拥有高超技艺的绣娘一针一线绣出来的，普通的绣娘只能望尘莫及，更不用说机器生产了。正是由于纺织类非物质文化遗产的这些特点，使得纺织类非物质文化遗产企业大多为小作坊式的企业，且具有大型机器设备等固定资产较少、企业规模较小、没有完整的财务报表等特点，因此，其融资需求就呈现出区别于其他产业和企业的特点。比如常规的银行发放贷款需要企业财产作为抵押，而且抵押品主要为固定资产等不动产，这恰恰是纺织类非物质文化遗产产品生产企业不具有的。此外，对于发行有价证券这一融资路径，往往要求企业达到一定规模且具有连续完整的财务报表，这又是大多数纺织类非物质文化遗产产品生产企业难以达到的，因此，有必要探讨针对纺织类非物质文化遗产产品生产企业特点的、适用的、可操作的金融支持路径，这也是传承、保护纺织类非物质文化遗产的关键所在。

2. 中国纺织类非物质文化遗产的金融支持现状

目前我国政府认定的国家级非物质文化遗产项目中，纺织类非物质文化遗产涉及绣、织、染以及服饰四大类别。有关政府部门、机构、行业和企业通过各种渠道开发、保护和传承纺织类非物质文化遗产，一些非物质文化遗产项目取得了明显的市场化业绩，但整体融资状况仍不理想甚至堪忧，存在如表5-2所示的问题。如何让祖先辛勤智慧的结晶世代相传下去，并让这些珍贵的财产得以更好地传承与发扬，是我们亟须解决的问题。

表5-2　中国纺织类非物质文化遗产金融支持的主要问题

中国纺织类非物质文化遗产金融支持的主要问题	融资渠道狭窄、融资方式单一
	民间资本开始介入，但有待规范
	资金短缺仍是非物质文化遗产保护中的突出问题

（1）融资渠道狭窄、融资方式单一

由于纺织类非物质文化遗产自身的特点，使得当前纺织类非物质文化遗产企业大多主要依靠政府补助，融资渠道狭窄、融资方式极为单一。例如走向消亡的白族扎染技艺，其融资渠道十分狭窄。

云南省是除非洲和印度尼西亚外的世界第三大非物质文化遗产基地。云南省的国家级非物质文化遗产有90余项，其中少数民族项目占95%，但由于云南经济落后，不仅非物质文化遗产的保护力度远远不如东部地区，而且还有很多濒危的民间艺术还没走完艰难的申遗之路就濒临失传，白族扎染就是其中之一。

扎染古称"绞缬"，是我国一种古老的纺织品染色技艺，大理叫它为"疙瘩花布"、"疙瘩花"。因主产地在大理，染布者大多是白族，故而人们又把它叫做大理扎染、白族扎染。大理白族自治州大理市周城村和巍山彝族回族自治县的大仓、庙街等地至今仍保留着这一传统技艺，其中以周城白族的扎染业最为著名，被文化部命名为"民族扎染之乡"。大理白族扎染是白族人民的传统民间工艺产品，该产品集文化、艺术于一体，其花型图案以规则的几何纹样组成，布局严谨饱满，多取材于动、植物形象和历代王宫贵族的服饰图案，充满生活气息。其工艺由手工针缝扎，用植物染料反复浸染而成。产品不仅色彩鲜艳、永不褪色，而且对皮肤有消炎保健作用，克服了现代化学染料有害人体健康的副作用。

20 世纪 80 年代后，周城一些地方办起了集体扎染厂，野生板蓝根由于供不应求很快便绝种。在经济效益的刺激下，村里人开始人工培育板蓝根。如今，有些村里的染坊，很难见到一块用板蓝根新染出的蓝白花布。究其缘由，各作坊间的恶性竞争正在断送扎染的前途。各作坊相互打压价格，同样是在经济效益的刺激下，他们竞相使用化工染料，这使得成本较高的植物染色最终还是退出了历史舞台。据了解，化工染色不仅染料成本低，而且只需个把小时就能染好。

段树坤是白族扎染的省级传承人，省政府每年给予传承补助，并与他签订传承协议。针对目前扎染的境况，他表达了自己的担忧，虽说每年自己也会带十多个徒弟，但是这些徒弟几乎都是要么学成后转了行，要么就是嫌赚钱少还没学成就放弃了，"这手艺留不住人。"段树坤不由得叹息。说起省政府每年补助的 3000 元，段树坤坦言太少了，做不了什么。对于植物染色消失，段树坤说他目前也还能制作出植物染色的花布，愁的是销路。如今扎染的价格打压得这么低，各作坊这样小打小闹成不了气候。他希望政府能够牵头成立合作社，将小染坊联合起来，规范扎染市场，为白族扎染的传承和生产打开一条出路，但这同样需要资金。

（2）民间资本开始介入，但有待规范

宁夏回族服饰是第一批国家非物质文化遗产名录中收录的非物质文化遗产。回族传统服饰习俗及其与之密切关联的回族妇女刺绣等手工艺，即"针线"，是回族文化的三大表征之一。伊斯兰宗教文化在其服饰文化中起着主导作用，同时又受汉族、满族等多民族服饰文化的影响，承袭了中国传统服饰的诸多特点。

在主体服饰不断趋从、变化的情况下，宁夏回族一直努力在头饰、佩饰等服饰细节上顽强保留着自己的民族特点。男子的白帽、妇女的盖头等标志性装束一直沿袭，许多着装习俗都表现出鲜明的民族个性特征和审美追求。目前，宁夏回族传统衣服和饰品只在山区有零星遗存，妇女"针线"工艺传承的脉络微弱，但其濒危的状况直接影响了民族文化内容的多样性和民族自治地方的特色文化建设。当前已有民间资本开始介入，但有待规范。

（3）资金短缺仍是纺织类非物质文化遗产保护中的突出问题

整体来看，资金短缺仍是当前我国纺织类非物质文化遗产保护中的突出问题，很多企业有工艺、有原料，但唯独缺少相应的资金支持，这极大地制约了企业的发展与非物质文化遗产的保护传承。如振兴祥中式服装制作技艺，该技艺是以手工制作中国式传统服装的独特技艺。1932 年诞生在浙江杭州，现名为利民中式服装厂，是国内完整保留至今从未间断过的中式服装生产的中华老字号企业。百余年来，它吸收和传承了中华民族几千年的服饰文化精髓，形成了"大襟、立领（又称中国领）、一字扣、镶、嵌、滚、宕、盘、钉、勾、绣"等具有鲜明中华民族服饰风格的独特技艺。它以高档织锦缎和丝绸为面料，裁剪缝制出旗袍、长衫马褂、男女中式套装、丝棉袄等系列产品。

但是，近年来城市在以飞快的速度向前迈进，在此过程中，一些慢行者被挤出城市中心。以"振兴祥中式服装制作技艺"入选第三批国家非物质文化遗产名录的利民中式服装厂，见证着这样一个"挤出"过程。最早它在浙江省杭州市吴山路，后来搬到火车站边的江城路，现在搬到了城郊结合部五堡。在已编制的《"振兴祥中式服装制作技艺"保护计划》中，对于资金的需求明确："对'振兴祥'品牌的吊牌、合格证等配套饰件重新进行设计提高，计划投入资金 5000 元"……一年保护计划总投入资金 8 万元。但就是这样的资金需求都难以落实。

综上可见，金融支持成为当前制约我国大部分纺织类非物质文化遗产保护、传承与发展的瓶颈问题，亟待解决。

（三）中国纺织类非物质文化遗产的金融支持路径

关于中国纺织类非物质文化遗产的金融支持路径如图 5-5 所示。具体说来，有以下五个方面。

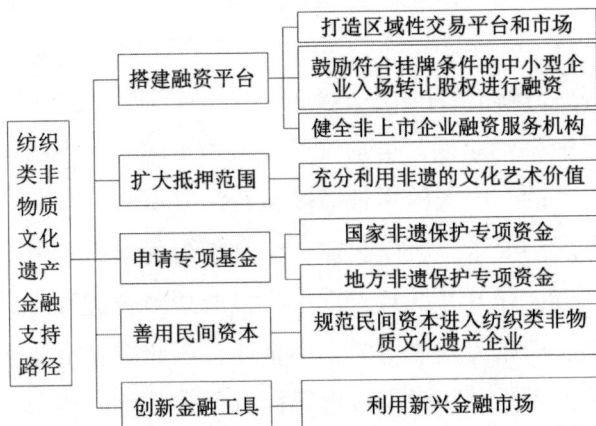

图 5-5　中国纺织类非物质文化遗产的金融支持路径

1. 搭建融资平台

（1）打造区域性交易平台和市场

目前中国纺织类非物质文化遗产的传承面临着很多困难。很多非物质文化遗产传承人年事已高，非物质文化遗产产品与市场不能很好对接，市场不断萎缩，经济收入无法保证等，这都严重影响了纺织类非物质文化遗产的传承和发扬。

因此，为了让非物质文化遗产文化更好地联系市场，建立市场化的非物质文化遗产文化传承和保护机制，吸引更多的人群关注和参与非物质文化遗产文化尤为重要，打造区域性交易平台和市场是重要的路径之一。区域性交易平台旨在通过平台为非物质文化遗产传承人、非物质文化遗产艺术管理机构、非物质文化遗产投资机构、非物质文化遗产投资人等提供一个全面沟通，资源互惠的科学先进的市场化服务平台，并同时配套完备规范的交易制度与自主开发的发售流通交易系统，打造规则完备、体系健全、确权保真的纺织类非物质文化遗产交易平台。并大力发展中国纺织类非物质文化遗产文化在国际领域的跨界整合，推动中国纺织类非物质文化遗产文化的国际交流与合作。通过平台建设，以达到让政府认可，市场接受，群众参与，交易活跃，价值提高，模式创新的目的。通过平台的宣传和市场营销提升市场对纺织类非物质文化遗产的认知度，不断挖掘其经济价值，并利用完善的制度保障和结构设计维护中国纺织类非物质文化遗产市场秩序，活跃中国非物质文化遗产市场。

（2）鼓励符合挂牌条件的中小型企业入场转让股权进行融资

中小板块即中小企业板，是指流通盘大约1亿元以下的创业板块，是相对于主板市场而言的，中国的主板市场包括深交所和上交所。有些企业的条件达不到主板市场的要求，所以只能在中小板市场上市。中小板市场是创业板的一种过渡，2004年6月2日首支中小板股票新合成发行。鉴于大多数纺织类非物质文化遗产相关企业均为中小企业，因此应着重关注此类新兴的金融市场，但同时也要注意，中小板也同样有上市条件的要求，因此，应重点鼓励符合挂牌条件的中小型企业入场转让股权进行融资。

（3）健全非上市企业融资服务机构

融资担保是担保业务中最主要的品种之一，是随着商业信用、金融信用的发展需要和担保对象的融资需求而产生的一种信用中介行为。信用担保机构通过介入包括银行在内的金融机构、企业或个人这些资金出借方与主要为企业和个人的资金需求方之间，作为第三方保证人为债务方向债权方提供信用担保——担保债务方履行合同或其他类资金约定的责任和义务。在其业务性质上，融资担保具有金融性和中介性双重属性，属于一种特殊的金融中介服务。应健全非上市企业融资服务机构，真正为企业提供金融支持。

如2011年，广东省西樵镇政府与佛山纺织行业协会共同出资成立了广东南纺融资担保有限责任公司。公司与中国银行等7家银行签署战略合作协议，西樵纺织企业利用政府出资，行业协会为操作平台，满足融资需求。目前该公司已与广发银行佛山分行和南海农村信用合作联社签订了融资担保业务合作协议，总授信金额2亿元，有力支持了当地纺织类非物质文化遗产的保护与传承。

2. 扩大抵押范围、充分利用非物质文化遗产的文化价值与艺术价值

尽管纺织类非物质文化遗产相关企业大多不满足银行发放贷款时常规的

抵押品和质押物要求，但纺织类非物质文化遗产产品具有其他行业产品无法比拟的文化价值与艺术价值，因此，应着重开发、利用这些无形资产，为企业融资。

如苏州姚建萍刺绣艺术有限公司就以 3 幅苏绣为抵押，获中国银行 500 万元贷款。

2012 年春天，北京人民大会堂向苏州姚建萍刺绣艺术有限公司订制巨幅苏绣作品《春早江南》，作品幅面达到了 7.5 米 ×3.4 米，是苏绣中较为罕见的巨幅作品，高昂的材料成本和人力成本使得姚建萍刺绣艺术有限公司遇到了资金难题。

中国银行苏州分行认为，姚建萍是国家级非物质文化遗产（苏绣）代表性传承人，其作品拥有较高的市场价值和艺术收藏价值，再加上苏绣藏品具有稳定的物理及化学性质而不易变性、易运输、易保存且仓储期限较长、易变现、功能多、实用性强、价值看好等特点，最终确定了 3 幅苏绣精品进行质押贷款。姚建萍刺绣艺术有限公司获得贷款 500 万元，顺利完成了《春早江南》的创作。

3. 用好国家及地方政府各级专项基金

（1）国家级非物质文化遗产保护专项资金

文化部定期开展国家级非物质文化遗产保护专项资金申报工作，其中包括：一是国家级非物质文化遗产代表性项目补助费。有以下几项：

第一，已入选联合国教科文组织"急需保护的非物质文化遗产名录"的国家级项目，应作为重点补助对象优先申报，并加大扶持力度。

第二，已入选联合国教科文组织"人类非物质文化遗产代表作名录"的国家级项目，应作为重点补助对象优先申报，京剧、昆曲等国家已安排专项资金的项目，不列入申报范围。

第三，其他国家级项目在各地申报的基础上，由省级文化行政部门审核汇总并按照文化价值和濒危程度区分轻重缓急，进行合理排序后申报，申报比例不得超过本地区国家级非物质文化遗产代表性项目总数的 30%。经济效益较好的项目不列入申报范围。

二是国家级代表性传承人补助费。经文化部批准公布的所有国家级代表性传承人均可申报补助费。补助标准为每人每年 1 万元。

（2）地方级非物质文化遗产保护专项资金。以上海市为例

2012 年 6 月，上海市文广局与上海市财政局共同起草的《上海市市级非物质文化遗产项目专项资金管理办法》对社会公布，上海非物质文化遗产保护市级专项资金将据此正式设立。随着市级专项资金的设立，国家级、市级、区县级三级专项资金配套体系逐步形成，上海非物质文化遗产保护工作保障体系将逐步完善。凡列入上海市级名录的非物质文化遗产项目和传承人将根据项目级别、濒危程度、生产性保护前景等标准，通过预算申报、专家评审、政府审批等流程，陆续获得专项补助。

4. 善用民间资本

（1）引导民间资本规范进入纺织类非物质文化遗产相关企业

民间资本就是民营企业的流动资产和家庭的金融资产。自改革开放以来，中国以市场经济为导向的改革，创造了大量的社会财富、集聚了大量的民间资本。2010 年国务院发出通知，鼓励和引导民间资本进入基础产业和基础设施领域，鼓励和引导民间资本进入市政公用事业和政策性住房建设领域，鼓励和引导民间资本进入社会事业领域。已有越来越多的地区、部门正在深化对民间资本的认识，民间资本的投资领域逐步拓宽。将民间资本引入纺织类非物质文化遗产的保护与传承，既弥补了资金缺口，又满足了投资需求。

国有资本更偏重于投资新闻出版发行、广播电影电视和网络文化等大型文化产业。但是对于大多尚处于起步阶段的非物质文化遗产生产性保护项目而言，民间资本或许将会起到更加积极的作用。如汉绣的发展，历史上汉绣曾经名声大震，绣品供不应求，湖北省内各地购买或定制汉绣者，均汇聚于汉口。汉口镇在 16 世纪迅速崛起，到 19 世纪中叶已发展成为国内近代化仅次于上海的重要城镇。汉口镇的鼎盛，使得在这个地区生产的绣品，不仅以"汉"命名，而且也因汉口镇的辉煌而名扬天下，形成了题材广泛、构思大胆、色彩浓艳、装饰性强、绣工细腻、极具楚文化遗风的刺绣艺术体系，足以与当时的苏绣媲美，并且留下了很多经典的传世之作，对后世产生了重要的影响。

2012 年武汉旅游发展投资集团有限公司与非物质文化遗产项目"汉绣"

的传承人任本荣签订了非物质文化遗产产品开发推广战略合作协议，他创作的汉绣被开发成旅游文化产品和高端收藏品，以包销、代销、订制等多种方式来推广。不仅如此，武汉旅游发展投资集团有限公司在 2014 年成立了武汉非物质文化遗产文化传播有限公司，免费为非物质文化遗产创作者提供工作室，投资建立现代理念的生产开发模式，使非物质文化遗产项目以全新的面貌"出阁"。

（2）利用民间融资备案管理平台和民间融资监测体系

充分利用民间融资备案管理平台和民间融资监测体系，为纺织类非物质文化遗产企业提供借贷合约公证和登记、资产评估、法律咨询等综合服务，全方位促进纺织类非物质文化遗产的保护与传承。

5. 创新金融工具，利用新兴金融市场

创新金融工具，有效利用新兴金融市场，寻求非物质文化遗产与金融市场的最佳结合点，是纺织类非物质文化遗产金融支持的重要路径。例如苏绣在天津文化艺术品交易所上市交易。

文交所是文化产权交易所的简称。文交所主要从事与文化产业相关的权利流转、艺术品等交易活动的服务工作，为文化领域的权益流转、对接提供全面、规范的市场平台。截至 2012 年 10 月 28 日，包括北京、天津、广东、浙江、江苏、山东在内的 18 个省、市、自治区已经成立的文化产权交易平台机构近 30 家，并成立了"全国文化产权交易共同市场"。

苏绣发源于苏州，有 2000 多年的历史。作为中国四大名绣之一，首批国家级非物质文化遗产项目，目前市场对刺绣作品的定价机制非常不合理，很多时候，其售价仅仅体现了原料、人工、税收等成本，没有体现出作品的艺术价值。2010 年底，天津文化艺术品交易所正式启动艺术品份额化交易。具体来说就是，如果一件艺术品的价格为 1000 万元，将它分成 1000 万份的份额，每份发行价格为 1 元左右。投资者通过二级市场买卖艺术品份额，这一做法实现了文化艺术品市场与资本市场的有机结合。

据天津文交所发布的公告（图 5-8 ~ 图 5-11）显示，此次发售的苏绣艺术品中，《富春山居图》合璧（图 5-6）通过天津文交所交易系统发售 3300 万份，《世纪和平——百鸽图》（图 5-7）发售 2600 万份，申购价格均确定为

1.15 元 / 份。由此估算，在天津文交所上市后，两幅作品的市值均超过或接近 3000 万元。

以苏绣为代表的非物质文化遗产作品在文交所上市，能够在两个方面起到积极的作用：一方面，大师级艺术家的作品数量有限，通过交易所的展示，可以形成公开、完善的价格体系，增强市场价格发现功能，让艺术家从市场中受益；另一方面，上市作品为其他艺术家和从业者树立了标杆，激励他们努力提高自己的能力，创作出更多更好的作品。

图 5-6 天津文交所上市交易的苏绣《富春山居图》

图 5-7 天津文交所上市交易的苏绣《世纪和平——百鸽图》

图 5-8　苏绣《富春山居图》艺术品发售公告

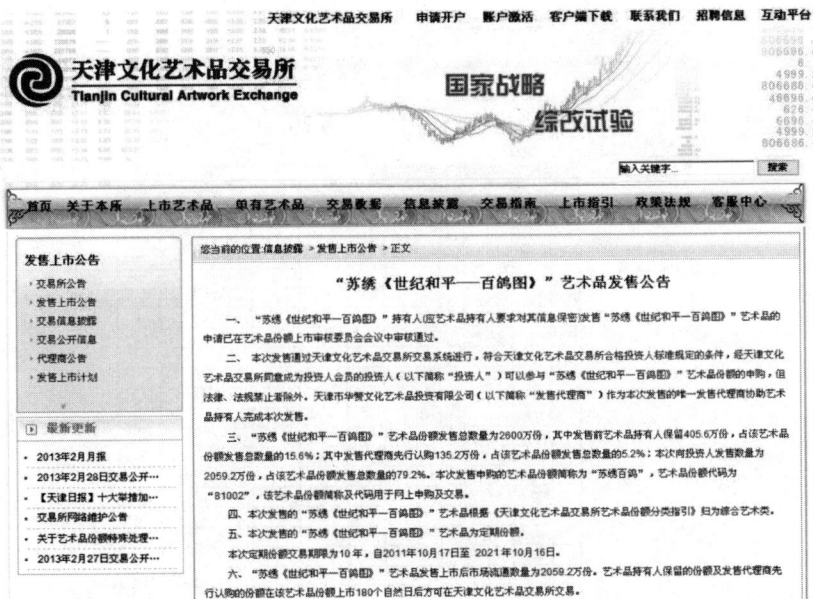

图 5-9　苏绣《世纪和平——百鸽图》艺术品发售公告

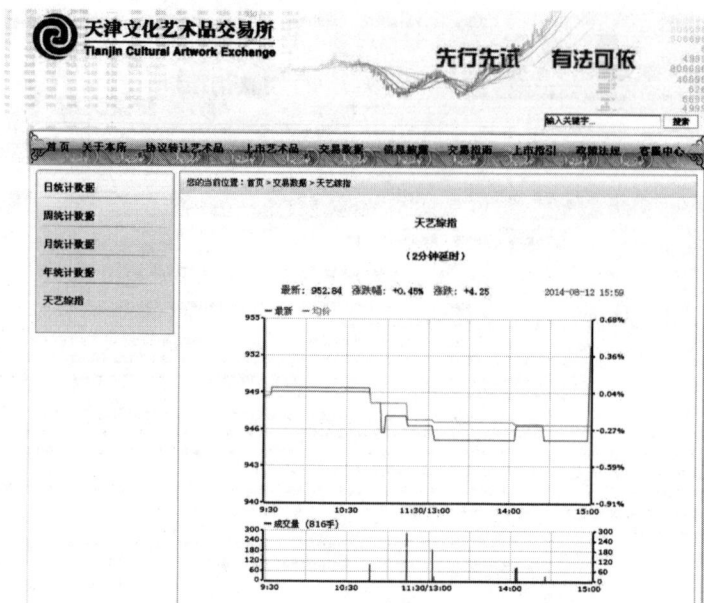

图5-10　2014年8月12日天艺综指

图5-11　2014年8月8日天津文交所交易情况日统计数据

第四节　中国纺织类非物质文化遗产的生产性保护

一、纺织类非物质文化遗产生产性保护的含义

纺织类非物质文化遗产生产性保护方式是在开展非物质文化遗产保护工作实践中应运而生的，它既体现了我国政府在开展此项工作方面的独创性，又与联合国教科文组织颁布的相关文化"公约"的精神相一致。如《保护非物质文化遗产公约》指出：要不断使非物质文化遗产得到"创新"的同时，使非物质文化遗产的拥有者自己具有一种认同感和历史感，从而促进文化多样性和人类的创造力。《保护和促进文化表现形式多样性公约》也明确提出：非物质文化遗产保护工作要体现"经济和文化发展互补原则"以及"可持续发展原则"。在此基础上，《中华人民共和国非物质文化遗产法》第三十七条对此又做了具体阐述："国家鼓励和支持发挥非物质文化遗产资源的特殊优势，在有效保护的基础上，合理利用非物质文化遗产代表性项目开发具有地方、民族特色和市场潜力的文化产品和文化服务。"

纺织类非物质文化遗产的生产性保护，是指在具有生产性质的实践过程中，以保持纺织类非物质文化遗产的真实性、整体性和传承性为核心，将非物质文化遗产及其资源转化为物质形态产品的保护方式。

二、中国纺织类非物质文化遗产生产性保护的意义和重要性

不断提升纺织类非物质文化遗产的传承能力，是生产性保护的出发点和落脚点。广大民众主要通过拥有和使用传统技艺的物态化产品及作品来享受其魅力。所以，对它们的保护与传承也唯有通过生产实践中获得实现。生产性保护纺织类非物质文化遗产工作的开展首要的是支持代表性传承人以积

极的态度恢复生产，以便实现非物质文化遗产文化的活态传承。对适合生产性保护的濒临灭绝危险的代表性项目，须优先采取抢救与扶持措施，收集，梳理和留存有关材料，逐渐使其恢复生产。如黎族传统纺染织绣技艺，是中国海南省黎族妇女创造的一种纺织技艺，它集纺、染、织、绣于一体，用棉线、麻线和其他纤维等材料做衣服和其他日常用品。黎族妇女从小就从母亲那里学习扎染经纱布、双面绣、单面提花织等纺织技艺。母亲们通过口传心授，传授技能。黎族妇女仅凭自己的丰富想象力和对传统样式的了解来设计纺织图案。在没有书面语言的情况下，这些图案便成为黎族历史、文化传奇、宗教仪式、禁忌、信仰、传统和民俗的记录者。然而，近几十年来，掌握织、绣技艺的妇女人数急剧减少，该纺织技艺正濒临灭绝，急需给予保护。对有市场潜力，却产量分散有限的代表性项目，鼓励采取"传承人＋协会"、"公司＋农户"等模式恢复生产。如黎锦技艺，该技艺在 21 世纪初期曾处于濒危边缘。2009 年，掌握这一技艺的人数已不足 1000 人，且多为年过七旬的老人，掌握双面绣技艺的黎族妇女更是屈指可数。

三、中国纺织类非物质文化遗产生产性保护中的政府作用

政府为代表性传承人组织生产、授徒传艺、展示交流等活动创造条件，提供引导：鼓励和支持代表性传承人生产有地方特色和民族特色的产品；鼓励和支持代表性传承人运用传统核心技艺开发适应当代民众审美需求的产品，推动传统产品功能转型；支持和帮助代表性传承人开展产品宣传，利用报刊、电视、网络等媒体宣传非物质文化遗产产品的文化内涵和审美价值；积极为代表性传承人提供技艺展示、产品销售的渠道和平台；利用"文化遗产日"和传统民俗节庆，开展非物质文化遗产生产性保护宣传展示活动，营造非物质文化遗产生产性保护的良好社会氛围。鼓励协会制定有关非物质文化遗产代表性项目在原材料、传统工艺流程和核心技艺方面的相关标准和规范；鼓励将代表性传承人的代表作品列入政府礼品采购清单并优先采购等。这一系列政策、措施的实施，极大地推动了非物质文化遗产的"活态"传承。

为了传承黎锦文化，海南省制订并落实了黎锦技艺保护 5 年规划。在 5 年中，中央和地方财政投入逾 5000 万元抢救，大大超过我国向联合国教科文组织承诺的 500 万元保护经费。这些经费主要用于传承人的培养、传承活动及培训、传习馆建设、原材料生产基地建设、传承村建设、项目资料的整理建档及数据建设、实物的征集、扶持教学等。

通过给予代表性传承人传习活动补助，传承人收徒授艺、举办培训班、开展传承活动等方式，有效地调动了传承人的积极性。其中国家级代表性传承人每年可获得中央和省级财政 1.5 万元补助。一些市县也给市县级传承人发放补助，如五指山市每人每年补助 1500 元，三亚市每人每年补助 6000 元。目前海南省全省 9 个民族市县共有黎锦技艺代表性传承人 105 人，掌握黎锦技艺的人数超过 1 万人。

在传承人传艺带徒的同时，海南省还把黎锦技艺纳入学校教育，在中学开设选修课，在职业学校开设黎锦技艺班。同时推动黎锦技艺的生产性保护，通过"项目＋传承人＋基地"、"传承人＋协会"、"公司＋农户"以及合作社等方式生产黎锦，使之成为群众致富的新渠道。

四、中国纺织类非物质文化遗产生产性保护的路径

（一）产品创新研发

从市场调查来看。当前纺织类非物质文化遗产产品开发存在的主要问题是设计单一，缺乏现代感和时尚感；定位不明确，消费主体模糊。针对这种状况应该重点从产品设计入手，对产品进行系列分类并加以精细化设计。这就要求在设计前，首先明确产品的用途和消费需求，然后根据市场供求关系和消费群体特点进行科学分类和定位。

产品设计总体上可分为两类：一类是传统特色工艺品，一类是现代实用饰品。传统特色工艺品类，主要将产品设计倾向于艺术品、收藏品等，也可延伸到高端旅游产品。作为传统地方特色的民间手工艺品，此类产品的开发设计要发挥特色优势，重点保持其传统特色和原汁原味。具体设计时，在保持织物完整的基础上可进行精致与细节的设计，不追求夸张的设计变化，此

类产品图案设计也要简单古朴，从形式美感和图案寓意上艺术表现传统文化特质。以手工复杂劳动、原始自然和织染工艺的珍贵稀缺为卖点，借此传达浓郁、质朴、真诚的情感文化，形成集保护、收藏、展示、研究等作用于一体的文化商品。

作为现代产业化生产，纺织类非物质文化遗产产品应不断挖掘出更多的用途，开发出更多的品类。设计时要突出实用、特色、美观，目标消费群体为大众，价格适中。可以配合场景，系列设计，突出纹样、色彩与室内家具及空间色彩的整体搭配。在具体产品设计时，可以在图案纹样组织形式及寓意上结合现代构成手法，通过几何造型的繁与简、疏与密、面积大与小等对比设计手法进行重新组合，从形式上产生现代感和时尚感；产品研发利用不同于原封不动的保存，要在保持非物质文化遗产类产品特色的基础上，进行创新和突破。要善于依托历史文化资源，挖掘融入民俗风情、现代科技等文化元素，重新整合设计，形成特色鲜明、定位准确、功能多样、市场竞争力强的系列产品，不断满足城乡居民消费结构的新变化和审美的新要求。

（二）品牌化经营

现代市场经济要求产业以品牌化模式发展。品牌化模式包括设计、生产、销售、服务等环节要紧密结合、协调发展，这是一个系统工程。其中，产品和顾客是品牌价值构成的基础和核心；文化则是品牌的灵魂，是品牌得以长远发展的核心竞争力。品牌形象提升了，产品的价值会随之提升；品牌认知度越高，商品价值越高，越能得到心理满足。通过品牌塑造实现精神传承和经济价值。目前，已经有若干生产企业逐渐认识到品牌的重要性，试图打造自己的品牌。但是对于塑造品牌形象及战略推广方面的投入和付出还远远不够。

在品牌运作过程中，首先要重视形象设计，立足文化资源，以创意推动产业转化；其次，要依托创新产品通过各种渠道进行宣传推广，补齐短板。要加强平台和渠道建设，善于借助一切有效载体和手段，通过多渠道多形式扩大品牌效应。除借助传统媒体宣传推广外，要逐步推进现代化营销，如专卖店、文化活动、网络、校企合作、展览会、博览会、交易会营销等方式，实现创意化推广。

（三）规模化发展

规模经济是指从事单一产品的生产或经销的企业因规模的扩大而降低了平均生产或销售成本。规模经济包含了内部规模经济和外部规模经济。从众多的纺织类非物质文化遗产企业的发展现状来看，缺少的恰恰是规模经济效益。

大多数纺织类非物质文化遗产产品只作为农家生活用品及社交礼品使用，很少参与商业活动。这种生产方式的优点是能充分体现手工艺制品的创造性、独特性、不可复制性和绿色环保特点；缺点是费时、费工、费力，生产效率低，生产成本高，质量良莠不齐。要解决这个问题，必须改革生产机制，引入现代化的企业运作和管理模式，实现规模化发展。企业把手工艺人集中起来统一管理，使用统一的原料，统一生产，可以有效避免质量问题的发生；有意识地集中培训新手工艺人作为传承人，使他们掌握传统的技艺，避免技艺的消失；同时建立合作团队，向适度规模化、集群化发展，既降低了生产成本，又提高了抗风险能力。一些企业正逐步采用现代管理方式，建立集中的生产生态环境，发展大型文化创意集团，表现出了很好的发展势头。创新是为了继承和发展。非物质文化遗产保护的关键和核心，是维护其独特性，即保护这种文化形态在历史传承、地域特点和民族特质等方面独一无二的属性。

知识链接：代表性纺织类非物质文化遗产五

代表性纺织类非物质文化遗产——南京云锦木机妆花手工织造技艺

南京云锦木机妆花手工织造技艺主要分布在南京市的秦淮、建邺、白下、玄武、栖霞五个区。在古代丝织物中，"锦"是代表最高技术水平的织物。南京云锦，集历代织锦工艺技术之大成，因其绚丽多姿，灿若云霞而得名。又有一说，因其图案文饰多应用"云纹"而得名。南京云锦浓缩了中国丝织技艺的精华，居古代名锦之首，素有"中华一绝"和"世界瑰宝"之美誉。

云锦集中了绫、罗、绸、缎、纱各种生产工艺，主要有"织金"、"库锦"、"库缎"、"妆花"4大类品种，前3类已可用现代机器生产，唯繁复的妆花"挖花盘织"、"逐花异色"之技艺，至今仍只能用手工完成。其妆花织物，色彩变化丰富，文饰生动优美，达到丝织工艺的顶峰。

南京云锦发源于公元3世纪的吴国，专家一般认为在东晋417年（建康正式设立锦署的这一年），标志着南京云锦的正式诞生，也就是说南京云锦已经有1590多年的历史。

到了元代，蒙古人入主中原，统治者用真金装点官服，使以织金夹银为主要特征的云锦脱颖而出，成为最珍贵、工艺水平最高的丝织品种。元、明、清三朝都指定云锦为皇室御用贡品。历代统治者相继在南京设立官办织造局，专门管理云锦的生产并垄断了云锦的销售。云锦织造鼎盛时拥有3万多台织机，近30万人以此或相关产业为生，是当时南京最大的手工制造业。

云锦的织造工艺高超精细，富有创造性，特点是通经断纬，挖花妆彩。云锦采用的织机叫大花楼木织机。机长5.6米、宽1.4米、高4米，设计科学合理。每台织机分楼上楼下两部分，织造时，楼上拽花工根据花本要求，提起经线，楼下织手对织料上的花纹，妆金敷彩，抛梭织纬，一根纬线的完成，需要小纬管多次交替穿织，自由换色，工艺十分复杂，上下两人配合，一天仅能织5~6厘米，所以古人有"寸锦寸金"之说。这种织造方法的优点是：一根纬线，通过多次挖花完成，配色自由，不受色种限制，相同的单位纹样，可织成不相重复的色彩，使整件产品典丽和谐。挑花结本，是云锦的又一大工艺特点。由于纹样复杂，往往织1寸锦要有1尺长的花本。这种工艺尚不能被机器所替代。夹金织银也是云锦的一大特点。织物显得雍容华贵，金碧辉煌，满足了皇家御用品的需要。

代表性纺织类非物质文化遗产——黎族传统棉纺织染绣技艺

海南黎族的织染技艺历史悠久，特点鲜明，有麻织、棉织、织锦、印染（包括扎染）、刺绣、龙被等品种。黎族织锦的图案丰富多彩，有160种以上，主要有人物、动物、植物、花卉、生活用具、几何图案等纹样，而以人物、动物、植物图案为主。

据史书记载，黎族传统棉纺织工艺已有2000多年的历史。我国的植棉纺织最早应推海南岛，黎族棉纺织工艺在宋元以前曾领先中原地区1000多年。自汉代起黎族传统棉纺织染绣技艺，黎锦成为历代封建统治者的贡品。

黎锦之所以受到人们的喜爱，主要是做工精细，美观实用，在纺、织、染、绣方面均有本民族特色。黎锦分为四大工艺：

纺：主要工具有手捻纺轮和脚踏纺车。手捻纺纱是人类最古老的纺纱工艺，这种工艺使用的工具为纺轮。黎族聚居区有极为丰富的木棉、野麻等纺织原料。在棉纺织品普及之前，野麻纺织品在黎族地区盛行。

染：染料主要采用山区野生或家种植物作原料。这些染料色彩鲜艳，不易褪色，且来源极广。美孚方言区还有一种扎染的染色技术，古称绞缬染。先扎经后染线再织布，把扎、染、织的工艺巧妙地结合在一起，在我国是独一无二的。

织：织机主要分为脚踏织机和踞腰织机两种。踞腰织机是一种十分古老的织机，与六七千年前半坡氏族使用的织机十分相似，黎族妇女用踞腰织机可以织出精美华丽的复杂图案，其提花工艺令现代大型提花设备望尘莫及。不同图案、色彩和风格的黎锦曾是区分具有不同血缘关系的部落群体的重要标志，具有极其重要的人文价值。

绣：黎族刺绣分为单面绣和双面绣。其中以白沙润方言区女子上衣的双面绣最为著名。

代表性纺织类非物质文化遗产——苗绣

苗绣是指苗族民间传承的刺绣技艺，是苗族历史文化中特有的表现形式之一，也是中国服饰文化的瑰宝。苗绣主要流传在贵州省黔东南地区苗族聚集区。雷山台江等地的苗族服饰至今仍保留着原汁原味的传统风格。

苗族刺绣有着悠久的历史。唐代时，东谢苗族是"卉服鸟章"，即在服装绣上许多花、鸟图样。明代时，贵阳苗族喜用彩线挑成"土锦"，"织花布条"，"绣花衣裙"。清代文献记载苗族刺绣织锦的很多，如黔东清水江苗族刺的"锦衣"和绣的"苗锦"。

苗绣分为雷山苗绣、花溪苗绣和剑河苗绣几类。雷山苗族服饰制作工艺独特，形制很有代表性。花溪苗族挑花技艺具有追念先祖、记录历史、表达爱情和美化自身等功用，同时又有很强的装饰性。

苗族服饰的刺绣工艺有其独特性，如双针锁绣、绉绣、辫绣、破纱绣、丝絮贴绣、锡绣等。刺绣的图案在形制和造型方面，大量运用各种变形和夸张手法，表现苗族创世神话和传说，从而形成苗绣独有的艺术风格和刺绣特色。

苗绣以五色彩线织成，图形主要由规则的若干基本几何图形组成，花草图案极少。几何图案的基本图形多为方形、棱形、螺形、十字形、之字形等。苗族妇女刺绣不打底稿，也不必先描画草图，全凭手艺人天生的悟性，娴熟的技艺和非凡的记忆力，数着底布上的经纬线挑绣。

苗绣特点一是色彩鲜艳明快，使人有爽朗炽热之感。苗绣中多以红、绿色为主，辅以其他颜色，而且花纹稠密，色彩更显艳丽浓烈、富丽堂皇。二是纹样造型夸张生动。苗绣图案源于生活，但又不是生活的简单再现。它是苗族妇女在对大自然中的花、鸟、虫、鱼等物象进行认真仔细的观察和体验的基础上，通过艺术的抽象，大胆地进行夸张变形来表现创造者的审美感受和理想。如鱼，头圆、身肥、嘴小、眼大，形象生动可爱。三是构图对称和谐，形态自然。无论龙凤、花草、虫鱼都要求对称排列，挑绣尤其如此。四是不同形态的物象自由组合，情趣盎然。苗绣不受自然形态和时空的约束，而颇注重情趣的表现。每一个画面完全凭创作者的想象和情感的自由倾泻，能让桃花、梅花、菊花共存，让天地中的动物同生，富有浓郁的乡土气息和较强的艺术感染力。

代表性纺织类非物质文化遗产——顾绣

　　顾绣，又称"露香园顾绣"，是上海地区工艺品中的瑰丽奇葩，汉族传统刺绣工艺之一。顾绣起源于明代松江（今上海市）地区的顾氏家族，以顾家名园——露香园得名。它是以名画为蓝本的"画绣"，以技法精湛、形式典雅、艺术性极高而著称于世。

　　顾绣系明嘉庆三十八年（1833年）松江府进士顾名世之子顾汇海之妾缪氏所创，后次孙媳韩希孟创立"画绣"。顾氏家道中落后，逐渐依赖女眷刺绣维持生计，并广招女工，从此顾绣由家庭女红转向商品绣。

　　据传顾氏的绣法出自皇宫大内，绣品使用的丝线比头发还细，针刺纤细如毫毛，配色精妙。绣制时不但要求形似，而且重视表现原作的神韵，且做工精细、技法多变。仅针法就有施、搂、抢、摘、铺、齐以及套针等数十种，一幅绣品往往要耗时数月才能完成。所绣的山水、人物、花鸟均精细无比、栩栩如生，受到官府和民间的广泛推崇。

　　顾绣独到的刺绣技法主要体现于：①半绣半绘，画绣结合。顾绣以宋元名画中的山水、花鸟、人物等杰作作为摹本，画面均是绣绘结合，以绣代画，这是它最为独特之处。②针法多变，时创新意。顾绣的针法复杂且多变，一般有齐针、铺针、打子针、接针、钉金、单套针、刻鳞针等十余种针法。③间色晕色，补色套色。顾绣为了更形象地表现山水人物、虫鱼花鸟等层次丰富的色彩效果，采用景物色泽的老嫩、深浅、浓淡等各种中间色调，进行补色和套色，从而充分地表现出原物的天然景色。

思考题

1. 我国纺织类非物质文化遗产保护面临的主要问题有哪些？

2. 如何更好地保护我国的纺织类非物质文化遗产？

3. 我国纺织类非物质文化遗产产业化的条件是什么？

4. 谈谈生产性保护在纺织类非物质文化遗产保护中的重要性。

5. 谈谈我国纺织类非物质文化遗产保护的金融支持路径。

第六章

世界纺织类非物质文化遗产的保护及启发

※ 本章主要内容 ※

本章概述了纳入联合国非物质文化遗产名录的世界各国纺织类非物质文化遗产、涉及纺织的非物质文化遗产名录以及各洲富有特色的纺织类非物质文化遗产，分析了中外纺织类非物质文化遗产的共同特征，介绍了国外纺织类非物质文化遗产的保护现状，并从立法、传承人、保护机构、公众参与、非物质文化遗产教育、服饰设计等方面论述了对中国的启示。

第一节　世界纺织类非物质文化遗产概述

一、世界纺织类非物质文化遗产名录

国际社会对非物质文化遗产的保护始于 20 世纪 30 年代。国际现代建筑协会在《雅典宪章》中明确提出对一些"有价值的建筑和地区"保护的基本原则和具体的保护措施。1972 年 11 月联合国教科文组织第 17 届大会通过了《保护世界文化和自然公约》。《保护世界文化和自然公约》确定了文化遗产、自然遗产、文化与自然双重遗产三种类型，扩大了历史文化遗产的范围。但对于纺织类非物质文化遗产的保护，起始于联合国教科文组织于 1998 年通过决议设立的非物质文化遗产评选活动。从此，包括纺织类非物质文化遗产在内的历史文化遗产受到世界各国政府和公众的普遍关注和重视。截至 2005 年 7 月，世界上有 170 多个国家成为《保护世界文化和自然公约》的缔约国，已有 788 处遗产列入《世界遗产名录》，47 处遗产入选非物质遗产名录。世界文化遗产的数量成为反映某地区、国家的历史文化的多样性与深厚程度的标志，非物质文化遗产在不同文化间的相互宽容、协调中起着至关重要的作用，是确定文化特性、激发创造力和保护文化多样性的重要因素。

截至 2012 年年底，纳入联合国人类非物质文化遗产名录的纺织类非物质文化遗产共有 21 项，具体名称、类别、国家、所属地区等，见表 6-1。在 21 项纺织类世界非物质文化遗产中，急需保护的有 3 项，最佳实践项目有 1 项。从数量上来看，在人类非物质文化遗产项目中占的比例并不大，但由于非物质文化遗产最大的特点是不脱离民族特殊的生活生产方式，从具体内容上来看，涉及纺织类非物质文化遗产的世界非物质文化遗产名录并不止这 21 项，在一些由神话、宗教仪式、价值观和艺术表现形式等组成的相互联系的整体非物质文化遗产项目中，如基努文化空间、班什狂欢节、安第斯卡拉瓦亚的宇宙信仰形式、卡鲁斯仪式舞蹈等，传统服装、服饰等纺织类文化遗产是其中的一项重要内容。纳入人类非物质文化遗产名录中的中国纺织类非物质文化遗产共有 3 项，占纺织类人类非物质文化遗产数量的 1/7。但由于"中国蚕桑丝织技艺"这一项目的内涵十分丰富，包括杭罗、绫绢、丝绵、蜀锦、宋锦等织造技艺及轧蚕花、扫蚕花地等丝绸生产习俗，所以，在世界级非物质文化遗产名录中，中国所占的比例其实还要更高。

下面以乌干达树皮衣制作和塔奎勒岛及其纺织工艺为重点内容进行介绍。

（一）乌干达树皮衣制作

乌干达树皮衣是乌干达 2005 年加入第三批人类非物质文化遗产的"传统知识技艺"类别项目，是居住在乌干达南部巴干达王国的巴干达人的一项古老工艺。

乌干达南部恩冈部落的一些手工艺人在湿润的季节里采集木图巴树的内层树皮，经过不同类型的木锤敲打，直至其纹理柔软舒适，呈现出均匀的陶土颜色。然后由手工艺人在一个开放式的工棚里制作出来。

树皮衣的款式与宽袍有些相似，女式树皮衣的腰间有装饰带。普通树皮衣的颜色是陶土色。国王和酋长的树皮衣被染成白色或黑色，并以不同的穿着方式以显示地位。这种衣服主要用于加冕礼和治疗仪式、葬礼和文化集会上，同时也可做门帘、蚊帐、被褥和储藏袋。

随着 19 世纪阿拉伯商队引入棉花贸易，树皮衣的生产几近消失，只剩下文化内涵和精神功能。近些年来，树皮衣的制造在巴干达王国得到特别的鼓励和促进。树皮衣作为特有的政治和文化传统的象征，在巴干达被高度认可。

表 6-1　纳入人类非物质文化遗产名录的纺织类非物质文化遗产

代表作名称	类别	国家	纳入联合国保护名录时间	所属地区
塔奎勒岛及其纺织工艺 Taquile and its textile art	传统知识技艺	秘鲁	2005 年	拉丁美洲
乌干达树皮衣制作 Barkcloth making in Uganda	传统知识技艺	乌干达	2005 年	非洲
南京云锦织造技艺 The craftsmanship of Nanjing Yunjin brocade	传统手工艺； 社会实践、仪式和节庆活动	中国	2009 年	亚太
印度尼西亚蜡染 Indonesia Batik	口头传统和表现形式；传统手工艺；社会实践、仪式和节庆活动	印度尼西亚	2009 年	亚太
新潟县鱼沼地区苎麻布织造工艺 Ojiya-chijimi, Echigo-jofu; techniques of making ramie fabric in Uonuma region, Niigata Prefecture	传统手工艺	日本	2009 年	亚太
莱夫卡拉花边 Lefkara laces or Lefkaritika	传统手工艺	塞浦路斯	2009 年	欧洲
中国传统桑蚕丝织技艺 Sericulture and silk craftsmanship of China	传统手工艺； 社会实践、仪式和节庆活动	中国	2009 年	亚太
奥布松挂毯 Aubusson tapestry	传统手工艺	法国	2009 年	欧洲
克罗地亚的花边制作 Lacemaking of Croatia	传统手工艺	克罗地亚	2009 年	欧洲
黎族传统纺染织绣技艺 Traditional Li textile techniques: spinning, dyeing, weaving and embroidering	传统手工艺	中国	2009 年	亚太

续表

代表作名称	类别	国家	纳入联合国保护名录时间	所属地区
印度尼西亚北加浪岸的蜡染布博物馆——小学、初高中、职业学校和工艺学校的非物质文化遗产教育和培训 Education and training in Indonesian Batik Intangible cultural heritage for elementary，junior，senior，vocational school and polytechnic students，in collaboration with the Batik Museum in Pekalongan	口头传统和表现形式；社会实践、仪式和节庆活动；传统手工艺	印度尼西亚	2009 年	亚太
阿郎松的针织花边技艺 The craftsmanship of Alecon needle lacemaking	传统手工艺	法国	2010 年	欧洲
卡山地毯编织的传统技艺 Traditional skills of carpet weaving in Kashan	社会实践、仪式和节庆活动；传统手工艺	伊朗（伊斯兰共和国）	2010 年	亚太
法尔斯地毯编织传统技艺 Traditional skills of carpet weaving in Fars	有关自然界和宇宙的知识与实践；传统手工艺	伊朗（伊斯兰共和国）	2010 年	亚太
结城绸生产工艺 Yuki-tsumugi，silk fabric production technique	传统手工艺	日本	2010 年	亚太
寒山地区的优质苎麻纺织技艺 Weaving of Mosi（fine ramie）in the Hanshan region	传统手工艺	韩国	2011 年	亚太

续表

代表作名称	类别	国家	纳入联合国保护名录时间	所属地区
艾尔撒都，阿拉伯联合酋长国的传统编制技艺 Al Sadu, traditional weaving skills in the United Arab Emirates	传统手工艺；有关自然界和宇宙的知识与实践；口头传统和表现形式	阿拉伯联合酋长国	2011 年	阿拉伯地区
特莱姆森（Tlemcen）与婚纱礼服传统相关的仪式和工艺 Rites and craftsmanship associated with the wedding costume tradition of Tlemcen	社会实践、仪式和节庆活动；传统手工艺	阿尔及利亚	2012 年	非洲
厄瓜多尔的巴拿马草帽传统编织工艺 Traditional weaving of the Ecuadorian toquilla straw hat	传统手工艺	厄瓜多尔	2012 年	非洲
马提奥的民间艺术——一个传统社区的刺绣工艺 Folk art of the Matyo, embroidery of a traditional community	有关自然界和宇宙的知识与实践；传统手工艺	匈牙利	2012 年	欧洲
阿拉齐叶兹与施尔达克——吉尔吉斯的传统毛毡地毯工艺 Ala-kiyiz and Shyrdak, art of Kyrgyz traditional felt carpets	传统手工艺；社会实践。仪式和节庆活动；有关自然界和宇宙的知识与实践；	吉尔吉斯斯坦	2012 年	亚太

（二）塔奎勒岛及其纺织工艺

塔奎勒岛及其纺织工艺（图 6-1）是秘鲁 2005 年加入第三批人类非物质文化遗产的"传统知识技艺"类别项目，其纺织工艺可追溯到古老的印加、普卡拉和考拉文明。

在秘鲁南部普努部落的塔奎勒岛，所有的纺织品都用西班牙殖民前的脚踏式织布机织出。塔奎勒人不分性别、年龄，每个人都要穿戴这些纺织品。其中较有特色的衣服有"扣勒"，带有御寒耳罩的编织帽和记述一年仪式、农业活动的日历腰带。日历腰带对研究塔奎勒岛落的传统和历史很有价值。目前，纺织图案已经引进了新的、当代的符号和图像，但仍然保持着传统的风格和技术。

图6-1　塔奎勒岛及其纺织工艺

塔奎勒岛上有两所学校。其中一所是学习、传承塔奎勒手工纺织技艺的职业学校。这所职业学校对塔奎勒传统的纺织技艺生存和延续做出了巨大贡献。

二、其他涉及纺织类非物质文化遗产的世界名录

除了上面的21种世界非物质文化遗产外，还有其他几种与纺织有关的非物质文化遗产，介绍如下。

（一）班什狂欢节

比利时的班什狂欢节属于礼仪与节庆活动，2003年11月被列入联合国教科文组织"人类口述和非物质文化遗产代表作"。狂欢节期间，几百个人装扮成"吉尔"，头戴1米长的彩色鸵鸟羽毛帽，身穿金黄色的"武士"服，肩上披着白披肩，脖子上系着白领带，腰间系着挂了许多铜铃的彩色腰带，脚穿4寸厚的木跟鞋。他们边走边笨拙地跳着舞，不时引起人们的哈哈大笑。他们穿的衣服有的是其祖先传下来的，有的则是租来的。服装租金很贵，租一套要花1万比利时法郎。普通家庭在日常开销中精打细算、能省则省，但必须留出钱购置狂欢节的各种服饰，应付必要的节日花销。

（二）基努文化空间

爱沙尼亚的基努文化空间在 2003 年纳入联合国教科文组织的"人类口头和非物质遗产代表作"。基努文化传统体现在大量的歌曲、游戏、舞蹈、结婚庆典和手工艺制品上，以口授心传的形式世代相传。基努文化最明显的特征体现在妇女们穿戴的羊毛手工制品上。她们在家中用传统的织机和当地的羊毛织出手套、袜子、裙子和衬衫。这些纺织品色彩绚丽，有鲜艳的条纹和复杂的刺绣图案。这些象征性的图案、条纹和颜色源自古老的民族传说。

（三）奥鲁罗狂欢节

玻利维亚的奥鲁罗狂欢节属于礼仪与节庆活动，2001 年纳入联合国教科文组织"人类口头和非物质遗产代表作"。奥鲁罗狂欢节是南美大陆最具特色的狂欢节之一，在为期一周的狂欢期间，人们身着艳丽的服装，在街上大跳鬼神舞。它是民间艺术的荟萃，包括面具、纺织品和刺绣等工艺。鬼神舞服装的设计和制作别具特色，已经发展成为奥鲁罗的一大艺术形式。

（四）安第斯卡拉瓦亚的宇宙信仰形式

玻利维亚的安第斯卡拉瓦亚的宇宙信仰形式在 2003 年纳入联合国教科文组织的"传统知识技艺"。在安第斯卡拉瓦亚的宇宙信仰仪式中，卡拉瓦亚妇女也参加某些特殊仪式，纺织祭祀用布上面带有表现卡拉瓦亚宇宙信仰形式的图案和装饰。

（五）古勒—沃姆库鲁祭祀和舞蹈仪式

古勒—沃姆库鲁祭祀和舞蹈仪式作为表演艺术年纳入世界非物质文化遗产保护名录。这是居住在马拉维、莫桑比克和赞比亚北部地区的柴瓦人的表演形式。在仪式中，舞蹈者从头到脚穿着民族服装，戴着木制和稻草做的面具。古勒—沃姆库鲁的传统服饰被认为是神圣的，它们常被藏于隐秘之地，也常在仪式结束后被焚烧掉。

三、各大洲其他代表性的纺织类非物质文化遗产项目

如印度的纱丽、日本的和服、韩国传统服饰、欧洲的哥特服饰等，都是国际知名的纺织类非物质文化遗产。虽然各国纳入世界非物质文化遗产的纺织类项目并不算多，但纳入本国非物质文化遗产保护名录的纺织类非物质文化遗产却为数众多，仅中国就有74项国家级纺织类非物质文化遗产保护项目，而非国家级的纺织类非物质文化遗产项目则更多。下面对各大洲典型的纺织类非物质文化遗产进行简要介绍。

（一）亚洲

1. 印度纱丽

纱丽是印度服饰文化的代表，是印度妇女最爱穿的一种服装，它庄重、雅致、大方、美丽，在印度女性心目中的地位，有点像过去中国妇女穿的旗袍，是印度的一种国服。纱丽是一块宽约 1.5 m、长约 6 m 的布料，它不是单独穿用的，而是一种披在内衣外面，相当于外套的服装。穿着纱丽时下配衬裙，上配紧身胸衣，露出两臂和腰部，下端紧缠肚脐以下的部位，上端一般披在肩上，上面多余的部分可以裹在头上当帽子用。衬裙上的长幅面料两侧有滚边，上面有刺绣，从腰部围到脚跟呈筒裙状。印度妇女擅长利用扎、围、绑、裹、缠、披等技巧，使得纱丽在身上产生不同的变化。据传纱丽有5000多年的历史，在印度古代的雕刻和壁画中，常见身披纱丽的妇女形象。最早的纱丽只是在举行宗教仪式的时候穿，后来逐渐演变为印度妇女的普通装束。

印度在几千年的历史发展中，曾遭遇过数次入侵和殖民统治，大多数印度男子早已改穿西式服装了，但印度传统女性服饰并没有被西式服饰所同化，印度女性的穿衣之道秉承着本民族的传统风格。即使国际化流行趋势日益趋同的今天，印度女性服饰一直在民俗活动中得到传承，依然通过不同的方式和途径感染和影响着当前的时尚。

2. 日本和服

和服，是日本的传统民族服饰，源于三国时东吴通过商贸活动将纺织品

和缝纫技艺的传入。和服正装的面料冬天采用缩缅，夏天用纱罗，浴衣则用木棉。和服种类繁多，无论花色、质地和式样，千余年来变化万千。男女和服有明显的差别，男式和服色彩比较单调，偏重黑色，款式较少，腰带细，附属品简单，穿着方便；女式和服色彩缤纷艳丽，腰带很宽，种类、款式多样，还有许多附属品。和服的穿着有很多讲究，以致在日本有专门教人如何穿着和服的"教室"。依据场合与时间的不同，人们会穿不同的和服出现，以示慎重。在日本，出席冠礼（成人式）、婚礼、葬礼、祭礼、剑道、弓道、棋道、茶道、花道、卒业式、宴会、雅乐、文艺演出、庆祝传统节日，人们都会穿上端庄的和服去参加。

图 6-2　日本和服

　　和服本身的织染和刺绣，还有穿着时讲究穿木屐、布袜，还要根据和服的种类，梳理不同的发型等，使它俨然成了一种艺术品。和服承载了近 30 项关于染织技艺的日本重要无形文化财产以及 50 多项日本经济产业大臣指定传统工艺品。制作和服的越后上布、小千谷缩以及结城绸等是珍贵的非物质文化遗产。

　　和服制作被称为和裁，制作标准有专修学校教育振兴会实行的《和服裁缝技术鉴定》以及东京商工会议所实行的《和服裁缝技术鉴定》。1964 年日本专门成立了"装道礼法着物学院",培养出了大量的装道和服专家,普及和服着装、礼法、和裁、创意、美容以及图书出版。1966 年全日本着物振兴会成立,提倡每年的 11 月 15 日为和服日。

3. 东南亚纱笼

纱笼,类似筒裙,由一块长方形的布系于腰间,是东南亚独特的一种印染织布。其色彩艳丽,图案丰富。一块纱笼大约长 2 米,宽 1 米,男人女人都穿。纱笼的穿法不少于 20 种,吊带式、斜背式、半穿式,各有魅力。纱笼可围在身上做短裙、也可围住全身做长裙,可以做浴巾、沙滩巾、衣服,披肩,桌布。所用的布料多种多样,有纯棉、真丝、化纤、织锦缎等,纱笼的款式也不尽相同。纯棉质地的纱笼被称作印度尼西亚国布,不仅穿着舒适、柔软,而且美观、实用。布的纹路很细密,手感滑爽,透气性好,不仅吸汗通风,还能抵挡紫外线。纱笼的图案设计也非常讲究,有手绘的也有印染的,多以植物花草为主体,色彩搭配艳丽、和谐。

4. 阿拉伯长袍

阿拉伯长袍衣袖宽大,袍长至脚,做工简单,无尊卑等级之分。衣料质地随季节和主人经济条件而定,有棉布、纱类、毛料、尼绒等。宽松舒适是阿拉伯长袍的共同特点,但不同的区域做工装饰存在细微差异;如沙特人的长袍为长袖、高领、镶里子;苏丹人的长袍无领,胸围和袖子肥大,呈圆筒形,长至脚踝,前后都有袋兜,侧面还有腰兜,可两面轮换穿。阿拉伯长袍的颜色以白色为主,也有深蓝、深灰、深棕色和黑色。

阿拉伯长袍既是平民百姓的便装,也是达官贵人的礼服。当前,在阿拉伯各国,即使是赶时髦的年轻人、公务人员,上班时西装革履或着牛仔服,可回家后仍换上大袍。国家元首、高级官员身着大袍出席盛宴和庆典活动的情况也屡见不鲜。

5. 马来织锦

马来织锦是一种以金、银丝线作纬纱而纺织成的布料或丝绸,以其图案构思美丽和花纹鲜艳而闻名。早先为马来王室婚礼上穿用。如今只要买得起,谁都可以享用。由于其工艺和材质的不同,价格从普通的 100 元马币到昂贵的上万元马币不等。织锦饰物通常表现在婚礼用品上,如床单、枕套、椅垫以及槟榔盘、布扇和珠宝盒的衬巾。马来西亚织锦的基本花纹图案崇尚自然，常由花卉和几何图形组成，显现着很高的艺术造诣。同时又因用金银丝线编织而成，体现其典雅华贵的特质。相传，马来织锦是从马六甲土生华人（宝宝族）传习而得来的。从花纹图案上可以看出早年曾受过中国影响，马来人的织锦与华人的织锦主要区别在于马来人喜欢植物、水果和几何图形，而华人则喜欢吉祥动物图案。如今在马来西亚，织锦饰物从传统节日到官方典礼被广泛使用，由民族文化逐步走向世界。

（二）欧洲

1. 哥特服饰

哥特服饰（图6-3）往往是黑色或者暗色系列的衣服，佩戴着很多显眼的宗教饰物。所谓哥特式，是文艺复兴时期意大利人对中世纪建筑等美术样式的贬称，有"野蛮"的意思。哥特服饰受建筑风格的影响较大，其风格主要体现为高高的冠戴、尖头的鞋、衣襟下端呈尖形和锯齿等锐角的感觉。哥特服饰多采用纵向的造型线和褶皱，使穿着者显得修长，并通过加高式帽来增加人体的高度，给人一种轻盈向上的感觉。哥特风格的服饰特别重视外表的浮雕效果和线条。女装上装紧身合体，下半身的裙子宽大，上轻下重，

图6-3 哥特服饰

形成一种圆锥状造型，具有极强的装饰性。服装上的分割线、装饰线多采用纵向的、垂直的线条。织物或服装表现出来的富于光泽和鲜明的色调是与哥特式教堂内彩色玻璃的效果一脉相通的。

现代时装中流行的哥特式艺术是一种浪漫型的艺术。哥特服装主要是想要给人一种神秘、高贵的感觉；哥特着装一般搭配带有宗教色彩的配饰（如十字架），给人一种冷艳的感觉。

由于哥特风格的服饰极端且偏激，目前主要作为舞台装以及在服装发布会上作为展示类服装出现。

2. 英国萨维尔街西装裁制工艺

英国伦敦西闹市区的萨维尔街已有 200 多年的历史，到 19 世纪初，这里汇聚了英国甚至世界上的顶尖裁缝，裁制的男装拥有"男装之王"的称号，成为定制高级男装的圣地，于是人们把这条街称为裁缝街。

萨维尔街建于 1731 ~ 1735 年间，裁缝店一般都是二层小楼，门面是通透的大玻璃窗，里面有最新的西服款式和陈旧的胜家牌脚踏、手摇缝纫机，炭火熨斗等老式裁缝工具。地下室 10 多平方米，一般当工场使用。有些裁缝店还保存着上百年的客户记录资料和款式。

萨维尔街裁缝店定制西装有几大特点：一是一人一版，根据客人的体型专门裁剪出一个版型；二是不像大多数西装使用树脂扣，而用牛角扣；三是所有扣眼都是手工锁的，袖口扣眼是真扣眼；四是条纹或格子面料注重对条、对格；五是强调合体，修身和线条感。肩部稍宽，腰部收紧，上身呈沙漏形，垫肩较薄，使肩部线条自然；六是款式多，裤子款式有上千种，上衣在口袋上有变化。

萨维尔街的英国裁缝采用量身定制的"个性化服务"，裁缝师傅们通过察言观色，了解你所从事的行业、身份、地位、喜好、习惯、经常接触的人物等，判断你穿衣的习惯，然后根据各人的气质等情况，提供一个能掩饰其身体某个部位缺陷的独有的版型，推荐应时的面料和里料、款式、配饰，然后才进行量体记录。先把服装假缝起来，让客户试穿，检视衣身长短、肩领袖的整体配置及比例是否恰当、活动量及舒适度能否达到，经过修正后，再进入成衣缝制阶段。每一件西服制作完成后，还需客户再次试穿，再次检视服装的上身效果及舒适度，直到让顾客满意才算完成。

在萨维尔街裁缝店定制西服的过程平均需要 52 个小时，需要经过 3 次试穿，从下单到交货起码 3 个月。在萨维尔街做学徒，学制衣最少 5 年，学做裤子也需要 3 年。

萨维尔街裁缝店将消费群体锁定在上流社会。19 世纪初，萨维尔街裁缝裁制的男装已拥有"男装之王"的称号，路易·拿破仑王子、乔治四世、菲利普亲王、爱德华七世、英国女王、约翰·肯尼迪、丘吉尔、克拉克·盖博、查尔斯等皇室权贵、政治家、艺术家、工商企业的领导人都曾经是萨维尔街裁缝店尊贵的客人。

（三）美洲

1.秘鲁的彭丘

"彭丘"，西班牙语，意为"披风、斗篷"，是用羊驼毛织成的披风，形状像长方形的毛毯，在中间开出一个洞以便穿着，两侧的下摆有灰黑相间的传统花边，是一种用于身体保暖或防雨的设计简便的服装。彭丘，是秘鲁安第斯山区印地安人的传统服装。为庆典而染色和设计的彭丘也可以在特殊场合穿着。随着织物面料的多样化和需求的变化，出现了各种彭丘，诸如巴拿马丛林彭丘，超轻彭丘等，其附属扣件和样式也改进了很多。

彭丘由于具有实用性强、穿着方便等优点，被广泛应用于野外作业、防减灾救护、户外活动等场合。第一次世界大战期间，赴法国的美军步兵和海军陆战队使用彭丘御寒防雨遮风，背包和身体均能保持干燥。使用两个或者更多的彭丘还可以搭成各种帐篷。

彭丘在被美洲人广泛接受之后，已传遍世界。作为传统服装，在克什米尔、拉丁美洲、西班牙、智力、奥地利，瑞士和巴伐利亚等地有多种称谓及变形。

图6-4　2008年11月23日APEC首脑身穿"彭丘"合影

2.墨西哥、古巴的瓜亚贝拉

瓜亚贝拉，又称瓜亚贝拉衬衫，是墨西哥、古巴炎热地区男子爱穿的浅色长袖服装。一般为小翻领，有4个贴兜，胸前衣襟上绣有花纹。女式的瓜亚贝拉颜色比较丰富，款式加长。瓜亚贝拉为西班牙民族服装与印第安人传统服装的结合，体现了典雅与舒适的统一，它在拉美许多国家都赢得了人们的喜爱。2010年10月6日，古巴政府宣布瓜亚贝拉成为古巴在国务和外交活动中的正式礼服。

在2002年于墨西哥举行的亚太经合组织领导人非正式会议上，各国首脑合影穿的民族服装就是瓜亚贝拉衬衫。

3.智利的查曼多

查曼多是智利传统的套头披肩，上部中间镂空，分前后两面，长及腰部，式样类似于马甲。它由丝线和羊毛混合编织而成，正反两面都可以穿着。正面花色较暗，通常在白天穿，反面则较亮，在晚上穿。上面可绣一些麦穗、黑莓、葡萄串、鸟类等带有智利特色的动植物图案。查曼多是智利所有传统服装中织工最困难、最豪华、最精致的一种，从传统图案的收集、选择和材料的选择，到最后织出成品，平均生产出一件查曼多需要连续工作长达4个月的时间，制造成本高昂。由于其价格对普通家庭来说十分昂贵，所以，很多人在拥有一件查曼多之后，都会将其代代相传，成为一些智利人的"传家之宝"。

作为智利人喜欢穿着的服装，查曼多包含着浓厚的情感因素，成为智利的国家级非物质文化遗产。

4.非洲的坎加

坎加是东非地区最流行的传统服装。从外形上看是一块很大的长方形花布。花布四周是宽宽的边，中间是丰富多彩的图案，从花格、条纹到山水树木花鸟虫鱼，图样十分丰富。

坎加有很多种穿法。最常见的是从脖子裹到膝盖或者从胸部裹到脚趾。通常人们会成对购买坎加，一块用来裹身，另一块用来包头。

坎加不仅仅是一种服装，还是一种传达信息的工具。因为每块坎加上都有用斯瓦希里语写的一句话，它或者是警句格言，或者是谜语谚语，也有可能是政治口号或是爱的宣言。据说，当地人选择坎加，首先要选择文字，然后才选择颜色和样式。当收到别人送的坎加时，坎加上的文字往往代表着对方想要表达的心意。

除了作服装之外，坎加还可以当桌布、床单、浴巾、围裙、书包，甚至是孩子的尿布。

现在越来越多的年轻人选择穿长裤衬衫而不是坎加。即便如此，众多东非人仍旧对坎加有着深厚的感情。在很多重要场合，东非人仍旧选择穿着坎加。

5. 澳洲的德瑞莎—波恩

德瑞莎—波恩，意思是"像骨头一样干爽"，是澳大利亚的传统服装。这种服装融入了澳大利亚的独特环境和独特文化元素，已有100多年的历史。这种衣服是由经过防水处理的特殊纤维制成的过膝衣服，最初是为牧羊人和野外作业的水手等设计的，后来内地的人们在骑马时也开始穿着这款服装。由于它既透气又防水，深受澳大利亚人民的喜爱，渐渐演变成澳大利亚的一种标志和品牌。

在2007年于澳大利亚举行的亚太经合组织领导人非正式会议上，各国首脑合影穿的民族服装就是德瑞莎—波恩（见图6-5）。

图6-5 2007年APEC首脑身穿澳洲特色服装德瑞莎—波恩亮相

第二节 中外纺织类非物质文化遗产的共同特征

国外的纺织类非物质文化遗产无论是从数量上，还是从种类、样式方面等都无法与中国相比。中国的纺织类非物质文化遗产品类之繁盛，技艺之精湛，是世界上任何国家都无法望其项背的。这些纺织类非物质文化遗产是古代中国作为纺织强国的历史见证。但国外的一些传统纺织品、服饰，如日本的和服，欧洲的哥特服饰，英国伦敦裁缝街——萨维尔街（Savile Row）的西装制作工艺，燕尾服，韩国的传统服饰等，都在本国历史的发展、变迁中形成了自己独特的民族风格，深刻地烙上了本民族文化的烙印。

一、适应自然环境

国外的纺织类非物质文化遗产与我国的纺织类非物质文化遗产一样，其独特的风格源于所处的独特的自然环境。和中国的惠安女服饰、苗族服饰等与生存、生活环境息息相关的特征一样，日本的和服虽然种类繁多，但无论花色、质地和式样，都符合日本海洋湿润气候和单一民族文化需求。日本绝大部分地区温暖湿润，而和服比较宽松，和服上的透气孔有 8 个之多，且和服的袖、襟、裾均能自由开合，便于通风，十分适合日本的风土气候。日本女人穿着和服喜欢以四季为主题更换服装。在和服纹样中，有春天的梅，夏天的菖蒲，秋天的枫和冬天的松，这些与日本人的季节感直接相关。

印度的纱丽之所以成为印度的"国服"，除了宗教背景外，还与印度的气候息息相关。印度是个热带国家，一年四季的炎热气候使妇女们在衣着上多是薄衣轻纱。除了纱丽之外，印度妇女还有一种比较普遍的衣服——"古尔蒂"，上衣比较宽松，长至膝部，穿着起来简单快捷。印度男子在家一般上身穿被称为"古尔达"的肥大的、过膝的长衫，这种传统服装舒适宽松。

　　阿拉伯长袍，是生活在炎热少雨地区的阿拉伯人无法取代的服装。阿拉伯人大多数居住在炎热的沙漠地区，那里日照时间长，气温高，降水量少，蒸发量大。人们穿着白色长袍，一是易于反射热量，防止阳光灼伤皮肤；二是避免身上的汗水过多蒸发，造成人体缺水；三是通风良好，在皮肤和衣服之间提供一层隔热的空气；四是保护人体免受沙尘之苦。它具有抗热护身的功能，阿拉伯人的包头巾，也是沙漠环境的产物，夏季可遮阳防晒，冬天可御寒保暖，具有帽子的功能。

　　韩国传统服饰的形态一般是裤脚窄、袖口窄，从内衣到外衣重叠穿着，这是由于韩国属温带气候，冬天是亚寒带气候，为了适应寒冷的天气，把防寒作为服饰的主要功能。

二、体现程度不同的宗教色彩

　　不同国家、不同民族和不同的宗教信仰，对服饰样式、色彩等都有着不同的喜好。中外的纺织类非物质文化遗产不仅传达着个人和社会的思想观念，有不少也在传达着宗教信息。我国的少数民族服饰，如苗族服饰、藏族唐卡、彝族（撒尼）刺绣、蒙古族服饰等，都反映了程度不同的宗教讯息。在西方服装发展过程中具有里程碑意义的哥特式服装，其造型、帽饰以及装饰图案极富宗教色彩。在中世纪，想要升入天国的强烈渴望一直主宰着人们的思想，拖地的长袍，尖顶般的帽饰与那些造型修长的教堂遥相呼应，对宗教的信仰由始至终贯穿在哥特式服装发展的全过程中。

　　印度具有几千年的文明积淀。印度服饰与印度的建筑、雕塑、绘画等其他艺术品一样，具有宗教文化的神秘色彩。宗教习俗影响了服饰的款式、结构和造型。印度服饰中广泛使用黄色，是由于黄色与"佛法光辉"的佛教教义相联系。纱丽起源于宗教，最早的纱丽是宗教信徒为举行宗教仪式而设计制作的，后来伊斯兰教的传入使宗教信徒尤其是女性严格遵循遮盖羞体的规定，除手脚外周身皆为羞体，不能暴露。后来纱丽逐渐演变为妇女的日常装束。每逢宗教庆典或者是祭祀活动时，对参与者穿着的传统服饰的形制、色彩以及质地的要求就更加严格。可以说每一次的宗教活动都是对传统服饰的一次严格的再现。此外，印度妇女面部的红色吉祥痣是传统印度教女子已婚的标志，也带有明显的宗教特征。

三、含有外民族的文化因子

非物质文化遗产，是在历史发展中经过不断创新传承下来的。在创新的过程中，往往是以本民族文化为底蕴，同时吸收外来文明，为非物质文化不断注入新的活力。

在我国汉族的纺织类非物质文化遗产中，有不少吸取了少数民族文化的精粹，如乌泥泾棉纺织技艺对黎族人民先进纺织技艺、工具的学习；我国少数民族的纺织类非物质文化遗产，也有不少吸取了汉族先进的纺织技艺，如土家族的织锦对汉族先进技艺的学习等。那些处于"丝绸之路"上的纺织类非物质文化遗产，如艾德莱斯绸等，更是多元文化的结晶。

日本和服的纺织和缝制技术最初是从中国传入的。《日本书纪·应神纪》载："三十七年春二月，戊午朔，遣阿知使主、都加使主于吴，令求缝工女。"三国时期的吴国派两个织姬来日本传授中国的纺织技术。吴织媛（织姬）死后被当作吴服大神在日本吴服神社里被祭祀。日本的奈良时代正值中国盛唐时期，日本派出大批学者、僧侣到中国学习和交流。这些遣唐使者把唐代文化艺术、律令制度都带回了日本。"衣服令"就是奈良时代制定的制度之一。"衣服令"规定了礼服、朝服和制服——朝服包括冠帽，按官职等级区分；制服是无官职的公务人员的服装，按行业分类。唐朝服饰的传入对日本本土的和服产生了影响。

越南的奥黛融入了多种文化元素，最初的样式借鉴了中国旗袍的特点，从颈部、腋下沿着肋骨开襟以便穿脱。到了 20 世纪 30 年代的法属时期，当时著名的设计师 Nguyen Cat Tuong（法国人称 Le Mur）从巴黎时装获得灵感，设计了一系列明亮色系、肩膀打折、圆形低领、马甲剪裁等具有浓厚法式风格的奥黛，同时也使用垫肩、袖套、蕾丝、流苏等欧式配件，奠定了现代越南奥黛的基本样式。1954 年之后，南北越进入分裂时期，越南南方受到美国文化的影响，开始出现无领的奥黛，呈现各种嬉皮、迷幻的风格。当前，随着越南经济的快速发展，本土文化意识开始增强，在奥黛中又加入了不少民族元素。

韩国服饰受中国服饰文化的影响较大，韩国的宫中服饰与百姓的服饰有明显的区别，上层社会与下层社会的服饰存在明显的差别。与中国古代服饰一样，服饰成了社会地位和身份的象征。

第三节　国外纺织类非物质文化遗产的保护

非物质文化遗产保护是文化遗产可持续发展的重要组成部分。随着时光的流失，非物质文化遗产的现实意义与历史意义日益凸显。保护非物质文化遗产不仅能进一步增强国民的文物意识，也使国民的文物价值观发生深刻变化。经过长期的探索与实践，一些发达国家形成了较有特色的非物质文化遗产保护模式。

这些国家对非物质文化遗产重视程度之高，保护理念之先进，组织系统之严密，法律建设之完善，都是值得学习的。下面，从保护理念、投入机制、保护体系、法律保障和传承教育等方面对国外非物质文化遗产的保护进行简要的介绍。

一、保护理念

保护非物质文化遗产已经成为发达国家的一种社会共识。法国认识到，要保护好历史遗产，必须提高全民族的遗产保护意识。1984 年法国率先设立了"文化遗产日"，成为全体人民的自觉行动。法国每个城市中都有由当地居民义务担任文化遗产的"宣传员"，协助学校进行保护非物质文化遗产的教育。美国的学校设有"保护我们的历史"等课程。日本为鼓励更多的人穿着和服，将每年的 11 月 15 日定为"和装节"；2002 年，日本的文部科学省

（相当于我国的文化部）决定，在初中阶段进行关于和服的教育；日本国会里有一个"和装振兴议员联盟"，该联盟的议员在参加国会活动时，通过身穿和服来表现对传统服装的传承意识。在日本的京都，穿和服的女性，可免费进入任何公园，乘坐的士时可以享受九折优惠。

对文化遗产概念和保护概念的认识在不断扩展和深化。从保护文物到保护文物的环境；从保护单一要素的文化遗产到保护多种要素的综合性文化遗产；从专家保护、政府保护到民众保护、社会保护；从偏重保存，发展到关注使用的保护；从过去的少数人享用发展为全社会、国际性，甚至全球性享用。

二、投入机制

持续充足的政府资金投入是非物质文化遗产保护的重要保证。非物质文化遗产属于一个国家的公共性资源，因此，对遗产的保护理应由政府来承担。国外非物质文化遗产在资金投入上形成了一套长效机制，保护资金的来源一般是政府、非政府组织、社会团体、慈善机构和个人（志愿者）等，其中，政府起主导作用。

法国政府为保护和修复文化遗产的投入每年都占文化事业预算的一半左右。为最大限度地调动私人保护非物质文化遗产的积极性，法国给予各种各样的经济补贴或优惠政策，制定了十分详细的资助和补偿办法。

在非物质文化遗产的资金保障方面，德国的立法明确规定了保护对象的资金补助额度和数量：国家和地方政府的财政拨款是保护资金最主要的来源，以国家投资带动地方政府、社会团体、慈善机构及个人等多方合作投资，其他各类相关政策如减免税收、贷款、公用事业拨款、发行奖券等的制定为遗产保护提供了多渠道、多层次的资金筹措方式。此外，德国还积极援助国际世界遗产项目。

在英国，非物质文化遗产保护资金最重要的来源是由国家和地方政府提供的财政专项拨款和贷款，非政府组织的捐赠和志愿者个人的捐款往往也是经费的重要来源。除此之外，志愿人员还通过义务劳动、无偿提供房产和固定资产等方式进行资助。在保护资金的具体投入与运作方面，英国政府授权各种团体负责实际运作。各保护团体获得的政府拨款因与政府关系的密切程度和承担责任的不同而有所差异。

美国通过税费优惠，带动社会力量投入非物质文化遗产的保护。日本文化遗产保护法规定，国宝等重要文化遗产的管理维护资金的下限是国家总预算的 0.01%；此外，日本还设有政府和民间共同出资的振兴文化艺术基金会，该基金会的资金主要用于发展和保护日本文化艺术。韩国规定非物质文化遗产保护所需的经费由国家和地方政府全部或部分承担。

三、保护体系

非物质文化遗产的保护体系主要是指科学、高效、精简、完备的管理网络体系。这种管理网络体系在保护纺织类非物质文化遗产中发挥着重要作用。

许多发达国家，从本国的实际情况出发，采取分级管理的方式来实现非物质文化遗产的可持续发展。

在法国，除了国家和各个城市设立有专门管理历史文化遗产的机构外，各类受保护的历史文化遗产所在地也分别设置有专门的管理机构。法国的文化部是文化遗产保护的最高决策机构，该部下设文化遗产司，专门负责文化遗产的保护，该司既有行政管理人员，也有专职科研人员；地方政府内部设置有文化事务部，负责具体执行区域内文化遗产的保护及管理工作，主要任务有制定长期规划和保护计划、提供对策咨询、分配维修资金、搜集资料等；文化遗产保护委员会负责文化遗产的保护、开发、运营与咨询业务，绝大多数委员属专家学者，但相关行政部门的公职人员、相关团体的负责人以及民意代表也都有不同程度的介入；注重发挥行业协会的作用，由行业协会来鉴定遗产，参与制定法律和行政管理，通过出版刊物、组织赞助、强化教育的方式提高民众的遗产保护意识，组织宣传、游览或展览等活动，传播知识和技能，建立资源信息库等；此外，还以托管的方式委托民间社团组织实现非物质文化遗产的保护。

韩国以法律的形式制定出了一套完善的管理体系，对非物质文化遗产进行严格管理。在韩国，管理机构的垂直关系如下：国家总统——文化观光部下属的文化财厅——各地政府。韩国文化遗产的最高责任人是国家总统，主管行政机构是文化观光部下属的文化财厅。文化财委员会是一个专门负责提供咨询审议的顾问机构。按照韩国《文化财委员会规定》，文化财委员会必须由德高望重、学识广博的专家学者组成，相关官员不得介入。

德国对自然与文化遗产保护采用了地方自治型管理体制，具体管理事务由地区和州政府负责，中央政府只负责政策发布、立法等面上的工作；日本的国家历史文化遗产保护由文物保护行政管理部门负责，为了促进行政与学术的有效结合给政府决策提供高质量的咨询，地方政府机构中还设立法定的常设咨询机构——审议会，其作用是提供技术与监督。

四、法律保障

发达国家保护历史文化遗产的经验表明，遗产保护必须做到法律先行。发达国家不仅实行立法保护，而且法律保护体系和法律监督体系同样完善。

早在 1830 年，法国就颁布了文物保护方面的法律。现在，法国形成了一整套比较科学、完善的法规体系，包括行政管理体系、资金保障体系、监督体系、公众参与体系等。澳大利亚非常重视立法的地位和作用，建立起十分完善的遗产保护法律法规体系。日本颁布了《文化财产保护法》等 16 项国家法律文件，形成了日本非物质文化保护和管理的法律制度体系。1960 年韩国政府就颁布了《无形文化财产保护法》，意大利、俄罗斯、匈牙利、西班牙、芬兰、挪威等国，颁布了相关的文化遗产保护法案，构建了严密的保护机制，形成了文化遗产保护的法制秩序和良好的社会氛围。

五、传承教育

日本十分重视关于传统服装的教育。为保留、发扬传统服装文化，日本在全国各地设立了一些专门的公立和私立学校，如大阪的日本和服学院、名古屋后藤和裁学院、关西和服专科学校、静冈县静冈市迁村和服专门学校、冲绳大原和服专业学院等。每所学校一般都设立如和服基础学科、和服色彩研究、和服制作等课程，学生们能够在操作间进行实际操作。日本的一些文化女子大学设有博物馆，博物馆里存有大量的传统民族服装、服饰收藏品与历史资料供学生参观、学习。在京都的西阵织绘馆，展示着日本最原始的织布机、纺织技术和工艺；馆里有穿着和服的工作人员现场演示织锦的全过程，人们可以穿上和服亲自模拟操作。"全日本着物咨询协会"的主要功能是制定和服的着装、礼法的相应准则并进行操作指导。目前日本有500多万名和服爱好者，约占国家人口总数的4%；和服咨询师资格持有者有10万人，达到礼法资格认定的有3万人。日本各地有无数大大小小种类各异的文化馆、博物馆、美术馆，它们对传统服饰文化的保留起了很大作用。如神户的时装博物馆，每到周日便有许多日本妇女前往参观，其中50多岁的女性一般是穿着和服参观展览。展品中不仅有历史的服饰，更有现代时装学校学生的仿制品。除了展览之外，还辅以各类专题讲座。除此以外，还有名目繁多的传统节假日，这些都给传统服饰的传承提供了延续的空间和舞台。

联合国教科文组织于1972年在法国巴黎发起并达成了《保护世界文化和自然遗产公约》。以此为契机，法国政府最早创办了文化遗产保护的高等教育，并在不断发展中形成了比较完善的教育体制。1973年，历史悠久的巴黎索邦大学成立了文化遗产保护——修复部，专门致力于艺术品、馆藏物品、考古遗址和人种志的保护与修复的教育。后来，法国政府专门成立了一所从事与文化遗产有关的科研、教学与培训的国家遗产大学。以博物馆、档案馆、图书馆的馆长培训为主，通过对学生为期18个月的有关国内外法律、财务管理、社会和技术知识的培训，为管理国家文化遗产打下良好的基础。1996年，国家遗产大学成立了修复培训学院，即法国艺术品修复培训学院。艺术品修复培训学院设置了包括丝织品艺术在内的8个专业，课程分理论课、一般艺术课、实践课和语言课4个模块，第一和第二学年学生一般在法国境内学习，第三学年末到国外学习，第四学年选择一个专业方向，进行专业培训或高级修复工作。各个文化遗产保护教育学校都设有材料科学，如材料属性与技术、皮革、丝织品、无机颜料等。

第四节　发达国家纺织类非物质文化遗产保护
对中国的启示

　　工业的迅速发展使农业的支柱产业地位逐渐消失，工业文明成为主导；工业文化在社会生活中占据了主流地位，农业文明受到极大的冲击，越来越处于弱势地位。但我国曾经长期是一个农业占主导地位的国家，因此很多产生于民间的纺织类非物质文化遗产是与农业文明紧密结合在一起的，农业文明受到的冲击也同样反映在与之相伴相生的纺织类非物质文化遗产上。我国是非物质文化遗产大国，五千年的古老文明，漫长的农耕历史，以及全国人民多元化的文化生态，显现了中华民族民间文化艺术资源十分丰富及天才的艺术创造，许多技艺类为世界独有。然而，随着现代化进程的加速，我国原本丰富的纺织类非物质文化遗产正遭受着猛烈的冲击。尤其我国是世界级的纺织大国，在这种情况下必须对我们的纺织类非物质文化遗产给予必要的关注，而我国有些纺织类非物质文化遗产的传统技艺在农村还在延续与引用，所以在进行新农村建设的过程中必须注意对纺织类非物质文化遗产的保护。由于纺织类非物质文化遗产的保护要注意保存其技艺的活态性和原真性，因此也注定了在保护的过程中会遇到很多困难。

　　纺织类非物质文化遗产作为一个地区和国家传统文化的重要组成部分，是体现民众生活状态、生活方式和高超技艺的智慧结晶，不少发达国家也都在执行和探索保护本国非物质文化遗产的方式方法，诸如日本、韩国、法国、意大利等国就是在文化遗产保护工作方面做得比较成功的国家。这些发达国家的非物质文化遗产保护工作领先我国几十年。

　　同属亚洲文化圈的日本和韩国在非物质文化遗产保护方面取得了重要成就，为国际非物质文化遗产的保护做出了卓越贡献。尤其是日本采取的登录制度、法律保护、扶持专人以及韩国采取的有效监督体系、传承人培养体系、与旅游的合作开发体系都是较为成功的经验，值得我们吸收和借鉴。虽然发达国家所采取的保护举措各有所长，而且未必符合我国的具体国情，但在非物质文化遗产传承人、保护机构、公众参与、教育和普及等方面对我国来说颇具借鉴意义。具体来说，有以下几个方面的有益启示。

一、不断完善我国纺织类非物质文化遗产的相关立法

相对完善的非物质文化遗产法律制度是非物质文化遗产得以发展的基本保证，加强非物质文化遗产保护立法是促进非物质文化遗产保护的重要基础。《中华人民共和国非物质文化遗产保护法》于 2011 年正式出台，远晚于韩国和日本，从非物质文化遗产保护法出台到实施时间较短，要形成完整的非物质文化遗产保护体系，还需要不断完善。我国法律的保护思路还是以政府为主导，忽视了非物质文化遗产传承人的权利需求。同时，法律条文原则性强，对执法程序和法律责任以及执法权等尚且缺乏，而且此法也未能对其他现行的立法衔接问题做出合理安排。因此，结合对发达国家非物质文化遗产法律的利弊分析，我国非物质文化遗产立法应对其执行规范进行细化，确定具体的执法主体，对各执法机关、部门之间的配合、分工等衔接程序制定明确规定。另外，为了规范执法机关的行政程序和保障执法权威，也要明确执法机关的具体执法权限和执法程序。除了明确与其他立法衔接和对地方性立法进行修订外，出台新型单行立法，以完善非物质文化遗产法律保护体系。目前我国非物质文化遗产相关的单行立法在很多领域还比较欠缺，根据实际需求，还应在非物质文化遗产法的基本原则下，制定新型单行立法，例如，对纺织类非物质文化遗产中的传统技艺知识，制定非物质文化遗产传统技艺保护条例；对非物质文化遗产保护、传承基金管理，制定非物质文化遗产保护基金条例等单行立法。

二、加强我国纺织类非物质文化遗产传承人建设机制

对非物质文化遗产传承人的保护是非物质文化遗产保护的重要环节，不仅要保护传承人的生存问题，更应保护他们的技艺能够有效的发扬和传承。日本和韩国非物质文化遗产法律保护的最大特色是对传承人的保护，特别是韩国和日本创新的"人间国宝"制度，以人为本，能够实现非物质文化遗产的可持续发展。"人间国宝"制度无疑是对世界非物质文化遗产保护的伟大创举。该制度的核心是通过加强对传承人的保护来促进非物质文化遗产的发展，特别是纺织技艺类的良好传承。虽然日韩两国在传承人的保护方面有所不同，但最终目标是一致的，不仅使独特的文化遗产有效的传承，更能使人们了解和学习非物质文化遗产。我国应借鉴"人间国宝"制度，在非物质文化遗产立法制度方面应当加强对传承人的保护规定，明确具体职责和权利保障的具体措施，如具有"大师"称号的民间艺人，除了享受一般的继承人的权利外，可以评为副高级职称，同时享受相应的工资待遇和医疗保障，优先推荐为国家非物质文化遗产传承人等。此外，非物质文化遗产传承人也可以得到政府特殊津贴的补助，用于非物质文化遗产技艺的传承和推广。当然，传承人也必须履行对社会人士传授和宣传的义务，如天津古文化街蜀绣艺术品文化店中绣娘亲自展示蜀绣技艺；广东湘绣研究所传承人常年招收湘绣爱好者，现场进行义务教学，建立传承技艺的金字塔梯队等。对于非物质文化遗产传承人的选择规则也必须明确，比如应是重要的国家级非物质文化遗产继承人或对当地传统有重要影响的传承人。这样既体现了以权利义务为核心的特质，也确保了非物质文化遗产保护和传承的效果。

三、建立我国专门的纺织类非物质文化遗产保护机构

日本和韩国等国家均设有保护非物质文化遗产的专门机构。日本和韩国均成立了"文化遗财保护委员会"，都是有专门的部门负责非物质文化遗产保护工作。日本的"文化遗财保护委员会"设置在文化厅和当地政府。这种保护机制可以极大地发挥政府的功能，使保护工作更专业。该机制的建立，

也反映了日本和韩国两国深刻地认识到对非物质文化遗产保护的重要性。而我国在非物质文化遗产管理方面，管理职权繁杂，主要由文化部牵头管理，包括教育部、文物局、发改委、宗教局、旅游局、建设部、发改委等多部门统一协调非物质文化遗产的保护工作。然而，多部门的管理势必导致对同一事项管理时职权重叠，产生权力冲突，在具体管理中相互推诿，从而难以对非物质文化遗产进行有效的保护。因此，借鉴发达国家对非物质文化遗产保护的成功经验，我国在非物质文化遗产保护管理体制上必须改革，由多部门管理转为单一部门管理，将非物质文化遗产保护管理工作放在文化管理部门。

四、促进我国纺织类非物质文化遗产保护公众参与方式的多样化

日本在非物质文化遗产保护参与方面规定了多样化的参与方式，例如，中小学生在学习期间必须看一次以上的非物质文化遗产文化表演，而大学教育也承担了对非物质文化遗产的宣传和推广工作。大多数的非物质文化遗产研究机构设置在大学和图书馆中，使学生随时能够接触非物质文化遗产。韩国则更是发动全民参与非物质文化遗产的各种活动，通过节庆活动、课堂教学、博物馆展示表演等形式，久而久之在民众的头脑中形成了强烈的文化自觉意识，尤其是各大民俗文化节和传统的节庆活动，都是公众自发组织的，且规模较大，这对传统文化完整的继承和保存起到了至关重要的作用。同时，为了弘扬传统文化，韩国各个景区都对穿着传统服饰的民众免费开放。此外，日本和韩国也将非物质文化遗产表演作为迎接贵宾的主要活动之一。这些丰富的活动对宣传和普及非物质文化遗产无疑起到了非常积极的作用，也为人们提高保护非物质文化遗产意识奠定了重要的基础。我国为了弘扬非物质文化遗产，让更多民众了解，也建立了非物质文化遗产日，期间组织一系列丰富的展览和表演等活动，成为我国目前公众参与非物质文化遗产保护的重要途径。然而，公众参与的最主要的目的就是让所有对非物质文化遗产的了解者变为保护者和弘扬者，让每个人真正参与到保护当中，因此，应通过多种方式和途径拓展非物质文化遗产的公众参与方式。例如，在不同节日期间，当地有关部门应积极组织非物质文化遗产活动，带动非物质文化遗产

文化，培养民众文化自觉意识。

五、普及我国纺织类非物质文化遗产保护的教育工作

发达国家普遍在一些大学和研究机构建立非物质文化遗产保护中心，不仅能完好地保存非物质文化遗产相关资料，更方便于利用非物质文化遗产进行科普活动，同时成为非物质文化遗产传承、研究、开发和推广的教育基地。例如，韩国高等教育中服装设计专业已将韩服制作纳入限选课程，高级韩服制作设置在研究生课程中，这将使服装相关专业的学生百分之百地了解本国的民族文化服饰。目前，我国对非物质文化遗产越来越重视，据不完全统计，党的"十八大"以来，习近平总书记已经在不同场合公开论述传统文化重要意义达 13 次之多。在第十二届全国人大第二次会议上，李克强总理代表国务院作的政府工作报告中再次对传承和弘扬优秀传统文化做了明确指示。在推进非物质文化遗产的保护工作方面，由文化部牵头，在文化部设立了非物质文化遗产司，在中国艺术研究院成立了中国非物质文化遗产保护中心，并于 2013 年 6 月中国艺术研究院研究生院增设了两个研究方向，"传统技艺"和"非物质文化遗产保护实践研究"方向，这也是培养非物质文化遗产高层次传承人的创举。同时，我国部分纺织类高校的人才培养理念也在积极地与非物质文化遗产文化融合。例如，北京服装学院、天津工业大学、成都纺织高等专科学校、湖南工艺美术职业学院等都不同程度地为高校纺织类非物质文化遗产类的人才培养做出了有益的贡献。总之，我国纺织类非物质文化遗产的传承，需要政府、高校、传承人、企业等多方力量的协同推进。政府主要解决的是传承的本真性问题，高校主要解决的是传承的科学性问题，传承人主要解决的是传承的活态性问题，企业主要解决的是传承的市场性问题。我国也应高度重视对文化遗产的教育，如将非物质文化遗产文化列入中学教育中去，从小培养学生保护文化遗产的意识和道德观。如何让非物质文化遗产真正融到教育中去，唤起民众对非物质文化遗产的传承保护意识，是值得每个教育工作者思考的问题。不仅如此，我国各地的文化部门也应积极响应国家号召，陆续组织开展非物质文化遗产的教育和传承活动。

六、体现服装设计中的本民族元素

我国纺织技艺历史悠久，有着深厚的文化底蕴。在国际舞台上，我国民族服饰文化被国外设计师借鉴、应用和吸收，融入大量的时尚元素，设计出许多优秀的作品。我国纺织类非物质文化遗产文化丰富多彩，如中式盘扣、刺绣、印染技艺等极具中国特色元素的设计在国际舞台上屡见不鲜，但真正出自于国人之手的设计屈指可数。保护和弘扬纺织类非物质文化遗产文化，在服饰设计中如何与时尚结合，如何从具有装饰性和极具审美性的纺织类非物质文化遗产元素中寻求灵感，如何将技艺与时尚结合等，现已成为服装设计的新课题。在服装设计领域中，应着重考虑时尚与民族元素的结合。目前无论是欧美、日本，还是韩国，在传统与时尚，东西方结合方面值得我们学习和借鉴。国际设计师的设计手法是以时尚和流行趋势为主导，以民族元素作为设计手段进行设计，而我国在设计时多数是以民族元素为主，无意中却弱化了时尚和流行，结果往往形成以民族服饰为原型的设计，缺乏时尚感，因此，很难展现在国际舞台上。我国的民族元素和非物质文化遗产工艺可以说是时装界中一颗璀璨的明星，但在国际时尚的大环境下，形成正确的设计思路，真正使民族服饰形制、纹样、图案、色彩、工艺等设计手段与时尚结合，使其成为现代服装设计中新的灵感来源，在服装设计中将我国民族元素、非物质文化遗产技艺发扬、传承下去，是我国现代服饰设计的使命所在。

国外非物质文化遗产保护的举措带给我们很多启示，要积极大胆地学习发达国家非物质文化遗产保护的优秀成果，使我国在非物质文化遗产保护方面少走弯路，同时要结合我国的实际情况，探索新的保护方式和方法，并把非物质文化遗产保护和传承列入地方主要领导的政绩考核内容，形成一套更有效的文化遗产保护模式。

中国是世界闻名古国，丰富的文化资源是我们民族走向复兴的坚实基础。振兴中华，不仅仅是指经济实力的增长，更包括文化上的复兴，二者缺一不可。在经济全球化的今天，我们需要发展现代化产业，更应该重视民族传统文化的保护和传承，否则我们的文化产业将失去发展之本和生长之根。在借鉴别国对非物质文化遗产有效保护经验的基础上，相信我国的纺织类非物质文化遗产的保护工作一定会取得长足的进步，有效地提升我国的综合国力及国际影响力。

知识链接：代表性纺织类非物质文化遗产

代表性纺织类非物质文化遗产——印度尼西亚的蜡染印花工艺

2009年，印度尼西亚的蜡染印花工艺申报为人类非物质文化遗产。

工匠把蜡染织物印染上色，用热蜡在织物上画出点与线的图案，热蜡可以抵挡植物和其他染料，因此工匠可以选择性地上色，将布料浸在一种颜色中，然后再用热水除去布料上的蜡。如果想要多种颜色的话，就重复这个过程。其图案多种多样，从阿拉伯书法、欧洲的花束和中国的凤凰，到日本樱花、印度或波斯的孔雀。这种工艺常常是在家庭中世代相传下来，它与印度尼西亚人民的文化认同密不可分，渗透到了印度尼西亚人的整个一生中。

在雅加达纺织博物馆中，可以与小孩子们一起学习蜡染。基本的蜡染流程如下。

（1）老师先给你一个有鸟、花或抽象画的白底衬托的图样临摹。

（2）学习者用蜡油在其正面和反面分别沿着图样将布染透。

（3）当图样染完之后，就可拿到旁边上色，一般会有红色和蓝色两种背景色挑选，漂染之后，放在一旁晾干，大概10～20分钟的时间，一件作品就出炉了。

代表性纺织类非物质文化遗产——克罗地亚的花边制作

2009年，克罗地亚的花边制作申报为人类非物质文化遗产。

克罗地亚的花边制作集中在三个城镇：亚得里亚海沿岸的帕格、克罗地亚北部的莱波格拉瓦和达尔马提亚岛的瓦尔。帕格镇的花边是针绣花边，最初是用于制作教会用的外衣、桌布和衣服装饰物。制作过程包括用几何图形装饰蛛网图案。莱波格拉瓦的花边是线轴花边，是在纺锤或线轴上编线、缠绕；它常常用于制作民族服装的花边饰带或在乡村集市上销售。达尔马提亚岛的瓦尔镇的花边是芦荟花边，是从新鲜的芦荟叶子中提取细白丝线，在纸板托上编织成网状或其他图案。

代表性纺织类非物质文化遗产——奥布松挂毯

2009年，法国成功申报奥布松挂毯工艺为人类非物质文化遗产。

奥布松挂毯拥有数百年的历史，这种工艺主要应用于生产制作大型墙壁装饰挂毯，同时也在地毯和家具制作中使用。奥布松挂毯的基础图像由纸质模板设计者提供。编织由一名织工手工完成。织工在挂毯的背面工作，使用的纱线经过了手工染色。整个工序既耗时又昂贵。奥布松挂毯创造了大量的相关的工作机会（羊毛生产和纺织、销售、副产品、博物馆、展览会以及旅游业）。奥布松挂毯已成为世界各地挂毯的通行标准。

代表性纺织类非物质文化遗产——越南奥黛

奥黛，是越南的传统服装，它通常使用丝绸等软性布料，上衣是一件长衫，类似中国的旗袍，胸袖剪裁非常合身，凸显女性玲珑有致的曲线，而两侧开高叉至腰部，走路时前后两片裙摆随风飘逸，下半身配上一条喇叭筒的长裤。过去奥黛只用在外出、会客、年节以及婚宴（对乡村姑娘来说，奥黛几乎象征一生只穿一次的白纱礼服），但现在除了重大节庆、外交场合外，一般生活中也可以看到。奥黛在早期与旗袍有联系，后期的发展则融合了欧美文化。在1986年越南"革新开放"以后，越南政府开始重新提倡奥黛，奥黛因此才再度流行起来，并成为女性公务人员、旅馆接待、新闻主播、航空公司空姐以及高中女生的标准制服。2006年11月17日至19日，亚太经济合作组织APEC第十四次领导人非正式会议在越南首都河内举行，与会领导人穿的也是奥黛，不过由于奥黛本来是越南女性的传统服装，而与会领导人中有 18 名是男性，因此设计师专门对"奥黛"长衫做了改造。

奥黛至今已成为越南国家形象、流行时尚甚至建筑艺术的最佳代表。

思考题

1．中外纺织类非物质文化遗产有何区别？请举例说明。

2．日本对于和服的保护对我国纺织类非物质文化遗产的保护有何借鉴？

3．如何理解全球化趋势和各国异彩纷呈的纺织类非物质文化遗产并存的现象？

4．请结合我国国情具体分析如何保护、传承纺织类非物质文化遗产。

参考文献

[1] 宋俊华. 非物质文化遗产特征刍议 [J]. 江西社会科学, 2006, 1.

[2] 李世涛. 关于"非物质文化遗产"概念的理解与规范问题 [J]. 学习与实践, 2006, 9.

[3] 陈文. 城市非物质文化遗产保护研究 [D]. 西安: 西北大学, 2007.

[4] 李依霖. 少数民族非物质文化遗产的法律保护研究 [D]. 北京: 中央民族大学, 2013.

[5] 刘河. 青岛非物质文化遗产旅游开发研究 [D]. 青岛: 中国海洋大学, 2008.

[6] 王文章. 非物质文化遗产概论 [M]. 北京: 教育科学出版社, 2013.

[7] 陈多琦. 哈尔滨市非物质文化遗产旅游开发研究 [D]. 长春: 东北师范大学, 2009.

[8] 李晓东. 非物质文化遗产的特性观察 [N]. 中国文物报, 2004-11-26.

[9] 张迈建. 谁来保护纺织类非物质文化遗产 [N]. 中国纺织报, 2011-5-16.

[10] 刘瑶. 非物质文化遗产保护与中国传统文化传承 [D]. 哈尔滨: 哈尔滨工业大学, 2010.

[11] 汪海萍. 赫哲族非物质文化遗产保护、传承现状调研 [J]. 前沿, 2011, 7.

[12] 吴元新. 青出于蓝而胜于蓝 [N]. 美术报, 2005-10-8.

[13] 程惠哲. 非物质文化遗产的价值 [N]. 经济观察报, 2006-6-12.

[14] 周启萌. 非物质文化遗产视角下的布依族蜡染技艺的传承和保护 [J]. 原生态民族文化学刊, 2011,12.

[15] 石生. 安徽省非物质文化遗产"五禽戏"的文化价值研究 [J]. 长春理工大学学报, 2010,11.

[16] 辛儒. 非物质文化遗产产业化经营管理的可行性研究 [J]. 商场现代化,

2008，3.

［17］李成.唐山皮影的包装设计与营销推广研究 [D]. 石家庄：河北大学，2007.

［18］俎浩.我国体育非物质文化遗产的传承与保护 [J]. 福建体育科技，2013，10.

［19］与传统文化保护相关的法律公约，http：//blog.sina.com.cn/s/blog_71d0d81f010122kr.html.

［20］国家级非物质文化遗产代表作申报评定暂行办法，http：//www.21etm.com/bencandy.php?fid=84&id=4576.

［21］国家级非物质文化遗产代表作申报评定暂行办法，http：//www.luan.gov.cn/zxbs/info_view.php?sid=42&ty=1&id=624.

［22］国务院办公厅关于加强我国非物质文化遗产保护工作的意见 [N].《中华人民共和国国务院公报》，2005-05-20.

［23］杨治，张敏，邹启山.联合国教科文组织《保护非物质文化遗产公约》要点解读 [N]. 中国文化报，2008-07-23.

［24］国家级非物质文化遗产代表作申报评定暂行办法——法律快车知识产权法 http：//www.lawtime.cn/info/zscq/ipfa/2010072938454.html.

［25］中华人民共和国非物质文化遗产法 [N]. 人民日报，2011-08-05.

［26］罗艺.国外非物质文化遗产法律保护概述 [J]. 云南电大学报，2010，4.

［27］人类口头与非物质文化遗产申报指南，http：//www.cnlao.cn/feiyi/316.html.

［28］解文姝.首批非物质文化遗产代表作名录的申报与评定 [J]. 艺海，2006，10.

［29］王宝林.南京云锦 奥妙何在 [J]. 中国经济信息，2002，1.

［30］韦宁宁，唐铭崧."壮锦之美"——简析从设计艺术美学到壮锦的探索 [J]. 考试周刊，2013，12.

［31］王小梅.阿妈的"锦"与"火"——《壮锦》主要人物艺术形象刻画和演唱探索（四）[J]. 歌海，2013，11.

［32］李磊.锦绣瑰宝 技艺双绝——南京云锦艺术赏析 [J]. 中国书画，

2006，4.

［33］横云 . 江南蓝印花布：一抹岁月漂洗的靛蓝 [J]. 传承，2008，3.

［34］杨瑞 . 论从扎染看中国印染工艺 [J]. 科技信息，2010，5.

［35］齐海红 . 扎染艺术浅述 [J]. 金田，2013，7.

［36］不能在我们手中消失的文化 [N]. 中国纺织报，2014–07–02.

［37］手工讲述历史 技艺承载记忆 [N]. 中国特产报，2009–11–06.

［38］曹耀明 . 设计的非物质化发展趋势 [J]. 装饰，2005，6.

［39］高阳 . 中国传统织物装饰 [D]. 天津：百花文艺出版社，2011.

［40］高春明 . 锦绣文章——中国传统织绣纹样 [D]. 上海：上海书画出版
社，2005.

［41］邵树清 . 土家族纺织历史及其织锦风格、特点探微 [J]. 中南民族学院
学报：哲学社会科学版，1990，1.

［42］马小丰 . 美国服装专业博物馆与企业的合作关系研究 [D]. 北京：北
京服装学院，2011.

［43］影子，美特斯邦威服饰博物馆成长记忆 [N]. 纺织服装周刊，2007–
06–11.

［44］薛雁 . 中国纺织服装类博物馆的类型与特色 [J]. 北京：中国博物馆，
2006，4.

［45］王津 . 纺织非物质文化遗产学研馆展示设计方案研究 [J]. 科技信息，
2013，3.

［46］关于苗族银饰资料大全，http：//www.zzsck.com/article/?1695.html.

［47］陈正平 . 保护民族民间文化 传承中华民族精神 [J]. 达县师范高等专
科学校学报，2005，6.

［48］侯健 . 苗族服饰的审美价值及其文化内涵 [J]. 民族艺术研究，2000，5.

［49］许佳 . 贵州黔东南地区苗族银饰艺术研究 [D]. 昆明：昆明理工大学，
2010.

［50］王卫东 . 论施洞苗族服装配饰艺术 [D]. 昆明：云南大学，2010.

［51］王鸣媛 . 西安工程大学纺织服装博物馆建成 [N]. 中国纺织报，2008–
01–03.

［52］画家赵金平夏布仿古画 _ 画家赵金平，http : //blog.sina.com.cn/s/blog_
　　　500ff2cb0100eho8.html.

［53］吴平. 传承场域重构语境下非遗多元保护主体与合作共治——以贵州
　　　黔东南为例 [J]. 原生态民族文化学刊，2013，4.

［54］吴平. 区域非物质文化遗产多元保护主体合作共治研究——以黔东南
　　　为个案 [J]. 贵州社会科学，2012，12.

［55］杨玢. 青海省非物质文化遗产保护与传承原则及对策探析 [J]. 青海师
　　　范大学学报：哲学社会科学版，2013，09.

［56］王云庆，万启存. 守护精神家园——谈档案馆保护非物质文化遗产的
　　　必要性 [J]. 档案与建设，2007，2.

［57］宋敏，刘贡. 千金之诺："世界级非遗"黎锦两年抢救记 [N]. 海南日
　　　报，2012-02-20.

［58］萧放. 关于非物质文化遗产传承人的认定与保护方式的思考 [J]. 文化
　　　遗产，2008，2.

［59］邱春林. 生产性保护：非遗的"自我造血" [N]. 中国文化报，2012-
　　　02-21.

［60］屈菡，边思玮. 非遗生产性保护急需政策护航 [N]. 中国文化报，
　　　2012-02-21.

［61］董大汗. 重点是保护，而不是生产性的开发 [N]. 中国艺术报，2012-
　　　02-03.

［62］马艳华，莫钧钧，张玉欣. 纺织非物质文化遗产产业化路径选择 [J].
　　　武汉纺织大学学报，2014，4.

［63］佟玉权，赵玲. 非物质文化遗产保护利用的产业化途径及评价体系
　　　[J]. 学术交流，2011，11.

［64］天津网——金融助力非物质文化遗产传承　苏绣进入天津文化艺术品交
　　　易. http : //www.tianjinwe.com/tianjin/tjwy/201109/t20110929_4331119.html.

［65］王林. 中外历史文化遗产保护制度比较 [J]. 城市规划，2000，8.

［66］邱静雯. 历史文化名城保护制度比较研究 [J]. 中州学刊，2003，1.

［67］李琰. 巴黎历史风貌保护对北京城市建设的借鉴 [D]. 北京：对外经

济贸易大学，2005.

[68] 顾军，苑利. 美国文化及自然遗产保护的历史与经验 [J]. 西北民族研究，2005，3.

[69] 张竞琼，蔡毅. 中外服装史对览 [M]. 北京：中国纺织出版社，2000.

[70] 刘红婴，王健民. 世界遗产概论 [M]. 北京：中国旅游出版社，2003.

[71] 陈来生. 世界遗产在中国 [M]. 长春：长春出版社，2006.

[72] 焦怡雪. 英国历史文化遗产保护中的民间团体 [J]. 规划师，2005，2.

[73] 王林. 中外历史文化遗产保护制度比较 [J]. 城市规划，2000，08.

[74] 王景慧. 论历史文化遗产保护的层次 [J]. 规划师，2002，06.

[75] 颜文洪. 世界遗产与保护地管理模式比较研究 [J]. 城市问题，2006，3.

[76] 李华明，李莉. 制度创新：世界遗产法律保护的新思维 [J]. 广西民族学院学报：哲学社会科学版，2005，6.

[77] 周方. 英国非物质文化遗产立法研究与启示 [J]. 西安交通大学学报，2013，06.

[78] 百度百科.

[79] 百度文库.

[80] 互动百科.

[81] 中国非物质文化遗产网.

[82] 环球网.

附录一 中国纺织类非物质文化遗产大事记

◆ 1984 年，中国织锦工艺陈列馆在江苏省南京市创建，这是我国首家集知识、观赏、娱乐于一体的织锦艺术博物馆。1994 年，由国家旅游局立项，经过重新规划，以"中华织锦村"的崭新面貌向社会正式开放。陈列馆内设云锦操作展厅、云锦精品展厅、民族织锦表演厅等，通过生动活泼的展出形式，实景实物的巧妙结合，较全面系统地介绍了以云锦为代表的我国传统民族织锦的发展历史、工艺特点和艺术成就，同时还生动直观地再现了我国少数民族的生活习俗和乡土人情。

◆ 1985 年 10 月，南通纺织博物馆建成开放。全馆占地近 2 万平方米，建筑面积约 7000 平方米，现有文物藏品 3500 件，大小展室 23 个，是集历史、科学、艺术于一体的中国首座纺织专业的科技史博物馆。

◆ 1992 年 2 月 26 日，位于浙江省杭州市的中国丝绸博物馆正式对外开放。该馆全方位地展示了中国五千年的丝绸历史及文化，基本陈列包括序厅、历史文物厅、蚕丝厅、染织厅、现代成就厅 5 个展厅，是第一座全国性的丝绸专业博物馆，也是世界上最大的丝绸博物馆。博物馆占地面积 5 公顷，建筑面积 8000 平方米，陈列面积 3000 平方米。

◆ 1996 年，中国工艺美术大师吴元新先生创建了南通蓝印花布博物馆，下设蓝印花布博物馆蓝艺研究所、蓝印花布博物馆明清染坊、蓝印花布博物馆的旅游产品开发展示部，博物馆整理收藏了明清以来实物及图片资料 1 万多件，保存有大量优秀的民间制品。这是我国第一座集收藏、展示、研究、生产、经营于一体的专业博物馆。

◆ 1997 年，宁波服装博物馆建成，建筑面积 2752 平方米，是中国第一座服装专业博物馆。该馆围绕 2000 余件中国服装服饰历史珍品这一主要思路，分设中国近现代服装、宁波红帮裁缝创业史、中国少数民族服装和宁波服装与国际交流展厅，具体生动地揭示出中国服装文化发展的主题。

◆ 2000 年，北京服装学院民族服饰博物馆开馆。这是中国第一座服饰类专业博物馆，也是集收藏、展示、科研、教学于一体的文化研究机构，是国内最好的服装专业博物馆之一。该馆收藏有中国各民族的服装、饰品、织物等 1 万余件；展厅面积 2000 平方米，设有少数民族服饰厅、汉族服饰厅、苗族服饰厅、金工首饰厅、织锦刺绣蜡染厅、奥运服饰厅、图片厅 7 个展厅，还有供教学及学术交流活动使用的多功能厅以及可以与观众实现互动的中国民族传统服饰工艺传习馆。

◆ 2002 年在全国旅游产品博览会上，南通蓝印花布博物馆设计的蓝艺系列"连年有余"荣获全国首届旅游纪念品设计大赛金奖。

◆ 2004 年 8 月 28 日第十届全国人大常委会第十一次会议表决通过了全国人大常委会关于批准中国加入联合国教科文组织《保护非物质文化遗产公约》的决定，中国成为第 6 个加入《保护非物质文化遗产公约》的国家。

◆ 2005 年 12 月，上海美特斯邦威服饰博物馆建成对外开放，展馆面积有 2000 多平方米，分为 5 大板块：衣冠王国、至尊气象；民族华章、缤纷霓裳；民间风韵、时尚新装；精美饰品，生活点缀；绚丽织锦、大千世界。共征集到 30 多个民族的服装、织绣、银饰及织机、缝纫机、熨斗等贵重物品，共计 5000 多件。

◆ 2005 年，连战、宋楚瑜分别访问南京。江苏省赠送给他们的礼物是云锦的著名作品"金丝团龙"。

◆ 2005 年 12 月 22 日，国务院发布《国务院关于加强文化遗产保护工作的通知》，决定从 2006 年起，每年 6 月的第二个星期六为中国的"文化遗产日"。

◆ 2006 年 6 月，我国公布了首批非物质文化遗产国家级名录共 10 大类518 项，包括纺织类非物质文化遗产 30 项，其中，民间美术类 11 项，传统手工技艺 14 项，民俗类 5 项。

◆ 2006 年 6 月 10 日是我国首个文化遗产日，主题是：保护文化遗产，守护精神家园。

◆ 2006 年 6 月 27 日在联合国教科文组织《保护非物质文化遗产公约》

缔约国大会第一次会议上，我国以 40 票的高票入选由 18 个国家组成的保护非物质文化遗产政府间委员会。这是国际社会对我国政府保护非物质文化遗产工作的充分肯定。

◆ 2007 年 6 月 5 日经各地推荐、申报，专家评审委员会评审、社会公示和复审，文化部公布了包括民间文学、杂技与竞技、民间美术、传统手工技艺、传统医药 5 大类 134 个项目 226 名第一批国家级非物质文化遗产项目代表性传承人。

◆ 2007 年 6 月 9 日是我国第 2 个文化遗产日，主题是：保护文化遗产，构建和谐社会。

◆ 2007 年 7 月，中国第一个多民族非物质文化遗产展示馆在张家界大庸府城揭幕，土家织锦、苗族服饰、侗族刺绣、瑶族服饰和白族扎染等国家级非物质文化遗产在此集中、生动展示。

◆ 2007 年 7 月，江西靖安古墓发现了 20 余件保存完好、工艺精湛、色彩鲜艳的千年纺织品。品种有方孔纱、丝绢和真丝朱砂印花织物及纂组织物（经编织物组带）等。这是目前发现的最早的真丝纺织品。通过光谱测试，最大的一匹"方孔纱"每厘米所用的经线达到了 280 余根，每根丝线的宽度只有 0.1 毫米，密度之高十分罕见。另外，此次出土的丝绢密度也多为每厘米经线 60 ～ 80 根不等，而且织造平、整、匀、密，表明当时的纺织技术已经达到相当高的水平。

◆ 2007 年 8 月 20 日，"中国刺绣展"图片展在塞尔维亚鲁玛市博物馆隆重开幕。此次展出的绣品主要来自湖南省和江苏省苏州市两地，主题丰富，工艺精良。该展曾在许多国家巡展。参观者对中国绣品在针法和色彩以及创意上的巧夺天工和画面的秀美赞叹不已。

◆ 2008 年 5 月 14 日，文化部审议通过并发布《国家级非物质文化遗产项目代表性传承人认定与管理暂行办法》（第 44 号令），对传承人的认定条件、应当提供的材料、认定程序和期限以及对传承人的权利和义务作了明确规定。《国家级非物质文化遗产项目代表性传承人认定与管理暂行办法》自 2008 年 6 月 14 日起施行。

◆ 2008 年 6 月 7 日，国务院公布了第二批国家级非物质文化遗产名录

510 项和第一批国家级非物质文化遗产扩展项目名录 147 项。

◆ 2008 年 6 月 14 日是我国第 3 个文化遗产日，主题是：文化遗产人人保护，保护成果人人共享。

◆ 2008 年 6 月 14 日，青海国际唐卡艺术与文化遗产博览会开幕。博览会以重点突出唐卡艺术特色、展示非物质文化遗产项目为主，展出品种包括传统绘画唐卡、堆绣唐卡、刺绣唐卡、提花唐卡、布贴唐卡、珍珠唐卡、掐丝唐卡、烙画唐卡等所有大类。唐卡内容形式丰富多彩，既有反映传统宗教人物、故事内容的，也有表现浓郁现代生活气息的唐卡艺术作品。

◆ 2008 年 6 月 15 日，"国际唐卡艺术及非物质文化遗产保护——青海论坛"在青海省西宁市举行，国内外专家学者围绕唐卡艺术的传承和发展、非物质文化遗产保护等主题，聚焦观点，交流思想，开展学术研讨。

◆ 2008 年，西安工程大学纺织服装博物馆开馆。该馆分纺织馆、西部民族民间服饰馆和现代服饰馆 3 个展区。

◆ 2009 年 1 月，上海纺织服饰博物馆开馆。该馆在东华大学原纺织史博物馆和服饰博物馆的基础上新建而成，是目前国内综合反映中国纺织服饰历史文化和科技知识的专业博物馆。

◆ 2009 年 5 月，国务院公布了第三批国家级非物质文化遗产名录共计191 项和国家级非物质文化遗产名录扩展项目名录共计 164 项。

◆ 2009 年 5 月，文化部公布了第三批国家级非物质文化遗产项目代表性传承人 711 名。

◆ 2009 年 6 月 13 日是我国第 4 个文化遗产日，主场城市为浙江省杭州，主题是：保护文化遗产促进科学发展。

◆ 2009 年 10 月，中国传统桑蚕织技艺、南京云锦织造技艺入选人类非物质文化遗产名录。

◆成都蜀锦织绣博物馆，占地面积 3000 多平方米，是全国唯一一座拥有全套手工蜀锦制作工艺和蜀锦历史文化展示的专业场馆。于 2009 年 12 月对外开放。馆内设有大型蜀锦织造工场，多台蜀锦大花楼木质机现场手工制作蜀锦；蜀锦、蜀绣精品异彩纷呈，历代锦绣纹样琳琅满目。

◆ 2010 年 6 月 12 日为我国第 5 个文化遗产日，主场城市为江苏省苏州市，主题是：文化遗产在我身边。

◆ 2010 年 7 月，盛锡福中国帽文化博物馆在北京东四北大街揭牌，这是继 2008 年盛锡福皮帽制作技艺被列入"国家级非物质文化遗产名录"后，创立的又一个具有重要意义的里程碑。

◆ 2010 年 8 月，苏州甪直水乡妇女服饰博物馆完工。博物馆内共分为主展区和互动区几个部分，分别展示水乡服饰的地理分布、基本构成以及各年龄段的水乡女性服饰，并通过幻影成像、微缩沙盘等全景展示了少女成人礼、新娘出嫁等特色民俗。

◆ 2010 年 10 月，首届中国非物质文化遗产博览会在山东济南举行，蓝印花布、彝族刺绣、藏族唐卡等 600 多个适合生产性保护的非物质文化遗产项目集体亮相，吸引了众多民众。

◆ 2011 年 2 月 25 日，全国人大常委会表决通过了《中华人民共和国非物质文化遗产法》。这是非物质文化遗产保护的一个里程碑，标志着我国非物质文化遗产保护工作走入依法保护的阶段。该法律于 2011 年 6 月 1 日起正式颁布实施。

◆ 2011 年 3 月，天津工业大学"中国纺织类非物质文化遗产概论"公共选修课程开课，这是我国普通高校开设的第一门中国纺织类非物质文化遗产通识课程。

◆ 2011 年 6 月 11 日是我国第 6 个文化遗产日，主场城市为山东省济宁市，主题是：文化遗产与美好生活。

◆ 2011 年 9 月文化部印发《关于加强国家级非物质文化遗产代表性项目保护管理工作的通知》，明确提出了建立国家级代表性项目保护工作的定期报告制度、督查制度、奖惩制度和"退出机制"。

◆ 2011 年 12 月 16 日，由国家博物馆、新疆维吾尔自治区文化厅及新疆博物馆联合主办的"新疆古代服饰展"在国家博物馆开幕。该展览汇聚近 10 年来新疆丝绸之路沿线考古发掘的 90 余件（组）纺织物珍品，分为"暖裘毛褐巧装扮——西域先秦服饰""锦帛素棉 典雅风姿——西域汉晋服饰""万千威仪 雍容气度——隋唐五代服饰""回鹘风范 蒙元英姿——西域宋元服饰""丝路奇葩 民族瑰宝——西域明清服饰"5 个部分，展示了自先秦时期至清朝近 4000 年间的新疆古代服饰文化。

◆ 2012 年 2 月 5 日，由文化部与国家发展改革委等部委、全国政协文史和学习委员会、北京市人民政府共同举办的"中国非物质文化遗产生产性保护成果大展"在北京农业展览馆新馆举行。这次展览分为绘饰生活、文明天下、抟泥成器、点石化金、锻造辉煌、品味醇美、经纬天地、锦绣人间、悬壶济世和春色满园 10 个部分，集中展示了近年来我国非物质文化遗产生产性保护取得的丰硕成果。

◆ 2012 年 6 月 9 日是我国第 7 个文化遗产日，主场城市为河南省郑州市，主题是：文化遗产与文化繁荣。

◆ 2012 年，纺织类非物质文化遗产学研馆在天津工业大学投入使用。这是中国首座坐落在高校的纺织类非物质文化遗产学研馆。

◆ 2013 年 6 月 8 日是我国第 8 个文化遗产日，主场城市为陕西省咸阳市，主题是：文化遗产与全面小康。

◆ 2013 年 12 月 28 ～ 29 日，纺织类非物质文化遗产保护、传承与创新学术会议在天津工业大学举行。中国纺织工业联合会、北京大学、成都纺织高等专科学校蜀锦蜀绣文化研究中心 20 多个单位参加。会议以蜀绣、蓝印花布和艾德莱斯绸等纺织品的制造应用为例，就中国纺织类非物质文化遗产传承、保护与创新展开了思考与交流，并讨论筹建"纺织类非物质文化遗产传承、保护和创新研究会"事宜。

◆ 2014 年 4 月 16 日，"娘本唐卡艺术展"在国家博物馆展出。展览展出了 65 幅精美的唐卡作品和绘制唐卡使用的矿物质颜料及工具，同时纳入了藏传佛教的知识和唐卡技艺的田野调查，力图立体生动地展现这门古老技艺，深入解读这门神秘的艺术。

◆ 2014 年 6 月 14 日是我国第 9 个文化遗产日，主场城市为江西省景德镇市，主题是：让文化遗产活起来。

◆ 2014 年 9 月 5 ～ 15 日，由中华文化发展促进会、西藏自治区文化厅、西藏自治区文学艺术界联合会、西藏自治区文化产业协会主办，西藏岗地文化产业集团、西藏拉姆拉绰唐卡画院承办的"西藏唐卡艺术——多吉顿珠、丁噶唐卡作品展"在北京中国国家博物馆举行。

◆ 2014 年 12 月，由教育部高等学校纺织服装教学指导委员会等联合主办的首届全国大学生"纺织类非物质文化遗产"创意创新作品大赛在天津工业大学举行。入围决赛的 400 件作品风格各异，不仅体现了非物质文化遗产的精髓，还融入了流行时尚元素。

◆ 2014 年 12 月 27 日，南京云锦艺人在南京云锦博物馆内恢复祭拜云锦娘娘传统，首次展示云锦裸眼 3D 技术，发布了《中国织锦大全》《云锦图典》《云锦口袋书》三本专业书籍，展出了国家级云锦传承人周双喜大师全程监制的《太平天国天王洪秀全龙袍》、《清红地妆花缎龙袍》等历代珍品。

◆ 2014 年 12 月 27 日，国内首个宋锦文化产业园在苏州吴江盛泽镇落成并举行开园仪式。园区占地 36 亩，包括宋锦文化展示区、宋锦工业旅游区、APEC 宋锦"新中装"展示馆、宋锦生活艺术馆和鼎盛丝绸工厂店 5 大板块，是集科普教育、创意产业、生态休闲、购物于一体的产业园。

附录二　非物质文化遗产保护法律条约
《保护非物质文化遗产公约》

一、公约产生的背景

联合国教育、科学及文化组织（以下简称教科文组织）大会于 2003 年 9 月 29 日至 10 月 17 日在巴黎举行第三十二届会议。

参照现有的国际人权文书，尤其是 1948 年的《世界人权宣言》以及 1966 年的《经济、社会、文化权利国际公约》和《公民及政治权利国际公约》这两个公约；

考虑到 1989 年的《保护民间创作建议书》、2001 年的《教科文组织世界文化多样性宣言》和 2002 年第三次文化部长圆桌会议通过的《伊斯坦布尔宣言》强调非物质文化遗产的重要性，它是文化多样性的熔炉，又是可持续发展的保证；

考虑到非物质文化遗产与物质文化遗产和自然遗产之间的内在相互依存关系，承认全球化和社会变革进程除了为各群体之间开展新的对话创造条件，也一样使非物质文化遗产面临损坏、消失和破坏的严重威胁，而这主要是因为缺乏保护这种遗产的资金；

意识到保护人类非物质文化遗产是普遍的意愿和共同关心的事项，承认各群体，尤其是土著群体，各团体，有时是个人在非物质文化遗产的创作、保护、保养和创新方面发挥着重要作用，从而为丰富文化多样性和人类的创造性做出贡献；

注意到教科文组织在制定保护文化遗产的准则性文件，尤其是 1972 年的《保护世界文化和自然遗产公约》方面所做的具有深远意义的工作；

还注意到迄今尚无有约束力的保护非物质文化遗产的多边文件；

考虑到国际上现有的关于文化遗产和自然遗产的协定、建议书和决议需要有非物质文化遗产方面的新规定有效地予以充实和补充；

考虑到必须提高人们，尤其是年轻一代对非物质文化遗产及其保护的重要意义的认识；

考虑到国际社会应当本着互助合作的精神与本公约缔约国一起为保护此类遗产做出贡献；

忆及教科文组织有关非物质文化遗产的各项计划，尤其是"宣布人类口述遗产和非物质遗产代表作"计划；

认为非物质文化遗产是密切人与人之间的关系以及他们之间进行交流和了解的要素，它的作用是不可估量的；

于 2003 年 10 月 17 日通过本公约。

二、公约的内容

Ⅰ.总 则

第一条　公约宗旨

本公约的宗旨如下：

（一）保护非物质文化遗产；

（二）尊重有关群体、团体和个人的非物质文化遗产；

（三）在地方、国家和国际一级提高对非物质文化遗产及其相互鉴赏的重要性的意识；

（四）开展国际合作及提供国际援助。

第二条　定义

在本公约中，

（一）"非物质文化遗产"指被各社区、群体，有时是个人，视为其文化遗产的各种社会实践、表演、表现形式、知识和技能及其有关的工具、实物、工艺品和文化场所。各个群体和团体随着其所处环境、与自然界的相互关系和历史条件的变化不断使这种代代相传的非物质文化遗产得到创新，同时使他们自己具有一种认同感和历史感，从而促进了文化多样性和人类的创造力。在本公约中，只考虑符合现有的国际人权文件，各群体、团体和个人之间相互尊重的需要和顺应可持续发展的非物质文化遗产。

（二）按上述第（一）项的定义，"非物质文化遗产"包括以下方面：

1. 口头传说和表述，包括作为非物质文化遗产媒介的语言；

2. 表演艺术；

3. 社会风俗、礼仪、节庆；

4. 有关自然界和宇宙的知识和实践；

5. 传统的手工艺技能。

（三）"保护"指采取措施，确保非物质文化遗产的生命力，包括这种遗产各个方面的确认、立档、研究、保存、保护、宣传、弘扬、承传（主要通过正规和非正规教育）和振兴。

（四）"缔约国"指受本公约约束且本公约在它们之间也通用的国家。

（五）根据本条款所述之条件，本公约经必要修改对成为其缔约方之第三十三条所指的领土也适用。从这个意义上说，"缔约国"亦指这些领土。

第三条　与其他国际文书的关系

本公约的任何条款均不得解释为：

（一）有损被宣布为 1972 年《保护世界文化和自然遗产公约》的世界遗产、直接涉及非物质文化遗产内容的财产的地位或降低其受保护的程度；

（二）影响缔约国从其作为缔约方的任何有关知识产权或使用生物和生态资源的国际文书所获得的权利和所负有的义务。

Ⅱ . 公约的有关机关

第四条　缔约国大会

一、兹建立缔约国大会，下称"大会"。大会为本公约的最高权力机关。

二、大会每两年举行一次常会。如若它作出此类决定或政府间保护非物质文化遗产委员会或至少三分之一的缔约国提出要求，可举行特别会议。

三、大会应通过自己的议事规则。

第五条　政府间保护非物质文化遗产委员会

一、兹在教科文组织内设立政府间保护非物质文化遗产委员会，下称

"委员会"。在本公约依照第三十四条的规定生效之后，委员会由参加大会的缔约国选出的18个缔约国的代表组成。

二、在本公约缔约国的数目达到50个之后，委员会委员国的数目将增至24个。

第六条　委员会委员国的选举和任期

一、委员会委员国的选举应符合公平的地理分配和轮换原则。

二、委员会委员国由本公约缔约国大会选出，任期四年。

三、但第一次选举当选的半数委员会委员国的任期为两年。这些国家在第一次选举后抽签指定。

四、大会每两年对半数委员会委员国进行换届。

五、大会还应选出填补空缺席位所需的委员会委员国。

六、委员会委员国不得连选连任两届。

七、委员会委员国应选派在非物质文化遗产各领域有造诣的人士为其代表。

第七条　委员会的职能

在不妨碍本公约赋予委员会的其他职权的情况下，其职能如下：

（一）宣传公约的目标，鼓励并监督其实施情况；

（二）就好的做法和保护非物质文化遗产的措施提出建议；

（三）按照第二十五条的规定，拟订利用基金资金的计划并提交大会批准；

（四）按照第二十五条的规定，努力寻求增加其资金的方式方法，并为此采取必要的措施；

（五）拟订实施公约的业务指南并提交大会批准；

（六）根据第二十九条的规定，审议缔约国的报告并将报告综述提交大会；

（七）根据委员会制定的、大会批准的客观遴选标准，审议缔约国提出的申请并就以下事项作出决定；

（八）列入第十六条、第十七条和第十八条述及的名录和提名；

（九）按照第二十二条的规定提供国际援助。

第八条　委员会的工作方法

一、委员会对大会负责。它向大会报告自己的所有活动和决定。

二、委员会以其委员的三分之二多数通过自己的议事规则。

三、委员会可临时设立它认为对执行其任务所需的咨询机构。

四、委员会可邀请在非物质文化遗产各领域确有专长的任何公营或私营机构以及任何自然人参加会议，就任何具体的问题向其请教。

第九条　咨询组织的认证

一、委员会应就由在非物质文化遗产领域确有专长的非政府组织做认证向大会提出建议。这类组织的职能是向委员会提供咨询意见。

二、委员会还应向大会就此认证的标准和方式提出建议。

第十条　秘书处

一、委员会由教科文组织秘书处协助。

二、秘书处起草大会和委员会文件及其会议的议程草案和确保其决定的执行。

Ⅲ. 在国家一级保护非物质文化遗产

第十一条　缔约国的作用

各缔约国应该：

（一）采取必要措施确保其领土上的非物质文化遗产受到保护；

（二）在第二条第（三）项提及的保护措施内，由各群体、团体和有关非政府组织参与，确认和确定其领土上的各种非物质文化遗产。

第十二条　清单

一、为了使其领土上的非物质文化遗产得到确认以便加以保护，各缔约国应根据自己的国情拟定一份或数份关于这类遗产的清单，并应定期加以更新。

二、各缔约国在按第二十九条的规定定期向委员会提交报告时，应提供有关这些清单的情况。

第十三条　其他保护措施

为了确保其领土上的非物质文化遗产得到保护、弘扬和展示，各缔约国应努力做到：

（一）制定一项总的政策，使非物质文化遗产在社会中发挥应有的作用，并将这种遗产的保护纳入规划工作；

（二）指定或建立一个或数个主管保护其领土上的非物质文化遗产的机构；

（三）鼓励开展有效保护非物质文化遗产，特别是濒危非物质文化遗产的科学、技术和艺术研究以及方法研究；

（四）采取适当的法律、技术、行政和财政措施，以便：

1.促进建立或加强培训管理非物质文化遗产的机构以及通过为这种遗产提供活动和表现的场所和空间，促进这种遗产的承传；

2.确保对非物质文化遗产的享用，同时对享用这种遗产的特殊方面的习俗做法予以尊重；

3.建立非物质文化遗产文献机构并创造条件促进对它的利用。

第十四条　教育、宣传和能力培养

各缔约国应竭力采取种种必要的手段，以便：

（一）使非物质文化遗产在社会中得到确认、尊重和弘扬，主要通过：

1.向公众，尤其是向青年进行宣传和传播信息的教育计划；

2.有关群体和团体的具体的教育和培训计划；

3.保护非物质文化遗产，尤其是管理和科研方面的能力培养活动；

4.非正规的知识传播手段。

（二）不断向公众宣传对这种遗产造成的威胁以及根据本公约所开展的活动；

（三）促进保护表现非物质文化遗产所需的自然场所和纪念地点的教育。

第十五条　群体、团体和个人的参与

缔约国在开展保护非物质文化遗产活动时，应努力确保创造、保养和承传这种遗产的群体、团体，有时是个人的最大限度的参与，并吸收他们积极地参与有关的管理。

Ⅳ.在国际一级保护非物质文化遗产

第十六条　人类非物质文化遗产代表作名录

一、为了扩大非物质文化遗产的影响，提高对其重要意义的认识和从尊重文化多样性的角度促进对话，委员会应根据有关缔约国的提名编辑、更新和公布人类非物质文化遗产代表作名录。

二、委员会拟订有关编辑、更新和公布此代表作名录的标准并提交大会批准。

第十七条　急需保护的非物质文化遗产名录

一、为了采取适当的保护措施，委员会编辑、更新和公布急需保护的非物质文化遗产名录，并根据有关缔约国的要求将此类遗产列入该名录。

二、委员会拟订有关编辑、更新和公布此名录的标准并提交大会批准。

三、委员会在极其紧急的情况（其具体标准由大会根据委员会的建议加以批准）下，可与有关缔约国协商将有关的遗产列入第一款所提之名录。

第十八条　保护非物质文化遗产的计划、项目和活动

一、在缔约国提名的基础上，委员会根据其制定的、大会批准的标准，兼顾发展中国家的特殊需要，定期遴选并宣传其认为最能体现本公约原则和目标的国家、分地区或地区保护非物质文化遗产的计划、项目和活动。

二、为此，委员会接受、审议和批准缔约国提交的关于要求国际援助拟订此类提名的申请。

三、委员会按照它确定的方式，配合这些计划、项目和活动的实施，随时推广有关经验。

Ⅴ.国际合作与援助

第十九条　合作

一、在本公约中，国际合作主要是交流信息和经验，采取共同的行动，以及建立援助缔约国保护非物质文化遗产工作的机制。

二、在不违背国家法律规定及其习惯法和习俗的情况下，缔约国承认保护非物质文化遗产符合人类的整体利益，保证为此目的在双边、分地区、地

区和国际各级开展合作。

第二十条　国际援助的目的

可为如下目的提供国际援助：

（一）保护列入《急需保护的非物质文化遗产名录》的遗产；

（二）按照第十一条和第十二条的精神编制清单；

（三）支持在国家、分地区和地区开展的保护非物质文化遗产的计划、项目和活动；

（四）委员会认为必要的其他一切目的。

第二十一条　国际援助的形式

第七条的业务指南和第二十四条所指的协定对委员会向缔约国提供援助作了规定，可采取的形式如下：

（一）对保护这种遗产的各个方面进行研究；

（二）提供专家和专业人员；

（三）培训各类所需人员；

（四）制订准则性措施或其他措施；

（五）基础设施的建立和营运；

（六）提供设备和技能；

（七）其他财政和技术援助形式，包括在必要时提供低息贷款和捐助。

第二十二条　国际援助的条件

一、委员会确定审议国际援助申请的程序和具体规定申请的内容，包括打算采取的措施、必须开展的工作及预计的费用。

二、如遇紧急情况，委员会应对有关援助申请优先审议。

三、委员会在作出决定之前，应进行其认为必要的研究和咨询。

第二十三条　国际援助的申请

一、各缔约国可向委员会递交国际援助的申请，保护在其领土上的非物质文化遗产。

二、此类申请亦可由两个或数个缔约国共同提出。

三、申请应包含第二十二条第一款规定的所有资料和所有必要的文件。

第二十四条　受援缔约国的任务

一、根据本公约的规定，国际援助应依据受援缔约国与委员会之间签署的协定来提供。

二、受援缔约国通常应在自己力所能及的范围内分担国际所援助的保护措施的费用。

三、受援缔约国应向委员会报告关于使用所提供的保护非物质文化遗产援助的情况。

Ⅵ. 非物质文化遗产基金

第二十五条　基金的性质和资金来源

一、兹建立一项"保护非物质文化遗产基金"，下称"基金"。

二、根据教科文组织《财务条例》的规定，此项基金为信托基金。

三、基金的资金来源包括：

（一）缔约国的纳款；

（二）教科文组织大会为此所拨的资金；

（三）以下各方可能提供的捐款、赠款或遗赠；

1. 其他国家；

2. 联合国系统各组织和各署（特别是联合国开发计划署）以及其他国际组织；

3. 公营或私营机构或个人。

（四）基金的资金所得的利息；

（五）为本基金募集的资金和开展活动之所得；

（六）委员会制定的基金条例所许可的所有其他资金。

四、委员会对资金的使用视大会的方针来决定。

五、委员会可接受用于某些项目的一般或特定目的的捐款及其他形式的援助，只要这些项目已获委员会的批准。

六、对基金的捐款不得附带任何与本公约所追求之目标不相符的政治、经济或其他条件。

第二十六条　缔约国对基金的纳款

一、在不妨碍任何自愿补充捐款的情况下，本公约缔约国至少每两年向基金纳一次款，其金额由大会根据适用于所有国家的统一的纳款额百分比加以确定。缔约国大会关于此问题的决定由出席会议并参加表决，但未作本条第二款中所述声明的缔约国的多数通过。在任何情况下，此纳款都不得超过缔约国对教科文组织正常预算纳款的百分之一。

二、但是，本公约第三十二条或第三十三条中所指的任何国家均可在交存批准书、接受书、赞同书或加入书时声明不受本条第一款规定的约束。

三、已作本条第二款所述声明的本公约缔约国应努力通知联合国教育、科学及文化组织总干事收回所作声明。但是，收回声明之举不得影响该国在紧接着的下一届大会开幕之日前应缴的纳款。

四、为使委员会能够有效地规划其工作，已作本条第二款所述声明的本公约缔约国至少应每两年定期纳一次款，纳款额应尽可能接近它们按本条第一款规定应交的数额。

五、凡拖欠当年和前一日历年的义务纳款或自愿捐款的本公约缔约国不能当选为委员会委员，但此项规定不适用于第一次选举。已当选为委员会委员的缔约国的任期应在本公约第六条规定的选举之时终止。

第二十七条　基金的自愿补充捐款

除了第二十六条所规定的纳款，希望提供自愿捐款的缔约国应及时通知委员会以使其能对相应的活动作出规划。

第二十八条　国际筹资运动

缔约国应尽力支持在教科文组织领导下为该基金发起的国际筹资运动。

Ⅶ. 报　告

第二十九条　缔约国的报告

缔约国应按照委员会确定的方式和周期向其报告它们为实施本公约而通过的法律、规章条例或采取的其他措施的情况。

第三十条　委员会的报告

一、委员会应在其开展的活动和第二十九条提及的缔约国报告的基础上，向每届大会提交报告。

二、该报告应提交教科文组织大会。

Ⅷ. 过渡条款

第三十一条　与宣布人类口述和非物质遗产代表作的关系

一、委员会应把在本公约生效前宣布为"人类口述和非物质遗产代表作"的遗产纳入人类非物质文化遗产代表作名录。

二、把这些遗产纳入人类非物质文化遗产代表作名录绝不是预设按第十六条第二款将确定的今后列入遗产的标准。

三、在本公约生效后，将不再宣布其他任何人类口述和非物质遗产代表作。

Ⅸ. 最后条款

第三十二条　批准、接受或赞同

一、本公约须由教科文组织会员国根据各自的宪法程序予以批准、接受或赞同。

二、批准书、接受书或赞同书应交存教科文组织总干事。

第三十三条　加入

一、所有非教科文组织会员国的国家，经本组织大会邀请，均可加入本公约。

二、没有完全独立，但根据联合国大会第 1514（XV）号决议被联合国承认为充分享有内部自治，并且有权处理本公约范围内的事宜，包括有权就这些事宜签署协议的地区也可加入本公约。

三、加入书应交存教科文组织总干事。

第三十四条　生效

本公约在第三十份批准书、接受书、赞同书或加入书交存之日起的三个月后生效，但只涉及在该日或该日之前交存批准书、接受书、赞同书或加入书的国家。对其他缔约国来说，本公约则在这些国家的批准书、接受书、赞同书或加入书交存之日起的三个月之后生效。

第三十五条　联邦制或非统一立宪制

对实行联邦制或非统一立宪制的缔约国实行下述规定：

（一）在联邦或中央立法机构的法律管辖下实施本公约各项条款的国家的联邦或中央政府的义务与非联邦国家的缔约国的义务相同；

（二）在构成联邦，但无须按照联邦立宪制采取立法手段的各个国家、地区、省或州的法律管辖下实施本公约的各项条款时，联邦政府应将这些条款连同其关于通过这些条款的建议一并通知各个国家、地区、省或州的主管当局。

第三十六条　退出

一、各缔约国均可宣布退出本公约。

二、退约应以书面退约书的形式通知教科文组织总干事。

三、退约在接到退约书十二个月之后生效。在退约生效日之前不得影响退约国承担的财政义务。

第三十七条　保管人的职责

教科文组织总干事作为本公约的保管人，应将第三十二条和第三十三条规定交存的所有批准书、接受书、赞同书或加入书和第三十六条规定的退约书的情况通告本组织各会员国、第三十三条提到的非本组织会员国的国家和联合国。

第三十八条　修订

一、任何缔约国均可书面通知总干事，对本公约提出修订建议。总干事应将此通知转发给所有缔约国。如在通知发出之日起六个月之内，至少有一半的缔约国回复赞成此要求，总干事应将此建议提交下一届大会讨论，决定是否通过。

二、对本公约的修订须经出席并参加表决的缔约国三分之二多数票通过。

三、对本公约的修订一旦通过，应提交缔约国批准、接受、赞同或加入。

四、对于那些已批准、接受、赞同或加入修订的缔约国来说，本公约的修订在三分之二的缔约国交存本条第三款所提及的文书之日起三个月之后生效。此后，对任何批准、接受、赞同或加入修订的缔约国来说，在其交存批准书、接受书、赞同书或加入书之日起三个月之后，本公约的修订即生效。

五、第三款和第四款所确定的程序对有关委员会委员国数目的第五条的修订不适用。此类修订一经通过即生效。

六、在修订依照本条第四款的规定生效之后成为本公约缔约国的国家如无表示异议，应：

（一）被视为修订的本公约的缔约方；

（二）但在与不受这些修订约束的任何缔约国的关系中，仍被视为未经修订之公约的缔约方。

第三十九条　有效文本

本公约用英文、阿拉伯文、中文、西班牙文、法文和俄文拟定，六种文本具有同等效力。

第四十条　备案

根据《联合国宪章》第一百零二条的规定，本公约应按教科文组织总干事的要求交联合国秘书处备案。

附录三　国务院办公厅关于加强我国非物质文化遗产保护工作的意见

国办发【2005】18号

各省、自治区、直辖市人民政府，国务院各部委、各直属机构：

我国是一个历史悠久的文明古国，不仅有大量的物质文化遗产，而且有丰富的非物质文化遗产。党和国家历来重视文化遗产保护，弘扬优秀传统文化，为此做了大量工作并取得了显著成绩。但是，随着全球化趋势的增强，经济和社会的急剧变迁，我国非物质文化遗产的生存、保护和发展遇到很多新的情况和问题，面临着严峻形势。为贯彻落实党的十六大有关扶持对重要文化遗产和优秀民间艺术的保护工作的精神，履行我国加入联合国教科文组织《保护非物质文化遗产公约》的义务，经国务院同意，现就进一步加强我国非物质文化遗产保护工作，提出以下意见：

一、充分认识我国非物质文化遗产保护工作的重要性和紧迫性

非物质文化遗产是各族人民世代相承、与群众生活密切相关的各种传统文化表现形式和文化空间。非物质文化遗产既是历史发展的见证，又是珍贵的、具有重要价值的文化资源。我国各族人民在长期生产生活实践中创造的丰富多彩的非物质文化遗产，是中华民族智慧与文明的结晶，是连接民族情感的纽带和维系国家统一的基础。保护和利用好我国非物质文化遗产，对落实科学发展观，实现经济社会的全面、协调、可持续发展具有重要意义。

非物质文化遗产与物质文化遗产共同承载着人类社会的文明，是世界文化多样性的体现。我国非物质文化遗产所蕴含的中华民族特有的精神价值、思维方式、想象力和文化意识，是维护我国文化身份和文化主权的基本依据。加强非物质文化遗产保护，不仅是国家和民族发展的需要，也是国际社

会文明对话和人类社会可持续发展的必然要求。

随着全球化趋势的加强和现代化进程的加快，我国的文化生态发生了巨大变化，非物质文化遗产受到越来越大的冲击。一些依靠口授和行为传承的文化遗产正在不断消失，许多传统技艺濒临消亡，大量有历史、文化价值的珍贵实物与资料遭到毁弃或流失境外，随意滥用、过度开发非物质文化遗产的现象时有发生。加强我国非物质文化遗产的保护已经刻不容缓。

二、非物质文化遗产保护工作的目标和方针

工作目标：通过全社会的努力，逐步建立起比较完备的、有中国特色的非物质文化遗产保护制度，使我国珍贵、濒危并具有历史、文化和科学价值的非物质文化遗产得到有效保护，并得以传承和发扬。

工作指导方针：保护为主、抢救第一，合理利用、传承发展。正确处理保护和利用的关系，坚持非物质文化遗产保护的真实性和整体性，在有效保护的前提下合理利用，防止对非物质文化遗产的误解、歪曲或滥用。在科学认定的基础上，采取有力措施，使非物质文化遗产在全社会得到确认、尊重和弘扬。

工作原则：政府主导、社会参与，明确职责、形成合力；长远规划、分步实施，点面结合、讲求实效。

三、建立名录体系，逐步形成有中国特色的非物质文化遗产保护制度

认真开展非物质文化遗产普查工作。要将普查摸底作为非物质文化遗产保护的基础性工作来抓，统一部署、有序进行。要在充分利用已有工作成果和研究成果的基础上，分地区、分类别制订普查工作方案，组织开展对非物质文化遗产的现状调查，全面了解和掌握各地各民族非物质文化遗产资源的种类、数量、分布状况、生存环境、保护现状及存在问题。要运用文字、录音、录像、数字化多媒体等各种方式，对非物质文化遗产进行真实、系统和全面的记录，建立档案和数据库。

建立非物质文化遗产代表作名录体系。要通过制订评审标准并经过科学认定，建立国家级和省、市、县级非物质文化遗产代表作名录体系。国家级

非物质文化遗产代表作名录由国务院批准公布。省、市、县级非物质文化遗产代表作名录由同级政府批准公布，并报上一级政府备案。

加强非物质文化遗产的研究、认定、保存和传播。要组织各类文化单位、科研机构、大专院校及专家学者对非物质文化遗产的重大理论和实践问题进行研究，注重科研成果和现代技术的应用。组织力量对非物质文化遗产进行科学认定，鉴别真伪。经各级政府授权的有关单位可以征集非物质文化遗产实物、资料，并予以妥善保管。采取有效措施，防止珍贵的非物质文化遗产实物和资料流出境外。对非物质文化遗产的物质载体也要予以保护，对已被确定为文物的，要按照《中华人民共和国文物保护法》的相关规定执行。充分发挥各级图书馆、文化馆、博物馆、科技馆等公共文化机构的作用，有条件的地方可设立专题博物馆或展示中心。

建立科学有效的非物质文化遗产传承机制。对列入各级名录的非物质文化遗产代表作，可采取命名、授予称号、表彰奖励、资助扶持等方式，鼓励代表作传承人（团体）进行传习活动。通过社会教育和学校教育，使非物质文化遗产代表作的传承后继有人。要加强非物质文化遗产知识产权的保护。研究探索对传统文化生态保持较完整并具有特殊价值的村落或特定区域，进行动态整体性保护的方式。在传统文化特色鲜明、具有广泛群众基础的社区、乡村，开展创建民间传统文化之乡的活动。

四、加强领导，落实责任，建立协调有效的工作机制

要发挥政府的主导作用，建立协调有效的保护工作领导机制。由文化部牵头，建立中国非物质文化遗产保护工作部际联席会议制度，统一协调非物质文化遗产保护工作。文化行政部门与各相关部门要积极配合，形成合力。同时，广泛吸纳有关学术研究机构、大专院校、企事业单位、社会团体等各方面力量共同开展非物质文化遗产保护工作。充分发挥专家的作用，建立非物质文化遗产保护的专家咨询机制和检查监督制度。

地方各级政府要加强领导，将保护工作列入重要工作议程，纳入国民经济和社会发展整体规划，纳入文化发展纲要。加强非物质文化遗产保护的法律法规建设，及时研究制定有关政策措施。要制订非物质文化遗产保护规

划，明确保护范围、保护措施和目标。中国民族民间文化保护工程是非物质文化遗产保护工作的重要组成部分，要根据其总体规划，有步骤、有重点地循序渐进，逐步实施，为创建中国特色的非物质文化遗产保护制度积累经验。

各级政府要不断加大非物质文化遗产保护工作的经费投入。通过政策引导等措施，鼓励个人、企业和社会团体对非物质文化遗产保护工作进行资助。要加强非物质文化遗产保护工作队伍建设。通过有计划的教育培训，提高现有人员的工作能力和业务水平；充分利用科研院所、高等院校的人才优势和科研优势，大力培养专门人才。

要充分发挥非物质文化遗产对广大未成年人进行传统文化教育和爱国主义教育的重要作用。各级图书馆、文化馆、博物馆、科技馆等公共文化机构要积极开展对非物质文化遗产的传播和展示。教育部门和各级各类学校要逐步将优秀的、体现民族精神与民间特色的非物质文化遗产内容编入有关教材，开展教学活动。鼓励和支持新闻出版、广播电视、互联网等媒体对非物质文化遗产及其保护工作进行宣传展示，普及保护知识，培养保护意识，努力在全社会形成共识，营造保护非物质文化遗产的良好氛围。

附件 1.国家级非物质文化遗产代表作申报评定暂行办法（略）

　　　 2.非物质文化遗产保护工作部际联席会议制度（略）

　　　 3.非物质文化遗产保护工作部际联席会议成员名单（略）

国务院办公厅

二〇〇五年三月二十六日

附录四　中华人民共和国非物质文化遗产法

（2011 年 2 月 25 日第十一届全国人民代表大会常务委员会第十九次会议通过）

第一章　总则

第一条　为了继承和弘扬中华民族优秀传统文化，促进社会主义精神文明建设，加强非物质文化遗产保护、保存工作，制订本法。

第二条　本法所称非物质文化遗产，是指各族人民世代相传并视为其文化遗产组成部分的各种传统文化表现形式，以及与传统文化表现形式相关的实物和场所。包括：

（一）传统口头文学以及作为其载体的语言；

（二）传统美术、书法、音乐、舞蹈、戏剧、曲艺和杂技；

（三）传统技艺、医药和历法；

（四）传统礼仪、节庆等民俗；

（五）传统体育和游艺；

（六）其他非物质文化遗产。

属于非物质文化遗产组成部分的实物和场所，凡属文物的，适用《中华人民共和国文物保护法》的有关规定。

第三条　国家对非物质文化遗产采取认定、记录、建档等措施予以保存，对体现中华民族优秀传统文化，具有历史、文学、艺术、科学价值的非物质文化遗产采取传承、传播等措施予以保护。

第四条　保护非物质文化遗产，应当注重其真实性、整体性和传承性，有利于增强中华民族的文化认同，有利于维护国家统一和民族团结，有利于促进社会和谐和可持续发展。

第五条 使用非物质文化遗产，应当尊重其形式和内涵。

禁止以歪曲、贬损等方式使用非物质文化遗产。

第六条 县级以上人民政府应当将非物质文化遗产保护、保存工作纳入本级国民经济和社会发展规划，并将保护、保存经费列入本级财政预算。

国家扶持民族地区、边远地区、贫困地区的非物质文化遗产保护、保存工作。

第七条 国务院文化主管部门负责全国非物质文化遗产的保护、保存工作；县级以上地方人民政府文化主管部门负责本行政区域内非物质文化遗产的保护、保存工作。

县级以上人民政府其他有关部门在各自职责范围内，负责有关非物质文化遗产的保护、保存工作。

第八条 县级以上人民政府应当加强对非物质文化遗产保护工作的宣传，提高全社会保护非物质文化遗产的意识。

第九条 国家鼓励和支持公民、法人和其他组织参与非物质文化遗产保护工作。

第十条 对在非物质文化遗产保护工作中做出显著贡献的组织和个人，按照国家有关规定予以表彰、奖励。

第二章 非物质文化遗产的调查

第十一条 县级以上人民政府根据非物质文化遗产保护、保存工作需要，组织非物质文化遗产调查。非物质文化遗产调查由文化主管部门负责进行。

县级以上人民政府其他有关部门可以对其工作领域内的非物质文化遗产进行调查。

第十二条 文化主管部门和其他有关部门进行非物质文化遗产调查，应当对非物质文化遗产予以认定、记录、建档，建立健全调查信息共享机制。

文化主管部门和其他有关部门进行非物质文化遗产调查，应当收集属于非物质文化遗产组成部分的代表性实物，整理调查工作中取得的资料，并妥善保存，防止损毁、流失。其他有关部门取得的实物图片、资料复制件，应当汇交给同级文化主管部门。

第十三条　文化主管部门应当全面了解非物质文化遗产有关情况，建立非物质文化遗产档案及相关数据库。除依法应当保密的外，非物质文化遗产档案及相关数据信息应当公开，便于公众查阅。

第十四条　公民、法人和其他组织可以依法进行非物质文化遗产调查。

第十五条　境外组织或者个人在中华人民共和国境内进行非物质文化遗产调查，应当报经省、自治区、直辖市人民政府文化主管部门批准；调查在两个以上省、自治区、直辖市行政区域进行的，应当报经国务院文化主管部门批准；调查结束后，应当向批准调查的文化主管部门提交调查报告和调查中取得的实物图片、资料复制件。

境外组织在中华人民共和国境内进行非物质文化遗产调查，应当与境内非物质文化遗产学术研究机构合作进行。

第十六条　进行非物质文化遗产调查，应当征得调查对象的同意，尊重其风俗习惯，不得损害其合法权益。

第十七条　对通过调查或者其他途径发现的濒临消失的非物质文化遗产项目，县级人民政府文化主管部门应当立即予以记录并收集有关实物，或者采取其他抢救性保存措施；对需要传承的，应当采取有效措施支持传承。

第三章　非物质文化遗产代表性项目名录

第十八条　国务院建立国家级非物质文化遗产代表性项目名录，将体现中华民族优秀传统文化，具有重大历史、文学、艺术、科学价值的非物质文化遗产项目列入名录予以保护。

省、自治区、直辖市人民政府建立地方非物质文化遗产代表性项目名录，将本行政区域内体现中华民族优秀传统文化，具有历史、文学、艺术、科学价值的非物质文化遗产项目列入名录予以保护。

第十九条　省、自治区、直辖市人民政府可以从本省、自治区、直辖市非物质文化遗产代表性项目名录中向国务院文化主管部门推荐列入国家级非物质文化遗产代表性项目名录的项目。推荐时应当提交下列材料：

（一）项目介绍，包括项目的名称、历史、现状和价值；

（二）传承情况介绍，包括传承范围、传承谱系、传承人的技艺水平、传承活动的社会影响；

（三）保护要求，包括保护应当达到的目标和应当采取的措施、步骤、管理制度；

（四）有助于说明项目的视听资料等材料。

第二十条　公民、法人和其他组织认为某项非物质文化遗产体现中华民族优秀传统文化，具有重大历史、文学、艺术、科学价值的，可以向省、自治区、直辖市人民政府或者国务院文化主管部门提出列入国家级非物质文化遗产代表性项目名录的建议。

第二十一条　相同的非物质文化遗产项目，其形式和内涵在两个以上地区均保持完整的，可以同时列入国家级非物质文化遗产代表性项目名录。

第二十二条　国务院文化主管部门应当组织专家评审小组和专家评审委员会，对推荐或者建议列入国家级非物质文化遗产代表性项目名录的非物质文化遗产项目进行初评和审议。

初评意见应当经专家评审小组成员过半数通过。专家评审委员会对初评意见进行审议，提出审议意见。

评审工作应当遵循公开、公平、公正的原则。

第二十三条　国务院文化主管部门应当将拟列入国家级非物质文化遗产代表性项目名录的项目予以公示，征求公众意见。公示时间不得少于二十日。

第二十四条　国务院文化主管部门根据专家评审委员会的审议意见和公示结果，拟订国家级非物质文化遗产代表性项目名录，报国务院批准、公布。

第二十五条　国务院文化主管部门应当组织制订保护规划，对国家级非物质文化遗产代表性项目予以保护。

省、自治区、直辖市人民政府文化主管部门应当组织制订保护规划，对本级人民政府批准公布的地方非物质文化遗产代表性项目予以保护。

制订非物质文化遗产代表性项目保护规划，应当对濒临消失的非物质文化遗产代表性项目予以重点保护。

第二十六条　对非物质文化遗产代表性项目集中、特色鲜明、形式和内涵保持完整的特定区域，当地文化主管部门可以制定专项保护规划，报经本级人民政府批准后，实行区域性整体保护。确定对非物质文化遗产实行区域性整体保护，应当尊重当地居民的意愿，并保护属于非物质文化遗产组成部分的实物和场所，避免遭受破坏。

实行区域性整体保护涉及非物质文化遗产集中地村镇或者街区空间规划的，应当由当地城乡规划主管部门依据相关法规制订专项保护规划。

第二十七条　国务院文化主管部门和省、自治区、直辖市人民政府文化主管部门应当对非物质文化遗产代表性项目保护规划的实施情况进行监督检查；发现保护规划未能有效实施的，应当及时纠正、处理。

第四章　非物质文化遗产的传承与传播

第二十八条　国家鼓励和支持开展非物质文化遗产代表性项目的传承、传播。

第二十九条　国务院文化主管部门和省、自治区、直辖市人民政府文化主管部门对本级人民政府批准公布的非物质文化遗产代表性项目，可以认定代表性传承人。

非物质文化遗产代表性项目的代表性传承人应当符合下列条件：

（一）熟练掌握其传承的非物质文化遗产；

（二）在特定领域内具有代表性，并在一定区域内具有较大影响；

（三）积极开展传承活动。

认定非物质文化遗产代表性项目的代表性传承人，应当参照执行本法有关非物质文化遗产代表性项目评审的规定，并将所认定的代表性传承人名单予以公布。

第三十条　县级以上人民政府文化主管部门根据需要，采取下列措施，支持非物质文化遗产代表性项目的代表性传承人开展传承、传播活动：

（一）提供必要的传承场所；

（二）提供必要的经费资助其开展授徒、传艺、交流等活动；

（三）支持其参与社会公益性活动；

（四）支持其开展传承、传播活动的其他措施。

第三十一条　非物质文化遗产代表性项目的代表性传承人应当履行下列义务：

（一）开展传承活动，培养后继人才；

（二）妥善保存相关的实物、资料；

（三）配合文化主管部门和其他有关部门进行非物质文化遗产调查；

（四）参与非物质文化遗产公益性宣传。

非物质文化遗产代表性项目的代表性传承人无正当理由不履行前款规定义务的，文化主管部门可以取消其代表性传承人资格，重新认定该项目的代表性传承人；丧失传承能力的，文化主管部门可以重新认定该项目的代表性传承人。

第三十二条　县级以上人民政府应当结合实际情况，采取有效措施，组织文化主管部门和其他有关部门宣传、展示非物质文化遗产代表性项目。

第三十三条　国家鼓励开展与非物质文化遗产有关的科学技术研究和非物质文化遗产保护、保存方法研究，鼓励开展非物质文化遗产的记录和非物质文化遗产代表性项目的整理、出版等活动。

第三十四条　学校应当按照国务院教育主管部门的规定，开展相关的非物质文化遗产教育。

新闻媒体应当开展非物质文化遗产代表性项目的宣传，普及非物质文化遗产知识。

第三十五条　图书馆、文化馆、博物馆、科技馆等公共文化机构和非物质文化遗产学术研究机构、保护机构以及利用财政性资金举办的文艺表演团体、演出场所经营单位等，应当根据各自业务范围，开展非物质文化遗产的整理、研究、学术交流和非物质文化遗产代表性项目的宣传、展示。

第三十六条　国家鼓励和支持公民、法人和其他组织依法设立非物质文化遗产展示场所和传承场所，展示和传承非物质文化遗产代表性项目。

第三十七条　国家鼓励和支持发挥非物质文化遗产资源的特殊优势，在有效保护的基础上，合理利用非物质文化遗产代表性项目开发具有地方、民族特色和市场潜力的文化产品和文化服务。

开发利用非物质文化遗产代表性项目的，应当支持代表性传承人开展传承活动，保护属于该项目组成部分的实物和场所。

县级以上地方人民政府应当对合理利用非物质文化遗产代表性项目的单位予以扶持。单位合理利用非物质文化遗产代表性项目的，依法享受国家规定的税收优惠。

第五章　法律责任

第三十八条　文化主管部门和其他有关部门的工作人员在非物质文化遗产保护、保存工作中玩忽职守、滥用职权、徇私舞弊的，依法给予处分。

第三十九条　文化主管部门和其他有关部门的工作人员进行非物质文化遗产调查时侵犯调查对象风俗习惯，造成严重后果的，依法给予处分。

第四十条　违反本法规定，破坏属于非物质文化遗产组成部分的实物和场所的，依法承担民事责任；构成违反治安管理行为的，依法给予治安管理处罚。

第四十一条　境外组织违反本法第十五条规定的，由文化主管部门责令改正，给予警告，没收违法所得及调查中取得的实物、资料；情节严重的，并处十万元以上五十万元以下的罚款。

境外个人违反本法第十五条第一款规定的，由文化主管部门责令改正，给予警告，没收违法所得及调查中取得的实物、资料；情节严重的，并处一万元以上五万元以下的罚款。

第四十二条　违反本法规定，构成犯罪的，依法追究刑事责任。

第六章　附则

第四十三条　建立地方非物质文化遗产代表性项目名录的办法，由省、自治区、直辖市参照本法有关规定制订。

第四十四条　使用非物质文化遗产涉及知识产权的，适用有关法律、行政法规的规定。

对传统医药、传统工艺美术等的保护，其他法律、行政法规另有规定的，依照其规定。

第四十五条　本法自 2011 年 6 月 1 日起施行。